이 책에 쏟아진 찬사

토머스 커런은 세계 최고의 완벽주의 전문가이다. 이 책은 완벽주의가 왜 급부상하고 있는지 보여주는 최고의 책이다.

_애덤 그랜트 Adam Grant, 《싱크 어게인》 저자

불가능한 기준들로 가득한 세상에서 발 디딜 곳을 찾기 위해 고군분투하는 모든 이에게 희망의 빛을 비추고 흔들리지 않는 방향을 제시한다.

_다니엘 핑크 Daniel H. Pink, 《드라이브》 저자

우리 삶과 사회 전반에 은밀한 영향을 끼치는 완벽주의에 대한 놀라운 조명. 연구에 기반해 쓰인 현명하고 실용적인 책이다.

_에이미 에드먼슨 Amy Edmondson, 하버드 경영대학원 종신교수

생생하면서도 시사하는 바가 많은 사례 연구로 가득한 책. 이 책은 성공에 관한 당신의 생각을 바꿔놓을 것이다.

_제이크 험프리 Jake Humphrey와 대미언 휴스 Damian Hughes, 《하이 퍼포먼스》High Performance 공동 저자

우리 문화가 '가장 사랑하는 결점'을 이해할 수 있는, 감동적이고 기분 좋은 사례들이 담겨 있다. 스토리텔링으로 공감을 불러일으키는 재주가 탁월하다.

_조나단 말레식 Jonathan Malesic, 《번 아웃의 종말》 저자

아름답고 사색적이며 빈틈없다. 현대 자본주의 사회의 완벽주의를 매혹적인 파노라마로 분석해냈다.

_그레이스 블레이클리 Grace Blakeley, 팟캐스트 〈어 월드 투 윈〉A World to Win 진행자

비뚤어진 가치관을 조장하는 우리 경제 시스템에 일침을 가하는 비판적 선언문이다. 완벽주의의 파괴적인 환상이 어떻게 발생하는지 설명하는 중요한 책이다.

_〈월스트리트 저널〉

완벽주의와 '한없는 성장에의 집착'이라는 자본주의적 특성이 어떻게 대중의 불만과 불안을 만들어냈는지 통찰력 있게 들여다본다. 똑똑하고 철두철미하며 든든한 책.

_《퍼블리셔스 위클리》

커런은 유용한 교훈과 소중한 통찰을 다양하게 안겨준다. 이 책은 충만하고 생산적인 삶으로 통하는 대안을 제시한다.

_〈커커스 리뷰〉

완벽이라는 중독

THE PERFECTION TRAP:
Embracing the Power of Good Enough
by Thomas Curran
Originally Published by Scribner, an Imprint of Simon & Schuster, Inc., New York.

Copyright ⓒ 2023 by Thomas Curran
All rights reserved.

Korean Translation Copyright ⓒ 2024 by The Business Books and Co., Ltd.
Korean translation rights arranged with Aitken Alexander Associates Limited, London
through EYA Co., Ltd., Seoul.

이 책의 한국어판 저작권은 (주)이와이에이를 통해
저작권자와 독점 계약을 맺은 (주)비즈니스북스에게 있습니다.
저작권법에 의해 국내에서 보호를 받는 저작물이므로 무단 전재와 복제를 금합니다.

불안한
완벽주의자를 위한
심리학

완벽이라는 중독

토머스 커런 지음
김문주 옮김

The Perfection Trap

북라이프

완벽이라는 중독

1판 1쇄 발행 2024년 9월 26일
1판 2쇄 발행 2024년 9월 28일

지은이 | 토머스 커런
옮긴이 | 김문주
발행인 | 홍영태
발행처 | 북라이프
등 록 | 제2011-000096호(2011년 3월 24일)
주 소 | 03991 서울시 마포구 월드컵북로6길 3 이노베이스빌딩 7층
전 화 | (02)338-9449
팩 스 | (02)338-6543
대표메일 | bb@businessbooks.co.kr
홈페이지 | http://www.businessbooks.co.kr
블로그 | http://blog.naver.com/booklife1
페이스북 | thebooklife
ISBN 979-11-91013-74-0 03180

* 잘못된 책은 구입하신 서점에서 바꾸어 드립니다.
* 책값은 뒤표지에 있습니다.
* 북라이프는 (주)비즈니스북스의 임프린트입니다.
* 비즈니스북스에 대한 더 많은 정보가 필요하신 분은 홈페이지를 방문해 주시기 바랍니다

비즈니스북스는 독자 여러분의 소중한 아이디어와 원고 투고를 기다리고 있습니다.
원고가 있으신 분은 ms2@businessbooks.co.kr로 간단한 개요와 취지, 연락처 등을 보내 주세요.

준에게

들어가며

서구 세계 사람은 모두 완벽주의에 대한 환상으로 촘촘히 짜인 문화 속에서 살아간다. 이곳에서는 완벽한 삶과 라이프 스타일을 담은 이미지와 영상이 거리 광고판, 영화 스크린, TV 세트, 광고와 소셜미디어 피드에서 현실을 과장해 보여주는 홀로그램처럼 튀어나온다. 홀로그램을 이루는 비현실의 입자들은 무차별적으로 발사된다. 입자 하나하나는 우리가 완벽한 사람이어야만 행복하고 성공적으로 살 수 있으며, 그 이상적인 모습에서 너무 멀리 벗어나면 모든 것이 무너져 내릴 거라고 가르치려 든다. 완벽주의에 대한 이 암묵적인 합의는 현실적이고, 생생하며, 온 정신을 지배한다. 그리고 우리 마음 깊은 곳까지 침투해 여간해서는 사라지지 않을 불안감을 견고하게 굳히며 살아남는다. 그 불안감은 우리가 무엇을 손에 넣지 못했고, 어떤 모습을 갖추지 못했으며, 무엇을 이루지 못했는지에 대한 느낌이다.

자신에게 결함이 있다는 생각이 지박령처럼 박혀 있지만 겉으로 보기에 우리는 고행을 자처하는 듯하다. 면접을 보러 온 사람들은 완벽주의가 자신의 가장 큰 약점이라 꼽는다. 재계와 정계, 스포츠계와 예술계 지도자들은 성공의 비결이 완벽주의에 있다고 말한다. 유명인들과 라이프 코치들은 개인적인 성취를 거두기 위해 완벽주의를 극대화할 수 있는 여러 가지 방법을 가르쳐준다. 실제로 우리가 현대 사회에서 일과 돈, 지위 그리고 '훌륭한 인생'을 손에 넣을 미덕이라 여기는 것 대부분이 완벽주의의 가장 강력한 추진력을 만든다. 바로 어떤 대가를 치르더라도 무한히 성장하고 끊임없이 더 많은 것을 추구하겠다는 집착이다.

이 집착에 빠지면 우리가 치러야 할 대가는 기하급수적으로 커진다. 유행처럼 급속도로 퍼지는 번아웃과 정신적인 고통은 이 정신없이 바쁜 시대상을 특징적으로 보여준다. 우리는 불만 속에서 허우적대면서 항상 부족하다는 느낌에 얽매여 주저앉고도 또다시 완벽해지려고 애쓴다. 나만 빼고 다른 사람들은 모두 별 어려움 없이 완벽해 보이기 때문이다. 물론 마음 깊은 곳에서는 이것이 평범하거나 자연스러운 생존 방식이 아니라고 생각한다. 인간이기에 그 누구도 완벽하거나 완벽한 모습으로 빚어질 수 없다는 점도 이해한다. 그리고 머리가 아닌 가슴으로는 완벽주의라는 무거운 갑옷이 자신을 짓누르고 있다는 사실을 안다.

하지만 어찌 됐든 우리는 완벽주의라는 갑옷을 둘러야만 한다. 갑옷을 벗어던지고 자신이 아름답지만 불완전한 인간임을 받아들이는 건 몹시도 어려운 일이기 때문이다. 완벽주의를 내려놓는다는 건 현대 사회에서 무엇이 '위대'하고 '훌륭'한지에 대한 가장 기본적인 가정과 충돌하며, 우리가 이 세상을 어떻게 살아가야 하는지에 대한 이해를 완전히 저버리겠다는 의미이기도 하다. 나라 전체, 아니 한 사람이라도 이 정도로 성찰하는 모습을 마지막으로 본 게 언제일까?

우리가 함께 완벽주의의 덫에서 벗어나려면 이 같은 성찰이 반드시 필요하다. '완벽이라는 중독'이라고 제목을 붙인 이 책은 이 결론에 다다르기 위한 내 여정을 담았다. 처음에는 명상하듯, 혹은 항상 가려웠던 부분을 긁어주듯 시작하지만 곧 한 편의 드라마처럼 기승전결이 펼쳐진다. 그러면서 한 가지 주제가 책 전체를 관통한다. 바로 완벽주의는 우리가 희소성이라는 모래 늪에 빠져 죽을까 끊임없이 두려워하며 살아가게 만드는 경제 체제의 결정적인 심리 작용이라는 점이다. 이 주장의 요지는 완벽주의가 정말로 무엇이며, 우리에게 어떤 영향을 미치고, 오늘날 얼마나 빠르게, 그리고 왜 부상하고 있는지, 또 완벽주의를 떨치기 위해 무엇을 할 수 있는지 설명하는 열세 개의 장에 잘 녹아들어 있다.

나는 공식적인 자료와 비공식적인 자료를 적절히 섞어 설득하는 데 활용했다. 이를테면 심리 연구 결과와 임상 사례 기록, 경제

데이터 그리고 정신분석 이론과 사회학 이론 등이다. 또한 사회심리학자들에게 기대해 봄 직한 진지한 수치보다는 내 주변에서 벌어지는 삶의 일화들에 의존했다. 이 점에 대해서는 사과하지 않겠다. 나는 누가 봐도 숫자를 최고로 치는 사람이다. 통계를 사랑하며, 깨어 있는 동안에는 이 숫자들을 학생들에게 주입하느라 상당한 시간을 보낸다. 그러나 하나의 사상에 단순히 현실 세계에서 타당성을 찾기 위한 데이터의 무게만 담겨 있을 수는 없다. 인생 경험의 무게가 담기지 않은 사상은 숫자, 추세선, 여러 잠재적인 추정치 한 뭉치에 대한 대략적인 값처럼 한낱 추상적인 개념이 되고 말 뿐이다.

그러니 처음부터 이 책에 관해 몇 가지를 짚어보자. 우선, 이 책을 읽으면서 여러 심리학적·경제적·사회학적 개념들을 만날 텐데 이 개념들을 상세히 설명하기보다는 나와 다른 이들의 삶에 녹아든 구체적인 경험과 실험으로 검증한 결과들을 실었다. 두 번째로 더 중요한 점은 내가 이 경험들을 들려주면서 당사자의 신분과 환경을 위장했다는 사실이다. 나는 이름을 바꾸고 가끔은 성별도 바꿨으며, 장소와 시대를 변경했다. 지역을 가공했고, 가끔은 여러 다른 목소리를 하나로 합치거나 한 목소리를 여럿으로 나누기도 했다. 가려놓은 신상과 다양한 위장술은 그저 시나리오 작가가 잘 구성한 줄거리 같은 것이니 그 안에 담긴 내용은 신뢰해도 좋다. 내가 보고 듣고 겪은 것들의 느낌과 의미를 정확히 그 일을 경험한 환경이 아니더라도 잘 그려내고자 했다.

그렇다, 나 역시 완벽주의자이기 때문이다. 내가 바라는 한 가지가 있다면 이 책이 한 완벽주의자가 다른 완벽주의자에게 건네는 위안의 선물이 되는 것이다. 내가 지닌 완벽주의와 내 주변 사람들의 완벽주의, 그리고 완벽주의를 들여다본 조사연구 결과들을 알아볼수록 나는 우리의 이야기들이 근본적으로는 같은 뿌리에서 나왔다는 사실을 깨닫게 됐다. 물론 우리는 저마다 특별한 방식으로 완벽주의에 괴로워한다. 하지만 우리의 여정은 우리가 다른 사람들에게 중요하다거나 사랑받기에 부족하다는 동일한 핵심 신념에서 시작한다. 그 신념은 곳곳에서 배울 수 있지만 전 세계적으로 가장 흔하게는 바로 이곳, 우리를 소비하고 에워싼 그 흠 없이 완벽한 홀로그램에서 학습된다.

당신이 이 책을 읽으면서 위로를 얻길 바란다. 또 완벽주의가 당신에게 어떤 영향을 미치며 실제로 어디서 비롯했는지 깨닫는 데 도움이 되길 바란다. 무엇도 당신 잘못이 아니라는 걸, 당신을 둘러싼 문화가 아무리 딴지를 걸려고 해도 당신이라는 존재 자체로 충분하다는 걸 알고 마음의 평화를 얻길 바란다. 자기를 받아들이는 데 한 발짝 나아가는 발판이 되어주길 바란다. 인간의 한계를 받아들이는 사회적이고 정치적인 대의를 추구하고 심리적으로 더 조화로운 삶의 방식을 갖추길 바란다.

다시 말해 이 책이 당신 자신과 지금 살아가는 세상을 배우는 데 도움이 되길 바란다. 이 지식을 바탕으로 있는 그대로의 자기 모습과 모든 불완전함을 인간다움의 작지만 눈부신 폭발이라고 오롯이 받아들일 때 느껴지는 비할 바 없는 기쁨을 경험하길 바란다.

영국 런던에서

차례

들어가며   8

제1부

당신도 완벽주의자인가요?

01   우리가 사랑하는 그 결점   19
02   잘하고 있다고 말해줘   39

제2부

완벽주의가 우리에게 저지르는 일

03   죽지 않을 만큼만   75
04   내가 끝낼 수 없는 일을 시작해버렸어   96
05   감춰진 유행병   120

제3부

인간 본성의 이해

06 우리가 가면을 쓰는 이유	137
07 내가 가지지 못한 것	161
08 그녀가 올린 그 사진	187
09 그저 아직 얻지 못했을 뿐	211
10 집에서 일어나는 일	242
11 죽도록 일하기, 그리고 일의 기쁨과 슬픔	259

제4부

어쩌면 더 행복하게 사는 법

12 자신을 받아들인다는 것은	285
13 오작동하는 사회에 부쳐	306
감사의 말	334
주	337
찾아보기	362

제1부

당신도 완벽주의자인가요?

01
우리가 사랑하는 그 결점
완벽주의에 집착하는 세상의 풍경

> "저는 완벽주의자예요. 그러니 저 스스로 들들 볶아 미치게 만들죠. 다른 사람들한테도 그러고요. 하지만 동시에 제가 완벽주의자라서 성공했다고 생각해요. 제 일에 말 그대로 온 신경을 쏟아붓거든요."
>
> — 미셸 파이퍼 Michelle Pfeiffer

너새니얼 호손 Nathaniel Hawthorne이 1843년 발표한 단편소설 〈반점〉에서 저명한 과학자 에일머는 흠잡을 데 없이 완벽한 여성인 조지아나와 결혼한다. 조지아나에게 흠이 있다면 단 하나, 왼뺨에 난 작은 반점이었다. 조지아나의 청초한 얼굴에 대비되는 이 어둑한 반점은 완벽주의자 에일머의 신경에 거슬렸고, 그의 눈에는 아내의 단 하나뿐인 결점만 보였다. '하얀 눈 위에 붉은 얼룩이라니.'

에일머에게 조지아나의 반점은 '치명적인 결점'이었다. 에일머의 혐오는 곧 조지아나에게 번졌고, 그녀는 남편이 만들어낸 왜곡된 자아상을 미워하게 됐다. 조지아나는 남편에게 "어떤 위험을 무릅써서라도" 과학적 능력을 발휘해 자기의 결점을 고쳐달라고 애원했다.

둘은 함께 계획을 꾸몄다. 유능한 화학자 에일머는 치료약을 발견할 때까지 화학물질들을 조합하는 실험에 밤낮없이 매진했지만 완벽한 약을 손에 넣지 못했다. 어느 날, 에일머가 실험에만 몰두해 있는 사이 조지아나가 그의 일지를 슬그머니 들여다보다 실패한 실험들을 정리해놓은 목록을 발견했다. 조지아나는 이렇게 생각했다. '남편은 성공했어. 하지만 최고로 뛰어난 성공조차도 자기가 목표로 삼았던 이상적인 약에 비하면 어쩔 수 없이 실패작이 되고 만 거지.'

그때 갑자기 "유레카!" 하고 외치는 소리가 들렸다. 에일머가 연금술의 기적을 만들어낸 것이었다. "천국의 샘에서 길어온 물이군요." 조지아나는 허겁지겁 약을 들이켜고는 기진맥진해 쓰러졌다. 그러고 다음 날 잠에서 깨어나니 반점은 감쪽같이 사라지고 없었다. 에일머는 자신의 성공에 기뻐하며 이제 결점 없이 완벽해진 아내에게 이렇게 말했다. "이제 당신은 완벽하구려!"

하지만 호손의 이야기에는 매서운 반전이 등장한다. 에일머의 약은 조지아나의 반점을 없앴으나 그 대가로 목숨을 거둬갔기 때문이다. 반점이 사라지고 얼마 지나지 않아 조지아나도 사라졌다.

호손이 〈반점〉을 집필하고 얼마 지나지 않아 또 다른 고딕 작가

에드거 앨런 포Edgar Allan Poe도 똑같이 완벽주의의 비극적인 심리를 소름 끼치도록 파고드는 글을 썼다. 포의 단편 〈타원형 초상화〉에서는 한 부상당한 남자가 쉴 곳을 찾아 이탈리아반도의 어느 버려진 별장으로 숨어든다. 그의 부하가 상처를 치료하려 애썼지만 결국 포기했고, 상황이 심각하다고 판단한 남자는 별장의 여러 침실 중 한 방에 누워 죽음을 기다리기로 한다.

의식이 흐려져 벌벌 떨면서 침대에 누워 있던 그는 침실 벽에 걸린 여러 점의 그림에 매료된다. 머리맡에 조그마한 책 한 권이 놓여 있어 보니 그림을 해설하는 책이었다. 남자는 촛대를 움직여 책장을 비춰보려다 문득 침대 기둥 뒤쪽 구석에 처박힌 타원형 액자 속 젊은 여자의 초상을 발견한다. 최면에라도 걸린 듯 마음을 빼앗긴 그는 더듬거리며 책을 펼치고, 화가의 이야기를 소개하는 글머리를 찾는다.

타원형 초상화 속 여자는 재능 있지만 불안에 시달리는 한 화가의 어린 신부였다. "보기 드문 미인"이었지만 남편은 예술에 집착하느라 그녀에게 관심이 거의 없었다. 어느 날, 화가는 아내에게 초상화를 그려줘도 되겠느냐고 물었다. 마침내 남편과 귀중한 시간을 보낼 기회가 왔다고 생각한 여자는 이를 수락했다. 여자는 그의 작업실로 찾아가, 화가가 그녀의 눈부신 아름다움을 영원히 남기는 동안 그 높고 어둑한 첨탑 안을 묵묵히 지켰다.

하지만 에일머와 마찬가지로 화가도 완벽주의자였다. "그는 작품에 명예를 걸었고, 몇 시간을 넘어 며칠이나 작업을 이어갔다."
여러 주가 흘렀고, 화가는 예술에 푹 빠진 나머지 아내가 쇠약해간 다는 사실을 눈치채지 못했다. "그는 그 고적한 첨탑으로 무섭게 쏟아지는 햇빛이 신부의 건강과 영혼을 갉아먹는 모습을 보지 못했다. 그녀가 눈에 띄게 수척해진 모습을 오직 화가만 보지 못했다."

그런데도 그녀는 남편의 완벽주의에 말없이 따랐다. 그리고 화가는 아내와 꼭 닮은 모습을 담는 데 집착한 나머지 그림만 들여다보았다. "그는 캔버스를 덮은 그 옅은 색감이 바로 곁에 앉은 아내의 뺨에서 나왔다는 사실을 깨닫지 못했다." 몇 주가 더 흘렀다. 화가의 아내는 더욱 쇠약해졌다. 마침내 화가는 마지막으로 붓을 놀리며 크게 외쳤다. "정말 이것이 삶 그 자체요!"

화가는 아내에게 몸을 돌렸고, 아내는 그 자리에 숨져 있었다.

2023년도의 시각으로 호손과 포의 작품을 읽기는 쉽지 않다. 이 이야기들은 으스스하게 정곡을 찌른다. 호손의 조지아나는 완벽한 신체를 추구해 성형수술을 받다 불구가 되거나 숨지는 사람을 떠올리게 한다. 마찬가지로 포의 화가는 가족이나 친구와 시간을 보내는 대신 거래를 성사시키고 계약서를 쓰기 위해 밤낮없이 일에 매달리며 스트레스에 시달리는 은행원이나 변호사의 모습을 보는 듯하다.

소설의 등장인물과 현대 사회의 군상이 평행이론처럼 여러 면에서 비슷하다는 점은 실로 충격적이다. 하지만 이 이야기들에서 더욱 명확히 두드러지는 것은 양쪽의 차이점이다. 잭슨 대통령 시절의 미국에서 완벽주의는 대중적인 고딕풍 공포의 산물이었으며, 조롱의 대상이자 가장 기피하는 대상이었다. 오늘날 완벽주의를 바라보는 심리는 조금 달라졌다. 이제 완벽주의는 우리가 추종하는 자질이자 기대하거나 존경하는 대상, 그리고 열심히 노력한다는 사실을 표현하는 특성이자 얻기 위해 최선을 다하는 특색에 가까워졌다.

물론 호손의 에일머나 포의 화가와 달리 우리는 순진하지만은 않다. 끝없이 이어지는 가혹한 분투의 시간, 드러나지 않는 개인적 희생, 스스로 짊어지는 어마어마한 압박과 같은 완벽주의의 부수적인 피해를 인식하고 있다. 그러나 그게 핵심 아닐까? 완벽주의는 현대 문화에서 자기희생적인 성공의 휘장이자 전혀 다른 현실을 감추기 위한 명예의 상징이기도 하다.

그래서 특히 취업 면접에서 완벽하고자 하는 의지를 드러내려 한다. 이런 식의 시련이 지니는 모든 위험으로부터 스스로 어떻게 평가받고 싶은지, 그리고 면접관들에게 우리가 정말 투자할 가치 있는 인재라고 설득하기 위해 어떤 가면을 쓰는지 상당히 많이 알 수 있다.

압박 면접을 할 때 가장 결정적인 순간은 항상 "당신의 가장 큰 약점은 뭐죠?"라는 킬러 문항에 답할 때이다. 우리가 불가피하게 대답하는 방식에서 사회적으로 용인되는 약점이 무엇이라 생각하는지 드러나기 때문이다. 우리가 그 직업에 적절한 사람임을 증명하는 약점, 가지고 있는 게 훨씬 좋은 약점 같은 것들 말이다. "제 가장 큰 약점 말씀이십니까?" 우리는 그 약점을 찾으려고 성격의 가장 깊숙한 구석까지 샅샅이 뒤지는 듯한 인상을 주려고 애쓰며 대답한다.

"완벽주의라고 말씀드리고 싶습니다."

진부한 대답이다. 실제로 여러 조사에 따르면 흔히 면접관들은 가장 자주 쓰이는 판에 박힌 표현으로 "저는 완벽주의자에 가깝습니다"라는 문구를 꼽았다.[1] 하지만 표현이 진부한 건 차치하고, 왜 이렇게 답하는지 스스로 물어보자. 그러면 왜 우리가 이런 식으로 적합한 인재라고 알리는지 완벽하게 이해된다. 어쨌든 고도로 경쟁적이고 승자가 독식하는 경제에서 평균이란 분명히 야비한 말이다. 적당히 하면서 살아서 행복하다고 인정하는 건 우리에게 야망이 결여됐으며 더 나은 사람이 되겠다는 개인적인 다짐도 없다고 인정하는 셈이다. 그리고 우리는 고용주들이 완벽함을 원치 않는다고 생각하지 않는다.

우리는 사회 역시 완벽함만을 추구한다고 생각한다. 호손과 포의 시절과 달리 현대 사회에서 완벽주의는 필요악이며 '명예로운' 약점이자 우리가 가장 좋아하는 결점이다. 이런 문화 속에서 살아가면서 그 논리적 모순에 너무 깊이 물든 나머지 그런 생각이 부조리하다고 전혀 인식하지 못한다. 하지만 더 자세히 들여다보자. 호손의 에일머와 포의 화가는 완벽성의 아찔한 극치까지 오르는 데 진정으로 필요한 삶의 대가를 싸늘하게 경고하고 있다. 이 책에서는 완벽주의가 정말로 무엇이며, 실제로 우리에게 어떻게 도움이 되는지, 그리고 어느 때보다 왜 이 시대에 더욱 두드러지며, 이 모든 상황에 무엇을 해야 할지 살펴보려 한다.

이성적인 태도를 갖추는 데서 한번 시작해보자. 이성적인 상태에서는 완벽주의를 추종하는 일이 완전히 비합리적이라는 사실을 알기 때문이다. 당연히 완벽해진다는 건 불가능한 목표이다. 완벽함은 측정할 수 없고, 기준이 주관적이며, 한낱 인간에게는 영원히 닿을 수 없는 곳에 있다. 교정심리학자 애셔 파흐트Asher Pacht 는 이렇게 농담하기도 했다. "진정한 완벽은 오직 부고와 추도사에만 존재한다."² 완벽을 추구하는 일은 핵심을 흐리는 짓이자 헛수고이다. 완벽은 언제나 가능한 범위를 벗어나며, 완벽을 좇는다는 건 희망 없는 모험과 같아서 여기에 노력을 쏟는 이들은 실로 대단한 대가를 치러야 한다.

그렇다면 어째서 완벽해지려고 부단히 노력해야만 성공할 수 있다고 느낄까? 그렇게 느끼는 게 옳을까?

이 질문에 답하기 위해 2013년 1월 17일로 돌아가보려 한다. 공황에 빠진 랜스 암스트롱Lance Armstrong 은 큼지막한 구식 서재에서 가죽 안락의자에 앉아 바깥을 내다보고 있었다. 암스트롱은 다리를 꼬고 앉아 애써 숨을 내쉬면서 두 손으로 얼굴과 무릎을 번갈아가며 만지작거렸다. 마치 이 자리가 미국 방송 사상 가장 많은 시청자가 지켜본 인터뷰가 될 것임을 이미 직감하기라도 한 듯 말이다.

암스트롱을 인터뷰한 오프라 윈프리 Oprah Winfrey 는 방송계 장인이다. 윈프리는 대부분 진행자처럼 암스트롱을 마주하고 앉는 대신 그가 의도적으로 고개를 돌려야만 자신이 보이는 위치에 조심스레 자리 잡았다. 간단한 질문을 몇 가지 건넨 다음 윈프리는 인터뷰 헤드라인을 장식할 고백을 끌어내기 위해 전력을 다했다. 그리고 그 과정에서 극적으로 잠시 말을 멈추고, 손에 쥔 메모를 들여다보다 고개를 들어 암스트롱을 응시했다. 그리고 냉정한 목소리로 암스트롱이 경기력을 올려주는 약물 도움을 받아 투르 드 프랑스에서 일곱 번째로 우승할 수 있었다는 고백을 끌어냈다.

"맞습니다." 암스트롱은 시인했다. 그는 습관적으로 도핑해왔다.

윈프리는 이후 암스트롱이 직접 설명하도록 이끌었고, 그러자 놀라운 일이 벌어졌다. 그의 태도가 완전히 바뀌었다. 암스트롱은 상체를 꼿꼿이 세우고 턱을 한껏 치켜들었다. 오래 기다려온 순간이었다. 그는 윈프리의 눈을 똑바로 쳐다보며 단호하게 말했다. "다시는 다른 사람을 이기기 위해 이런 짓을 하지 않을 겁니다." 그는 그저 동등한 기회를 누리려고 도핑했을 뿐이었다. "당시 문화가 그랬습니다. 그 시대는 경쟁이 치열했죠. 우리는 모두 성인이었고, 모두 직접 선택한 일이에요." 그는 반항적으로 말했다.

암스트롱은 다른 선수들이 모두 도핑했기 때문에 자신도 도핑하기로 했다.

우리의 행동 방식은 다른 사람들의 행동 방식에서 영향받는다. 우리는 새처럼 자유롭다고 생각하기를 좋아한다. 자신이 완전히 독특한 개체이며, 자신을 둘러싼 대부분 사람과 확연히 다르다고 믿고 싶어 한다. 하지만 우리는 조금도 독특하지 않다. 암스트롱이 윈프리에게 설명한 것처럼 우리는 본능에 따라 그저 남이 하는 대로 행동한다. 결코 무리에서 따돌림당하거나 배척당하거나 파문당하고 싶어 하지 않는다. 그래서 매일 의식적이든 의식적이지 않든 사회적으로 용인되거나 '평범한' 범위 안에서 행동하려고 신중을 기한다.

우리가 생각하고, 느끼고, 행동하는 방식의 방향을 실제로 움직이는 건 어떤 신성한 인격이 아니라 사회적 바람이다. 우리는 일하거나 양육하거나 공부하거나 소셜미디어에 게시물을 올릴 때, 특히 오늘날 우리 내면을 가득 채운 두려움이나 의심에 시달릴 때 무리와 함께 움직이는 경향이 있다. 그리고 암스트롱의 사례에서 보듯 무리의 행동이 단연코 건강하지 않을 때조차도 그 뒤를 따른다. 그러니 다른 모든 사람이 완벽해 보일 때 우리가 완벽만이 성공할 수 있는 유일한 방식이라고 느끼는 건 타당하다.

이런 문화에서 벗어나기는 쉽지 않다. 최근 연구에 따르면 일, 성적, 외모, 양육, 스포츠나 라이프 스타일 어느 면에서든 우리는 불완전함을 견디지 못한다. 정신분석학자 카렌 호나이 Karen Horney의 말을 빌리자면 그 차이는 "그저 양적인" 문제이다.³ 어떤 사람은 조금 더 못 참고, 어떤 사람은 조금 더 잘 참지만 대부분은 중간쯤에 있다. 그리고 완벽주의 스펙트럼에서 그 중간 어디쯤, 평균에 있는 사람이 갈수록 빠르게 늘고 있다. 얼마나 빠른지는 차차 살펴볼 예정이다. 지금은 완벽을 향한 이 집단적인 쟁탈전 이면에 무엇이 있는지, 그리고 우리가 어느 정도 관심을 기울여야 하는지 먼저 이야기해보자.

나는 대학교수이자 전 세계에서 완벽주의를 연구하는 몇 안 되는 사람이다. 몇 년 동안 나는 온갖 종류의 문제들을 연구해왔다. 이를테면 완벽주의의 역겨운 특성들을 분류한다거나, 무엇이 완벽주의와 연관 있는지 살펴본다거나, 왜 완벽주의가 우리 시대의 결정적인 특성처럼 보이는지를 알아본다거나 하는 식이다. 그 과정에서 나는 현대 사회의 여러 임상의, 교사, 관리자, 부모 그리고 성인이 된 청년들의 이야기에 귀 기울였다. 현장 최전방의 목소리에 따르면 완벽주의는 새로운 시대정신이다.

이런 현실은 2018년 세릴이라는 여성이 메일로 보낸 초대장을 확인하면서 확실해졌다. 그녀는 TED를 대표해 내게 연락해왔고 캘리포니아주 팜스프링스에서 열리는 다음 콘퍼런스에서 강의해

줄 수 있는지 물었다. 셰릴은 완벽주의가 TED 회원들이 굉장히 궁금해하는 주제라고 했다. "우리 회원들은 완벽주의를 자기 삶과 아이들의 삶, 그리고 함께 일하는 동료들의 삶에서 발견하고 있어요." 셰릴은 완벽주의가 무엇이며, 우리에게 어떤 역할을 하는지, 왜 그토록 널리 퍼진 것처럼 보이는지 강의에서 설명해주길 바랐다. "좋아요." 나는 이렇게 답했고, TED 방송작가들과 한자리에 앉아 12분짜리 강의를 짰다. 강의 제목은 '완벽함에 대한 위험한 집착'Our Dangerous Obsession with Perfection 이었다.

내가 강의를 잘 진행한 건 자랑스럽지만 강의 제목은 볼수록 마음에 들지 않는다. 지나치게 개인적이기 때문이다. 이 제목은 우리, 그리고 완벽함에 대한 우리의 집착에 책임을 묻는다. 생각들을 깔끔하고 짤막한 문장으로 표현하고, 다른 사람들이 읽을 수 있도록 까다로운 기술로 평이하게 정제해 이 책을 쓰다가 명확히 알게 됐다. 존재하는지 미처 몰랐던 간극들을 내 머릿속에서 발견했다. 그리고 어쩌다 보니 내가 놓치거나 그저 보지 못했던 것들을 자료와 내 주변에서 알아보기 시작했다.

완벽주의는 개인적인 집착이 아니다. 분명 문화적인 집착이다. 주변 세상을 해석할 수 있을 만큼 나이가 지긋해지면 우리는 TV와 영화 화면, 거리 간판, 컴퓨터와 스마트폰에 완벽주의가 편재한다는 사실을 주목하기 시작한다. 완벽주의는 부모가 사용하는 언어에도, 뉴스가 짜 맞춰지는 방식에도, 정치인들이 떠들어대는 말에도, 경제가 작동하는 방식이나 사회제도와 민간단체를 구성하는 방식에도 담겨 있다.

번쩍번쩍한 히드로공항 제2터미널을 떠나 팜스프링스에서 열리는 TED 콘퍼런스로 향했다. 히드로공항 제2터미널은 엘리자베스 2세의 이름을 따서 퀸스 터미널이라고 부른다. 여왕은 1955년 히드로에 최초의 퀸스 빌딩을 세웠지만 이 건물은 2009년 30억 파운드를 투자해 세계를 향한 관문을 새로이 열면서 철거됐다.

퀸스 터미널은 굉장히 아름다운 상업적 건축물이다. 〈가디언〉 저널리스트 로언 무어Rowan Moore에 따르면 이 중앙 대기장은 "코번트 가든 실내 시장 크기"이며, 탑승객이 누릴 경험에 대한 비전 역시 크다. 건축가 루이스 비달Luis Vidal은 이 터미널의 "거대한 사교 모임의 장"은 "광장이나 대성당"과 같다고 말했다. 퀸스 터미널 안을 거닐다 보면 분명 이 낭만주의의 감각을 느끼는 이가 있을 것이다. 건물 주변을 둘러싼 갤러리 꼭대기에는 압도적으로 휘몰아치는 곡선과 매끈한 가장자리, 밝게 빛나는 광고판, 바닥부터 천장까지 이어지는 유리창이 돋보이는 광활한 공간이 펼쳐져 있다.

이 상부구조에서 무엇이 진짜이고 무엇이 진짜가 아닌지를 구분하기는 애매하다. 광고 때문이다. 현대적인 기준으로 보아도 퀸스 터미널의 광고는 특히 기업의 예술성을 흥미로운 형태로 보여준다. "감염을 넘어 생각하라."Outthink infection는 짐작건대 팬데믹 와

중에 비행기를 타러 가면서 이 문구를 읽을 진보적인 승객들을 부르는 IBM의 목소리일 것이다. 마이크로소프트는 자기네 클라우드가 어떻게 "뒤죽박죽을 정확하게" 정리해놓을 수 있는지 들려주는가 하면, HSBC는 "기후변화는 국경을 가리지 않는다."는 사실을 우리에게 재확인시킨다.

하지만 퀸스 터미널에서 가장 충격적인 마케팅은 라이프 스타일 브랜딩일 것이다. 한 광고판에서는 양복을 차려입고 완벽하게 단장한 남성이 특별히 친절한 차량 공유 앱을 이용해 한 목적지에서 다른 목적지로 용감하게 돌아다니는 모습을 보여준다. 또 다른 광고판에서는 한껏 미소 지은 여성 사업가가 손에는 값비싼 슈트케이스를 들고 '겁나-유용한' 항공사 승무원에게 쾌활하게 환대받는 모습을 보여준다. 이뿐 아니다. 광고판부터 럭셔리 패션 아웃렛, 그 이름에 들어맞는 퍼펙셔니스트 카페 Perfectionist's Cafe (완벽주의자의 카페—옮긴이)에 이르기까지 터미널은 우리가 추앙하는 것들의 축소판이다. 다시 말해 완벽한 삶과 라이프 스타일의 과장되고 불가능한 이상향이란 뜻이다.

하지만 바로 그 퍼펙셔니스트 카페에 앉아 나는 자랑스레 목소리 높이는 이상주의의 비현실적인 특성을 곰곰이 생각해볼 수밖에 없었다. 현실 세계의 냉혹한 시각으로 보면 이 건물은 그저 종잡을 수 없고 과다한 기능을 가진 신성한 땅 같다. 흠잡을 데 없이 멀끔하게 양복을 입고 전자 광고판에서 나를 쳐다보는 남성은 주차장이 터미널에서 30분 거리에 있어 체크인 카운터까지 뛰어갈 필요가 없었을 것이다. 여성 사업가 얼굴에 만연한 미소는 보안검사대를 슬라이딩하듯 통과해 달려갔더니 결국 비행기가 지연됐다는 사실을 통보받은 사람에게는 거의 도발처럼 보일 테다.

퍼펙셔니스트 카페의 커피는 완벽할까? 이곳 커피는 심지어 따뜻하지도 않다. 당신이 탑승해야 할 비행기 게이트에서 파이널 콜을 외치고, 이럴 때 당연히 그 게이트는 터미널 반대쪽 끝에 있어서 에스컬레이터를 타고 내려가 통로를 따라 2킬로미터는 걸어가야 한다. 게이트에 도착하니 남은 좌석이 없다는 소식과 통로에 구불구불 늘어서서 불만을 토해내는 승객들이 당신을 맞이한다. 지칠 대로 지쳐 독한 술 한잔이 간절해지고, 겨우 엉덩이 붙일 자리를 찾고 나니 이 회의를 온라인에서 여는 게 낫지 않았을까 하고 의문이 들기 시작한다.

거기서 잠깐 멈춰서서 진지하게 생각해보자. 이 건물의 이상주의가 현실과 얼마나 차이 나는지 정말 놀라울 정도이다. 야심 찬 슬로건과 그림처럼 완벽한 이미지, 대서양 횡단 여행의 활기 등 모든 것이 이 장소뿐 아니라 문화 전반의 격차를 보여준다. 집과 휴가, 자동차, 건강 프로그램, 화장품, 다이어트, 양육 팁, 라이프 코치, 생산성 향상 기술 등 어떤 주제에서든 우리는 결코 존재할 수 없는 무결점의 해탈을 찾아 삶과 라이프 스타일을 꾸준히 발전시키고 싶다는 충동을 품은 채 성취할 수 없는 완벽함의 홀로그램 속에서 살아간다.

　우리는 한낱 인간에 지나지 않는다. 그리고 인정하고 싶지 않지만 모든 인간은 잘못을 저지르기 쉽고 결점투성이며 기진맥진한 존재라는 사실을 마음속 깊이 알고 있다. 이 홀로그램 같은 문화가 모든 현실 감각을 더욱 엉망으로 뒤섞어놓고 가장 인간적인 오류와 대자연의 느린 행진에 맞서 싸워야 한다고 강력히 주장할수록 우리는 망상을 좇으며 완벽주의에 옭아매인다. 그리고 건강과 행복이 바닥으로 추락하면서 무력해진다. 완벽주의가 이런 측면에 미치는 영향력에 대해서는 뒤에서 살펴볼 예정이다. 지금은 일단 퀸스 터미널로 돌아가, 우리가 가장 사랑하는 결점에 대해 내가 어떻게 분투하고 있는지 이야기 나눠보자.

　퍼펙셔니스트 카페로 돌아왔다. 내가 탈 항공편 안내방송이 들리길 묵묵히 기다리는 동안 나는 노트북으로 가장 인기 있는 TED 강연을 살펴보며 초조한 마음을 달래보려 했다. 강연을 준비하면서 수천 번은 더 봤을 영상들이었다. 나는 한 편 한 편을 연구하며 비밀 공식을 찾아다녔다. 최고의 강연자는 말하는 일이 마치 먹고 마시기처럼 제2의 천성이라도 되듯 철갑과 같은 자신감을 드러냈다. 나는 나 자신을 믿지 못했다. 무대에 오를 만큼 용기를 끌어모으지 못하면 어쩌지? 대사를 잊으면 어쩌지? 그 많은 사람 앞에서 공포에 질리면 어쩌지?

나 같은 완벽주의자는 불안에 대처하려고 과하게 생각하는 경향이 있다. 완벽주의자들은 뭔가에 반드시 성공하기 위해 필요한 모든 일을 해야만 실패하지 않고 상황을 일관되게 유지할 수 있으리라 생각하면서 생각 과잉 자체가 불리한 불안의 형태라는 사실은 잊는다. 물론 내가 생각 과잉 때문에 강연을 망쳐본 적은 없지만 그렇다고 해서 정말 최고로 잘해내지도 못했다. 고작 스물아홉 살 나이에 나는 모든 역경을 이겨내고 TED가 대대적으로 광고하는 '잘나가는 사상가'로서 캘리포니아로 날아가고 있었다. 커다랗고 붉은 원형 무대에서 가입비 5,000달러를 낼 가치가 있는 사람으로 보여야만 했다.

나는 무엇보다 성공을 편안하게 받아들이는 일이 가장 어려웠다. 마음속 깊이 내게 그럴 가치가 없다고 믿으며, 찬사를 받아들이기보다는 그저 운이나 우연이라고 치부해왔다. 이 부족한 생각이나 불안감은 아마도 완벽주의에서 가장 치명적인 면이리라. 더 큰 성공을 거두려고, 그리고 당연히 실패에 무감각해지려고 꾸준히 노력하다 보면 아무리 높은 수준의 성취를 이루더라도 공허해질 수 있다. 사실 완벽주의는 우리 꿈을 그저 막다른 길로 몰아넣는다는 점에서 공허함보다 나쁘다. 완벽주의자들에게 성공은 바닥없는 구렁텅이다. 탈진해 고갈된 채 성공을 좇지만 '나는 충분히 괜찮은 사람인가?'라는 심오한 질문은 언제나 지평선 너머에서 우리를 기다리고 있다.

그리고 그 지평선처럼, 성공은 우리가 가까이 다가갈수록 멀어진다.

스스로 충분하지 않다고 끊임없이 느끼다 보면 인생은 극도로 어려워진다. 표면상 성취를 거뒀으며, 한편으로는 인정 많고 깨우친 삶을 영위하고 싶다는 진지한 욕망을 품은 사람이 자기 자신을 여전히 부족하다고 느끼는 것은 스스로 결코 만족하지 못했기 때문이다. 나는 언제나 사람들에게서 멀어지고, 골치 아픈 상황을 피하려 한다. 그래서 결국은 서투르고 신뢰할 수 없으며 보통은 약속하기를 두려워하는 사람처럼 비친다. 나는 침착하지 못하고 공포에 질린다. 그리고 상대적으로 안정된 상태와 약을 먹고도 재발하는 상태를 오락가락하면서 내가 정말 어떤 사람인지 갈피를 잡지 못한다. 인증된 성공을 추구하면서 과성취의 굴레에 갇혀 있지만 마음속 아주 깊은 곳에서는 자신의 성공을 믿지 않는다.

완벽함과 성취를 추구하다 보면 자기 자신에게서 멀어지는 것 같다. 더 나쁘게는 진정한 자기 모습을 결코 찾을 수 없게 되기도 한다.

퍼펙셔니스트 카페에서 미적지근한 커피를 홀짝이면서 퀸스 터미널 승객들이 정신없이 교차해 지나가는 모습을 지켜보다가, 공사장 인부였던 아버지와 건설 현장에서 함께 일하는 게 나을 수도 있었을지 잠시 생각해봤다. 그랬다면 생계를 위해 드릴로 구멍을 뚫고 사포로 목재를 갈면서 한동네 여자 친구와 결혼하고, 소박한 집에서 적당한 자동차를 몰며 아이 두어 명을 키웠을 테다. 물론 화려한 학위와 러셀 그룹Russel Group(영국의 열일곱 개 명문대학이 모여 공동으로 연구기금을 운영하는 협력체— 옮긴이) 교수직, TED 토크, 그리고 이 찬란한 책 계약은 놓쳤겠지만 분초를 다투며 일하거나 두려움 때문에 제대로 쉬지 못하는 일도 없었을 것이다. 그리고 어쩌면, 그냥 어쩌면 그 찾아보기 힘든 지평선을 언뜻 바라봤을 수도 있지 않을까.

  아닐 수도 있다. 오늘날 그 누가 소비지상주의적인 삶을 갉아먹는 완벽주의적인 환상을 피해 갈 수 있을까?

  모든 현대인은 익숙한 덫에 걸려 있는 듯하다. 결코 충분하지 않다는 굴레에 갇힌 채 무엇을 위해 끊임없이 완벽함을 추구하는지 이해하기 어렵다. 우리는 특별한 목표도 없이 끝없는 일과 소비, 자기계발을 요구받는다. 물론 완벽주의는 어느 정도 대물림된다. 엄격하고 가혹하며 몹시 충격적인 어린 시절 경험도 매우 중요하다. 유전자와 경험들을 이미 잔뜩 짊어지고 있는데 우리를 둘러싼 문화는 판을 거듭할수록 더 완벽한 고수가 되어야 한다고 요구한다.

  랜스 암스트롱은 딜레마에 빠졌다. 청렴하고 고고하게 뒷자리로 밀릴 것인가, 아니면 도핑해서 선두를 다툴 것인가. "당시 문화가 그랬습니다. 모두 직접 선택한 일이에요." 당시 암스트롱의 선택은 훌륭한 성과로 이어졌지만 다른 사이클 선수들의 도핑은 위험한 선택이었다. 일부는 생명을 잃기도 했다. 도대체 무엇을 위해서인가? 암스트롱의 주장대로 모든 사이클 선수가 도핑을 한다면 이 장비 경쟁은 특별히 누구 하나만 더 잘할 가능성 없이 각 선수의 건강을 위험에 빠뜨린 셈이다.

이와 똑같은 경쟁이 바로 지금 더 광범위한 문화에서 벌어지고 있다. 주변에서 보이는 모든 것이 한없이 완벽한 모습의 치열한 현실일 때 우리는 한낱 인간이라는 사실을 받아들이기 매우 어려워진다. 인생은 우리의 결점을 재판하는 상소법원이 되고, 우리는 언제나 기진맥진하고 공허하며 불안함을 느낀다. 끊임없이 노력하면서 건강 루틴, 생활의 지혜, 쇼핑을 통한 금융 치료, 은폐와 땜질 등 모든 것을 쏟아부으며 살고 있지만 무리의 법칙 탓에 그 무엇도 우리의 성공 가능성을 높여주거나, 더 정확하게는 이 정도면 충분하다고 느끼게 해주지 않는다.

호손과 포를 현대적으로 읽어낸다면 기본적으로 우리는 모두 에일머와 화가가 될 수밖에 없는 운명이라고 해석할 수 있을 것이다. 하지만 나는 그게 맞는지 잘 모르겠다. 사실 우리는 이 소설 속의 잊힌 여성들에 더 가까워 보이기 때문이다. 이 여성들처럼 자신의 약점과 결점, 휘어진 구석들을 있는 그대로 수용하고 받아들일 수 있다면 우리도 이 불완전한 삶에 꽤나 만족하며 살아갈 수 있을 것이다. 눈에 거의 보이지도 않는 잡티들을 뽀얗게 수정하는 데 치중해 부족한 부분을 지나치게 부풀려서는 안 된다.

우리 문화가 깔아놓은 완벽주의의 덫에 빠지면 빠질수록 완벽주의는 삶에서 생명력을 앗아간다. 이제 우리가 가장 사랑하는 결점에 관해 진지하게 이야기해볼 시간이 왔다. 그 결점이 실제로 무엇인지, 그리고 우리에게 어떤 영향을 주는지 살펴보면서 시작하자.

02

잘하고 있다고 말해줘
주변에 숱하게 존재하는 완벽주의자의 3가지 유형

"내가 누구인지는 한 사람이 되어가는 동안 나를 사랑하는 이들과 사랑하지 않는 이들과의 관계로 정해질 것이다."
― 해리 스택 설리번 Harry Stack Sullivan [1]

토론토의 래퍼티 바 앤드 그릴은 시내에 있는 유니언역에서 엎어지면 코 닿을 거리에 있다. 이 세련된 맛집은 낮에는 흰 셔츠에 어두운색 넥타이를 맨 사업가들이 들러 커피를 마시고, 밤에는 우아하고 잘 차려입은 쇼핑객들이 찾아와 최신 유행의 화려한 칵테일을 홀짝인다. 앞쪽 테라스에서는 붐비는 교차로가 내다보인다. 사람들은 인도 위를 종종걸음 치고, 신호등 불빛은 초록에서 빨강으로 바뀌며, 전차가 덜컹거리며 동서를 가른다.

2017년 어느 맑은 여름밤, 나는 신망받는 교수 고든 플렛Gordon

Flett, 폴 휴잇 Paul Hewitt과 함께 외출했다. 우리는 차가운 맥주를 마셨고, 교수들은 내게 저마다의 연구 실적을 들려줬다. 고든은 전형적인 학자 차림이었다. 체크무늬 셔츠를 치노 팬츠에 단정하게 넣어 입고, 편안하면서도 기능적인 워킹 슈즈를 신고 있었다. 이런 옷차림이 그의 명랑하고 따뜻한 표정과 합쳐지면서 이 동네 여행 가이드 같은 분위기를 자아냈고, 그의 흥분한 몸가짐에서도 꽤나 비슷한 에너지가 풍겨 나왔다.

폴은 훨씬 사색적인 모습이었다. 조용하고, 생각이 깊으며, 여러모로 얽히고설킨 복잡성을 지닌 순진한 사람이었다. 그는 최신 유행의 동그란 안경을 쓰고, 빳빳하게 다려서 저녁 햇살에 은은하게 빛나는 흰 셔츠를 입고 있었다. 필요한 때만 말했지만 입을 뗄 때마다 엄숙한 현실에 잠시 넋이라도 잃은 듯 부드러운 단호함이 빛났다. 덕분에 음울한 심리학자의 기운을 풍겼는데 이는 그의 모습 그 자체였다.

서로 완전히 다른 두 남자는 공통된 목표가 있었다. 지난 30년 동안 이들은 진료실과 강의실에서 완벽주의가 자주 나타나는 이유를 알아보기 위해 그 내적 작용을 조사했다. 두 심리학자의 이야기에 귀 기울이면서 나는 이 연구가 단순히 '일'을 넘어섰다고 느꼈다. 완벽주의 연구는 아이 한 명을 더 기르는 일처럼 몹시도 사적이었다. 나는 이 거장들이 완벽주의에 관해 이야기하는 모습을 지켜보기 위해 그들과 함께 토론토에 있었다. 대의에 헌신하는 모습에 호기심이 생겨 더 자세히 알아보고 싶었다.

폴은 그동안의 여정을 냉정하게 되돌아보았다. 그는 이 외곬의 성스러운 임무가 현대의 학문적인 기준으로 보면 어딘가 특이하다는 사실을 아는 듯 보였다. 그는 이렇게 설명했다. "이 연구를 꼭 해야겠다는 결심이 섰고, 포기할 수 없었어요." 1980년대 중반 임상심리학자로서 재능을 펼치기 시작한 폴은 학업이나 업무를 완벽하게 수행해야 한다는 욕구에 얽매여 스트레스와 압박을 받는 환자들을 연구하고 있었다. 연구 초기 그는 사례 노트에 완벽주의를 악한 힘이라고 묘사했다. 완벽주의는 조치하지 않으면 "혼자만의 생각으로 빠져들기 시작해 되돌리기가 극도로 어려워진다."면서 이렇게 덧붙였다.

"하지만 완벽주의를 해를 입히는 성격이라고 보는 사람은 거의 없죠. 적어도 그 자체로는 말이에요."

"사람들은 아직도 그렇게 생각하지 않아요!" 고든이 대꾸하며 다 안다는 듯 활짝 웃었다. "하지만 그렇게 생각해야 해요."

심리학계가 완벽주의를 진지하거나 어느 정도 심각하게 받아들이기를 오랫동안 꺼려왔다는 사실을 이 남자들은 우회적으로 부드럽게 비판하고 있었다. 심리학의 주류 사상은 완벽주의가 대중적인 심리학에서 다루는 주제이며, 탁상공론으로 이뤄지는 정신분석에 물들어 있다고 본다. 물론 성실함이 지나치면 문제가 될 수 있듯 완벽주의도 문제가 될 수 있지만 그렇다고 해서 진지하고 체계적으로 조사해야 할 대상은 아니라는 것이다.

학계의 시각은 실제로 그렇다. 정신의학의 바이블《정신질환의 진단 및 통계 편람》에서는 완벽주의를 아주 걱정해야 할 성격 특성으로 보지 않는다.[2] 드물게 진단 기준으로 언급될 때는 강박장애Obsessive Compulsive Disorder, OCD 와 관련된 여러 증상 가운데 하나인 경우가 많다.

고든은 무엇이 문제인지 설명했다. "완벽주의에서 주류가 되는 관점은 너무 협소해요. 하지만 완벽주의에는 여러 특성이 있습니다. 어떤 면은 OCD와 관련 있지만 어떤 면은 그렇지 않고, 강박증뿐 아니라 모든 정신질환에 완벽주의가 포함되어 있어요."

폴은 기대앉더니 내 쪽을 바라봤다. "맞아요. 완벽주의는 생각보다 훨씬 광범위하게 존재하기도 해요. 양분하거나 유형을 구분할 수 있기보다는 스펙트럼 형태에 가깝죠. 우리가 완벽주의를 언급할 때는 일부 사람을 일컫거나 누가 완벽주의자인지 아닌지를 이야기하는 게 아니에요. 우리는 모든 사람을 말하는 거예요. 어느 정도로 완벽주의자인지도요."

"우리 연구는 완벽주의의 엄청난 범위와 심각성을 드러냅니다. 하지만 완벽주의에 대한 합의가 지금 이대로라면 간극을 줄여나가기는 쉽지 않아요."

폴이 진료실에서 환자들을 관찰하며 배운 점이 있다면 완벽주의를 완벽하게 파악하기 위해서는 그 깊이와 너비를 고민해볼 필요가 있다는 사실이다. 그래서 완벽주의의 다양한 유형을 펼쳐보고 구분한 다음, 이를 측정하고 실험해보는 것이 폴과 고든의 획기적인 연구의 토대가 됐다. 그것이 내가 토론토에 온 이유이기도 했다. 나는 완벽주의의 모든 것을 알아보기 위해 여기에 왔다.

폴이 언급한 완벽주의의 범위와 심각성이란 무엇일까? 그리고 그게 왜 중요할까? 이 질문에 답하려면 폴이 처음으로 이 흥미로운 성격 특성을 들여다보던 때로 돌아가봐야 한다. "대부분 사람은 완벽주의가 매우 높은 기준을 의미한다고 생각해요. 하지만 제가 초창기에 임상 연구한 결과 전혀 그렇지 않다는 점이 분명해졌죠." 폴의 기록을 보면 증상들은 서로 연결되어 있었으며, 개인적인 기준이나 자발적인 부담감을 훨씬 뛰어넘었다.

"저는 완벽해져야 한다고 압박을 느끼는 사람들의 사례들을 차례로 살펴보고 있었어요. 이 사람들은 일을 상당히 잘하고 있는데도 자기가 세운 불가능한 기준, 다른 사람들이 자신에게 들이댄다고 느끼는 불가능한 기준, 그리고 자기 자신이 주변인들에게 지우는 불가능한 기준으로 허덕였어요."

자기 주도적, 사회적 강요, 타인 주도적이라는 완벽주의의 다양한 측면을 두고 폴은 생각에 빠졌다. 완벽주의가 단순히 높은 목표나 기준의 집합이 아니라면? "완벽주의는 고군분투와는 별로 상관없다는 게 금세 밝혀졌어요. 시험에서 1등을 한다거나 속구를 완벽하게 던지려고 애쓰는 문제는 분명 아니었어요. 완벽주의는 세계관 자체예요. 우리가 자신을 어떻게 인식하고 다른 사람들이 행하고 말하는 것들을 어떻게 해석하는지를 규정하는 존재 방식이죠."

나는 이 말에 눈이 번쩍 뜨였고, 내 완벽주의에 관해 생각해보게 됐다. 나는 완벽주의가 전적으로 근면 성실함과 헌신, 꼼꼼함에 관한 것이라 믿어왔다. 그리고 내가 스스로 과도한 기준을 적용하고 나를 완벽주의자로 규정하는 기준들을 가지고 있을 뿐이라고 짐작해왔다. 하지만 자세히 들여다보면 높은 기준은 완벽주의의 한 축일 뿐이며, 중요한 건 나 같은 사람들이 애초에 왜 그렇게 과도한 기준을 세워야만 했는가이다. 폴은 우리가 다른 사람들로부터 이 세상에서 가치 있는 존재라고 인정받기 위해 자신을 혹사시키고 있다고 생각한다. "완벽주의란 우리가 서로 연결된 방식의 문제라는 단순한 사실을 인식할 때까지 우리는 계속 완벽주의를 잘못 이해할 거예요." 그가 말했다.

이 말을 듣고 나는 돌아가신 할아버지를 떠올렸다. 여러 의미에서 할아버지는 폴처럼 높은 기준과 완벽주의를 구분하려 했던 완벽한 사례이다. 어린 시절 나는 몇 시간 동안이나 눈이 휘둥그레진 채로 앉아 능숙한 목수였던 할아버지가 난간이며 의자, 창틀 같은 평범한 것들을 첫 번째 판자에서 시작해 마지막 끝단까지 맞춰 만들어가는 모습을 지켜봤다.

나는 할아버지의 작품에 경탄했다. 매주 일요일이면 종종걸음으로 주택단지를 가로질러 할아버지의 단층집까지 갔다. 할아버지는 나무판들을 섬세하게 잘라 윤곽을 잡은 뒤 군인처럼 정확하게 표시하고 톱질해서 빳빳하게 끼워 넣었고, 나사로 단단하게 고정한 다음에는 완성품에 부드럽게 사포질해서 광을 냈다. 할아버지가 만든 작품들의 외형은 언제나 완벽했다. 나뭇결은 아주 기분 좋게 매끄러웠고, 흠잡을 데 없이 깔끔하고 기능적이었다.

이것이 의문할 여지 없이 극도로 높은 기준을 갖춘 사람의 특성이다. 하지만 완벽주의자의 특성은 아니다. 할아버지는 작업장에서 일을 끝내면 애정을 기울여 제작한 상품들을 모아 새로운 집으로 배달했다. 그리고 검증이나 별 다섯 개짜리 리뷰를 받으려고 기웃거리는 일 없이 그냥 놓고 돌아왔다. 할아버지는 다른 사람들이 사용하고 진가를 인정하는 일상적인 물건들을 탄생시켰다. 물건을 만든 당신이 인정받거나 칭송받는 일보다 그 물건이 오래도록 남는 것이 할아버지에게는 중요했다.

완벽주의는 우리 자신의 기준이 아니라 다른 사람들이 우리에게 기대한다고 보는 기준이라고 할 때, 폴이 말하는 완벽주의에는 인정받고자 하는 불타는 욕구가 없다. 물론 할아버지가 언제나 일을 제대로 한 것은 아니다. 하지만 항상 완성했다. 그 무서운 별 셋짜리 리뷰는 할아버지에게 아무 의미도 없었고, 누군가의 부정적인 의견은 인생의 한 부분일 뿐이었다. 때로는 나쁜 일도 생긴다.

할아버지는 최선을 다하는 한, 기업에서 말하는 것처럼 자신을 끊임없이 재창조하거나 더 나은 실패를 위해 수정하거나 인정해달라고 요구할 필요가 없었다. 할아버지는 만든 작품 자체에 자부심을 느꼈고, 모서리 이음매에 광택제가 조금 부족하거나 나사 끝이 나무판 밖으로 아주 약간 튀어나오면 실수를 인정하고 그냥 넘어갔다. 할아버지에게 이 불완전함의 흔적은 주름이나 좌골신경통이나 마찬가지였다.

이것이 바로 높은 기준에 관한 이야기이다. 높은 기준에는 불안정이 따라오지 않는다. 오직 완벽주의만 이 둘을 접목시킨다. 폴이 이해한 바처럼 완벽주의는 상황이나 업무를 완벽하게 만드는 문제이거나 과제나 외모, 양육이나 인간관계 등에서 특별히 높은 기준을 적용하며 분투하는 문제가 아니었다. 완벽주의는 그보다 훨씬 심오하다. 우리 자신을 완벽하게 만드는 것, 더 정확하게 말하자면 완벽하지 못한 자신을 완벽하게 만드는 문제이다. 인생을 방어적인 방식으로 겪어나가면서 모든 결점과 흠, 부족함을 주변 사람들이 보지 못하도록 남김없이 감춰야 한다.

완벽주의에 대한 이런 사고방식은 내게는 획기적인 해결책이 됐다. 너무 부족해서 평생 세상으로부터 숨어 지낼 정도로 극단적인 사유의 관점에서 완벽주의를 바라보면 완벽주의는 우리가 착각하는 것처럼 자기희생적인 성공의 금빛 훈장이 절대 아니기 때문이다. 내 핏속에는 할아버지의 정밀함이 흐르고 있지만 할아버지의 성실함과 내 완벽주의는 우리가 매우 다른 사람이라는 걸 뜻한다. 그 결과 우리의 삶은 완전히 다른 시각과 내면의 대화로 이뤄져 있다.

완벽주의자들에 대한 가장 큰 오해는 완벽주의자의 주된 관심사가 어떤 탁월한 행동을 해내는 일이라는 생각일 것이다. 완벽주의자와 종종 헷갈리는 나르시시스트와 달리 우리 완벽주의자들은 그저 스스로 써내려가고 있는 불멸의 서사를 믿지 않을 뿐이다. 우리가 완벽한 기준에 눈높이를 맞추는 건 그 기준을 달성해야만 이 세상에 업적을 남길 수 있거나 탁월해 보일 수 있기 때문이 아니다. 중요하게 취급받을 만큼 좋은 사람이 아니라거나 다른 사람들로부터 사랑받지 못할 수도 있다는(똑같은 이야기이다), 수치심을 바탕으로 하는 두려움에서 벗어나려면 뭔가를 정확히 맞게 해내야만 하기 때문이다.

이 수치심을 바탕으로 하는 두려움은 중요하다. 완벽주의를 논하는 과정에서 우리의 외적인 행위들과 내적인 감정들을 쉽게 놓칠 수 있기 때문이다. 수치심은 우리가 사랑받거나 인정받을 가치가 없다고 스스로 의식하는 감정이다. 이 감정은 우리가 더 이상 잘할 수 없어 거절당하거나 더 심하게는 무시당한다고 생각할 때 생겨난다. 수치심은 아프다. 우리 존재의 모든 측면에 구석구석 퍼져 다른 사람들과의 관계에서 자신을 보는 방식에 영향을 미친다. 그리고 완벽주의자들이 완벽에 심하게 집착해 생겨나는 수치심은 내 할아버지처럼 성실한 유형의 사람들이 느끼는 자긍심보다 훨씬 크다. 수치심은 우리 정체성의 핵심을 이루는 집착이자, 또 타인에게 우리가 얼마나 부족해 보일지 그 의식의 정수에 닿아 있는 강박이다.

 지금까지 내 인생은 평균을 훨씬 뛰어넘는 성과를 거두기 위한 기나긴 모험이었다. 또 그 성과를 가지고 다른 사람들에게 인정받으면서, 본차이나보다 잘 깨지는 자부심의 지지대로 삼으려 했다. 할아버지에게는 그런 마음의 병이 없었다. 물론 당신 자신과 다른 사람들에게 뛰어난 공예가라는 사실을 증명하려는 동기가 있었고, 변덕스러운 의견에 휘둘리기를 거부하며 겸손하고 인내심 있는 결단력을 가지고 작업하기는 했다. 완벽주의의 이 모든 측면이 사람마다 어떻게 다르게 작용하는지 명심하자. 폴의 말마따나 자신에게 적용하는 높은 기준이라고만 완벽주의를 설명하기에는 전혀 충분하지 않기 때문이다.

 그 이유는 완벽주의가 관계적인 특성이며 그럴 수밖에 없다는 데 있다. 즉, 외부와 단절된 채 개인의 내면에서 생겨나는 것이 아니라 사회에서 주변인들과의 상호작용을 통해 만들어지는 자존감의 문제라는 뜻이다. 이는 이런 내적 대화로 시작한다. "나는 충분히 매력적이지도 않고, 멋지지도 않고, 부유하거나, 날씬하거나, 건강하거나, 똑똑하거나, 지적이거나 생산적이지도 않아." 그리고 이런 잔혹한 깨달음으로 끝난다. "그러니 내 단점이 발각될 때마다 다른 사람들이 알아챌 거고, 그 사람들 눈에 나는 인정할 수 없는 사람이 될 거야." 이 깨달음에서 계속 뿜어져 나오는 에너지는 우리의 진짜 모습을 세상에 숨기고 우리가 빈약하다고 생각하는 부분을 강화하기 위해 할 수 있는 모든 일을 하는 데 사용된다. 이는 우리를 다른 사람들과 엮어주는, 완벽성을 조건으로 하는 관계가 된다.

폴은 1980년대 말 요크 대학교에서 고든을 만났다. 두 사람 모두 막 박사학위를 따고 심리학 강사로 임용된 때였다. 우울증 측정법을 연구하는 젊은 학자였던 고든은 완벽주의를 다루는 폴의 초기 연구에 매료됐다. 세월이 흐르면서 두 학자는 긴밀히 협업하며 우정을 쌓아가기 시작했다. "저는 언제나 완벽주의에 흥미를 느껴왔어요. 그래서 폴과 연구할 기회가 생기자 냉큼 잡았죠. 완벽주의를 측정할 수 있는 몇 가지 특성과 도구를 짚어낼 수 있다면 증거 기반을 구축하기 시작할 수 있다는 걸 알았어요." 고든은 이렇게 말했다.

이들은 폴이 몇 년 전 써뒀던 자기 기술적인 진술 모음에서 시작했다. 이 진술들은 사람들이 동의하거나 동의하지 못할 완벽주의적인 생각, 감정, 행동 들을 묘사하고 있었다. 예를 들어 '나는 완벽해지려고 애쓴다'라거나 '나는 분명 흠이 없다'라는 식이다. 이 진술들은 완벽주의자들이 일반적으로 생각하고 느끼고 행하는 것들에 대해 환자들이 이야기한 내용을 바탕으로 했다. "환자들은 완벽주의가 뭔지 알려줬어요. 저는 그저 주의 깊게 듣고, 핵심적인 특징들을 반영해서 아이템 풀을 만들었죠." 폴이 말했다.

그리고 이 지점에서 고든이 등장했다. 고든의 성격심리학에 대한 전문 지식과 에너지, 열정을 가지고 두 학자는 힘을 모아 끝장나게 융화됐다. 이후 몇 년 동안 이들은 완벽주의 아이템들을 저장하기 시작했고, 이를 다양한 샘플들로 분류했다. 고된 작업을 모두 거친 뒤 마지막으로 완벽주의의 구조를 가장 잘 묘사하는 듯한 최선의 해결책에 도달했다. "검증 작업을 마치자 완벽주의의 핵심적인 특성을 요약하는 이론의 뼈대를 갖추게 됐어요." 고든이 말했다.

이론을 적절하게 전달하려면 폴과 고든이 발견한 내용을 그래픽으로 나타내는 게 도움이 될 것이다. 다음 쪽에 실린 그림에서 보듯 이들의 이론은 다면적이다. 완벽주의는 높은 목적이나 기준과 달리 단순히 한 가지 생각이나 감정, 행동이 아니며 그 이상을 의미한다. 완벽주의는 우리 자신과 문제가 많은 관계를 맺는 것으로, 이 관계 안에서 우리는 자신에게 지나치게 많은 것을 요구하거나 지나치게 자기비판적이 된다. 또 다른 사람들과도 문제가 많은 관계를 형성해 주변 사람들이 자신에게 완벽을 요구한다고 믿으면서 다른 사람들에게도 완벽을 요구한다.

완벽주의는 사적이면서 공적이고, 개인적이면서 관계적이라는 다양한 측면들을 갖췄다는 사실을 인식한 폴과 고든은 이 이론을

폴 휴잇과 고든 플렛의 완벽주의의 다차원적 모델

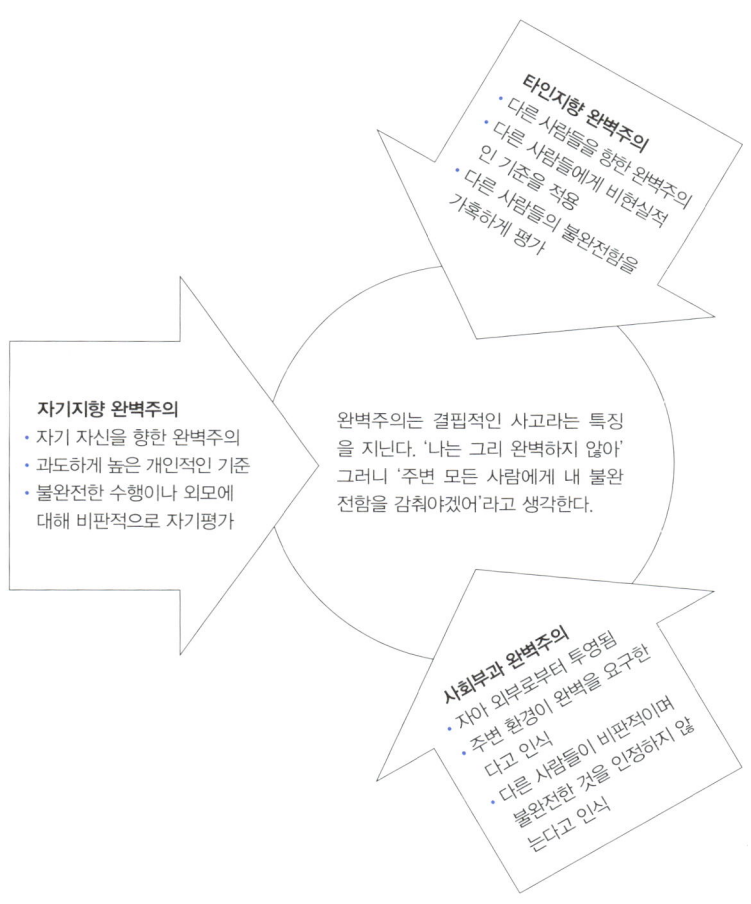

'완벽주의의 다차원적 모델Multidimensional Model of Perfectionism'이라 명명하고 1991년《성격 및 사회심리학지》Journal Of Personality And Social

Psychology에 논문을 발표했다.[3] 이 모델에 따르면, 완벽주의는 우리가 그다지 완벽하지 않으며 이 불완전함을 감춰야 한다는 결핍적인 핵심 신념에서 시작하는, 생생하게 살아 숨 쉬는 세계관이다. 이 핵심 신념은 완벽주의가 지닌 다양한 측면이자 그 측면들을 하나하나 구분해주는 특징이다.

폴과 고든은 처음에 이 다양한 측면들을 설명하면서 완벽주의를 연구하는 새로운 길을 제시했다. 여기에는 이례적일 정도로 높은 기준을 지닌 고독한 주인공이 아니라 개인적이고 관계적인 여러 인물이 등장한다. 다음은 각 인물에 대한 약력이자 이를 명확하게 보여줄 사례들이다.

자기지향 완벽주의self-oriented perfectionism는 내면의 지시를 받는다. 나는 완벽해야 하고 완벽하지 않고는 아무것도 아니라는 존재 방식을 골자로 한다.

자기지향 완벽주의는 아마도 마음의 눈으로 완벽주의의 이미지를 떠올릴 때 가장 처음 생각나는 모습일 것이다. 일에 미친 동료나 지나치게 열정적인 학생이 그 예이다. 폴과 고든은 '완벽해지고자 하는 내적 강박과 압박감'을 자기지향 완벽주의의 특성이라고 규정했다. 동기를 부여하는 데는 최고이지만 궁극적으로 이 동기가 넘쳐흐르다 보면 무조건 완벽해져야 한다는 기진맥진한 의무로 발전한다.

트랙 사이클 선수 빅토리아 펜들턴Victoria Pendleton의 사례는 이렇게 자진해서 짊어진 압박을 특히 잘 보여준다. 펜들턴은 100년에 한 명 나오기도 어려운, 영국에서 상을 가장 많이 받은 올림픽 선수 중 하나이다. 하지만 그녀는 자신의 성취를 인정하지 않는 것으로도 잘 알려져 있다. 2008년 〈가디언〉 저널리스트 도널드 맥레이Donald McRae와의 인터뷰에서 펜들턴은 사이클을 "끊임없는 투쟁"이라고 회고했다.⁴ 그녀는 성취를 통해 지속적으로 만족하기 어렵다는 걸 깨달았다. "사람들은 '와, 올해 월드 챔피언십 우승 2회와 올림픽 금메달을 모두 차지했어요.'라고 말해요. 그러면 저는 이렇게 생각해요. '뭐, 맞아. 그런데 나는 어째서 또다시 불만족스럽고 압박받고 있지?'"

자기지향 완벽주의에서 가장 눈에 띄는 특성은 단 한 번도 충분히 잘한다고 느끼기를 거부하는, 이 초경쟁적인 면일 것이다. 초경쟁은 일종의 역설을 보여준다. 기묘하게도 자기지향 완벽주의 성향이 높은 사람들은 실패에 대한 두려움과 다른 사람들에게서 인정받지 못하리라는 두려움으로 경쟁에서 도망칠 수 있기 때문이다. "자기지향 완벽주의자들은 기본적으로 성공하고자 하는 욕구와 실패할지도 모른다는 두려움 사이에서 불안해해요. 한편으로는 주변 사람들에게 존경받고 인정받기 위해 끊임없이 애쓰려고 하면서 다른 한편으로는 스스로 충분하지 못하다는 수치심을 피하기 위해 할 수 있는 모든 걸 하려고 하죠."

이런 갈등 탓에 자기지향 완벽주의자들은 완벽을 추구하다가 자기 자신을 꾸짖느라 갈팡질팡하며, 생각 과잉과 미루기처럼 스스로 방해하는 행동을 하기 쉽다.

하지만 자기지향 완벽주의자들은 가끔 다른 사람들이 뛰어나다고 여기는 일들을 해낸다. 성공했다는 흔적을 감추고 우선 노력하려 할 때부터 잔혹할 정도로 자기 자신을 과소평가하는 경향이 있어 그 사실을 알아차리기 어려울 뿐이다. 이들은 강박적으로 자신을 땜질하고 이를 반복하며 전면적인 완벽함을 추구하는데, 이는 자신의 상상 속 불완전함을 액면 그대로 받아들이고 그것이 전적으로 현실이라고 고집하는 증거이다.

펜들턴은 이런 특성을 잘 보여준다. 그녀는 자신의 가치를 판단하는 극단적인 기준을 비이성적으로 중시하는 것으로 보인다. 이 기준을 충족할 정도로 충분히 잘하지 못한다는 것이 펜들턴의 자기분석을 관통하는 반복적인 주제이다. 펜들턴은 사이클을 통해 '자기가 뭔가를 정말 잘한다고 증명하고 싶었을 뿐'이다. 그녀는 맥레이에게 이렇게 설명했다. "저는 아직 그걸 해내지 못했어요. 적어도 저 자신의 기준으로는 그래요. 저는 사이클을 훨씬 더 훌륭하게, 더 쉽게, 더 능숙하게 탈 수 있다는 걸 알아요. 제가 해내야 하는 수준의 발끝에도 못 미쳤어요."

펜들턴은 이후 맥레이와의 인터뷰에서 자신이 '불안정한 사람'

이며 '감정적이고 자기비판적인 완벽주의자'라고 인정했다. 자기지향 완벽주의 수준이 높은 사람들 사이에서 발견되는 자기 연민의 결핍이 그녀의 설명에서 드러난다. 폴이 진료실에서 가장 많이 관찰한 사례를 떠올리게 만들기도 한다. 다시 말해 괴로운 완벽주의자는 수치심과 반추로 가득 차 있다. 수백 건의 상담 치료에서 수집한 폴의 사례 노트는 자기지향 완벽주의자들이 어떻게 왜곡된 자아상을 만들어내는지 보여준다. 이 자아상은 '자기 반감을 넘어선 자기혐오의 형태'를 띤다.

슬프게도 나는 여러 고성취 젊은이의 멘토로서 이런 식의 자기혐오를 많이 목격했다. 앤이라는 학생은 정말 눈에 띄었다. 펜들턴처럼 앤 역시 야망이 컸고 열심히 노력했으며 재능이 매우 뛰어났다. 하지만 우리가 대화를 나눌 때마다 앤은 자신이 이룬 성취에도 불구하고 그 성공을 늘 절망적인 실패로 회상했다. 앤은 1등으로는 너무 부족하며, 자신이 얼마나 충분히 노력하지 않았는지, 그리고 어떻게 자기 자신과 다른 사람들을 실망시키는지 이야기했다.

앤 같은 완벽주의는 오늘날 학생들 사이에서 흔히 볼 수 있지만 특히 극단적인 사례로 내게 충격을 줬다. 앤의 내적 대화를 들을 수 있었다면 이런 식이었으리라. "다른 사람들보다 훨씬 노력했지만 딱히 더 뛰어나지 않다면 나는 똑똑하거나 재능 있는 게 아니야." 자기지향 완벽주의자들에게는 엄청나게 노력한다는 사실 자체가 자신이 전혀 똑똑하거나 재능 있지 않다는 증거가 된다. 완벽해지려는 욕구는 그저 자신을 격하게 혐오스러워하게 만드는 불완전성을 확대할 뿐이다.

실제로 자기지향 완벽주의 수준이 높은 사람들은 이길 수 없는 게임을 해야만 한다고 느끼며, 완벽하지 못한 데서 오는 수치심과 곤혹스러움에서 벗어나기 위해 완벽을 추구한다. "인생을 정말 소모적으로 살아가는 방식이에요. 완벽해져야만 하고, 또 완벽하지 못한 부분을 고치거나 감춰야만 하죠. 그래서 잠깐 쉴 여유도, 연민을 가지고 자기반성을 할 여유도 전혀 없어요." 폴이 내게 말했다.

사회부과 완벽주의socially prescribed perfectionism는 환경의 영향을 받는다. 다른 사람들이 내가 완벽하길 기대한다는 신념을 골자로 한다.

개인적 기준이 그저 과도하게 높은 정도를 넘어서며, 특히나 치명적인 사회적 뿌리를 지닌 완벽주의를 폴과 고든은 사회부과 완벽주의라 부르며, 이는 모든 사람이 항상 자신에게 완벽하기를 기대한다는 포괄적인 신념을 포함한다. 그리고 이 불가능한 기준에 못 미칠 때 다른 사람들이 가차 없이 자신을 평가한다고 믿는다.

폴과 고든에 따르면 사회부과 완벽주의는 끊임없이 평가받는다는 착각이라고 표현할 수 있으며, 이런 착각 탓에 언제나 다른 누군가의 기준에 맞춰 살아가려 애쓰게 된다. 이런 식으로 착각하는 경향이 있는 사람들은 어디를 가든 자신의 결점에 관해 신랄한 발언을 듣는다. 자비로운 의견조차 자기 상상 속 불완전함에 대한 비난이라고 해석한다. 사회부과 완벽주의자들의 내적 대화는 다른 사람들이 기대하는 방식대로 행동하고 모습을 드러내고 수행해야 한다는 내용으로 이뤄진다. 그리고 다른 모든 사람에게서 완벽해져야 한다는 기대를 받는다고 생각한다.

사회부과 완벽주의는 자기지향 완벽주의와 비슷할 수 있다. 하지만 이 경우 완벽해져야 한다는 욕구는 외부 세계의 압박에서 비롯한다. 사회부과 완벽주의자들은 자신이 불완전하다면 가혹하게 평가받으리라 믿는다. 따라서 다른 사람들, 가끔은 알지도 못하는 사람들에게서 검증과 인증을 확보하기 위해 완벽을 추구한다. 완벽함을 뿌려대는 세계에서 우리가 평가받고 있다는 신념은 실제의 살아 있는 경험에 굳건히 뿌리내리고 있다. 하지만 그럴 필요 없다. 사회부과 완벽주의는 진짜이든 상상이든 간에 다른 사람의 요구를 해석하는 렌즈일 뿐이다.

내 대학 친구 네이선은 사회부과 완벽주의자이다. 과묵한 성격에, 조용하고 꼼꼼하게 매우 높은 성과를 거뒀지만 다소 우울하고 불안을 엷게 표출하곤 했다. 이 특성들의 집합체는 우리가 다니는 교육대학에서는 단연 특이했고, 그는 그 특이함 탓에 '가벼운 농담'을 엄청나게 들었다. 그는 어깨를 으쓱하며 대부분 대수롭지 않게 넘겼으나 나는 그 농담이 그에게 영향을 미친다는 사실을 알았다.

최근 네이선과 다시 연락이 닿았고, 그가 일을 완벽하게 해내려는 과묵한 열정을 잃지 않았다는 걸 알게 됐다. 그는 높은 연봉을 받으며 일하고 있었고, 그건 그리 놀라운 일이 아니었다. 하지만 그런데도 네이선은 여전히 자신이 실패했다고 여겼다. 네이선의 환경을 생각하면 그는 기대 이상으로 성취를 거뒀다. 그가 훨씬 더 유능하다고 믿는 주변 사람들에 비하면 말이다. 네이선은 이렇게 말했다. "그 사람들은 초인적인 능력을 지녔어. 그리고 말도 안 되게 높은 기준을 세워놓지. 내가 그들만큼 성과를 낼 수는 없으니 그들을 따라잡는 건 불가능해."

나는 네이선에게 말했다. "너는 분명히 제대로 일하고 있어. 그러지 않다면 너를 계속 승진시킬 리 없잖아." 그는 자기 생각이 적절하지 않다는 걸 이해하지 못하는 듯했고, 설사 이해하더라도 재빨리 부인했다. "항상 더 해야 한다고 기대받는 것 같아. 목표를 달성해도 충분하지 않아. 잘해낼수록 더 잘해야 한다고 기대를 받는 거지."

네이선은 분명히 불안감을 내려놓지 못했다. 여전히 끊임없이 감시당한다고 느끼면서 사람들이 자기를 보고 아주 뛰어나다고 생각할지 궁금해한다. 그리고 이제는 가혹한 기업문화 안에서 어느 때보다 내면의 결점이 드러날까 두려워하게 됐다.

이런 두려움을 가장 많이 목격할 수 있는 곳 가운데 하나는 바로 연예계이다. 어쨌든 연예인들은 끊임없이 확대경 아래에서 살아가고 있으며, 가차 없는 실적과 이상형의 외모라는 압박에서 벗어나지 못한다. 이런 이유로 많은 유명인이 스스로 완벽주의자라고 인정한다. 이들의 증언을 들어보면 대체로 사회에서 부과하는 여러 압박이 담겨 있다.

데미 로바토Demi Lovato의 이야기는 특히 이를 구체적으로 보여준다. 배우이자 가수로서 뛰어난 재능을 지닌 로바토는 놀라울 정도로 성공적인 커리어를 이뤘으나 이 성공에는 개인적인 희생이 엄청나게 뒤따랐다. 그녀의 분투는 2017년도 다큐멘터리 〈간단히 복잡하게〉Simply Complicated에 생생하게 그려졌다. 로바토는 이렇게 말했다. "저는 어릴 때부터 완벽주의자였어요. 정말 최고 중의 최고가 되고 싶었죠." 그리고 10대 시절 디즈니의 〈캠프 록〉Camp Rock에 출연해 이목을 끌면서 어려움을 겪기 시작했다고 덧붙였다. "제 삶에 유명세가 스며들면서 제가 하고 싶은 노래보다는 사람들이 좋아할 것 같은 노래를 부르고, 어떤 특별한 모습을 보여야 한다고 압박을 느끼기 시작했어요."

로바토는 유명 연예인이라는 직업이 주는 압박감에 관해 설명했다. "인기 차트에서 높은 순위를 차지해야 한다는 압박이 있었죠." 이 압박감은 2011년 MTV에서 제임스 딘James Dinh과 인터뷰한 내용에서도 강조됐다. "불가능한 기준을 충족해야 한다는 어마어마한 압박감이 있어요. 바르게 보여야 하고, 똑똑해야 하고, 날씬해야 하고, 재능 있고 인기가 많아야 해요. 모든 사람을 위해 뭐든지 되어줘야 한다고 느끼죠."[5]

자기지향 완벽주의자들처럼 사회부과 완벽주의자들은 상상 속의 불완전함을 고치려고 평생 노력하며 살아간다. 하지만 사회부과 완벽주의자들의 근본적인 동기는 다른 사람들에게 받아들여지고 사랑과 인정을 받겠다는 명확한 목표 아래 그 기대에 충족하려는 것이다. "채우지 못한 이 관계적인 욕구는 완벽주의자들을 망가뜨리고 해를 입혀요. 사회부과 완벽주의자들은 이 점에서도 괴로워합니다. 주변 사람들에게 자신의 불완전함을 영원히 감추기 때문이죠." 폴은 내게 말했다.

로바토의 자기분석으로 우리는 이를 확증할 수 있다. 사회부과 완벽주의는 다른 사람들의 의견에 따라 필사적으로 다른 사람, 완벽한 사람이 되려고 노력하면서 엄청난 압박 아래 살게 된다. 고든은 이렇게 덧붙였다. "압박이죠. 깊은 무력감과 결합한 압박이요."

타인지향 완벽주의other-oriented perfectionism는 외부를 향한다. 다른 사람들이 완벽해야 한다는 신념을 골자로 한다.

폴과 고든이 구분한 완벽주의의 마지막 얼굴은 타인지향 완벽주의이다. 이 완벽주의는 친구나 가족, 동료처럼 다른 사람들을 향한다. 여기에서 '다른 사람들'은 보통 타인지향 완벽주의자들과 가까운 사람들이라는 의미이지만 꼭 그렇지만은 않다. 이 분노의 표적은 일반적인 사람들이 될 수도 있다. 고든은 이렇게 설명한다. "타인지향 완벽주의자가 자신이 만물의 척도라고 느낄수록 자기 기준을 더 많이 고집하죠."

타인지향 완벽주의자들은 눈에 쉽게 띈다. 이 사람들은 기준에 맞지 않는 사람에게 자제심을 잃는 경향이 있기 때문이다. 이런 행동에는 분명히 문제가 있으며, 특히 인간관계 면에서는 더욱 그렇다. 다른 사람에게 완벽하기를 요구하면서 비판적으로 군다면 항상 충돌이 일어날 수밖에 없다. 요구사항이 많은 직장 상사나 비판적인 코치, 늘 시시비비를 가리려는 친구와 말다툼했던 때를 떠올려보자. 결코 유쾌한 경험이 아니다.

타인지향 완벽주의자들은 다른 사람들에게 불가능한 기준을 적용한다. 자신의 상상 속 불완전함을 감추려 하기 때문이다. 프로이트가 말하는 소위 '투사'이다. "이 사람들은 선천적으로 자의식이 강해요. 이들의 타인지향 완벽주의는 자아로부터 주의를 돌리려는 무의식적인 방법이죠." 폴이 말했다.

여기서 나는 내 첫 번째 상사를 떠올렸다. 말끔한 모습의 중년 여성으로, 화려하지는 않지만 분명 유능한 태미는 작은 도시 외곽에서 회원제 체육관을 운영했다. 나는 열여덟 살에 그 체육관의 견습 관리자로 채용됐다. 꿈꾸던 직업이었지만 곧 실체가 드러났다. 태미는 완벽주의로 어려움을 겪었고, 이 어려움을 아랫사람들에게 자주 쏟아냈다. 그녀는 화를 잘 내고, 불안하며, 고압적이었다. 직원들이 제대로 성과를 내지 못하고 있다는 생각이 머릿속에 떠오르면 호전적이 되어 직원이 하는 모든 일을 의심했다. 체육관 바닥을 이리저리 살펴 미처 치우지 못한 티끌 하나, 땀방울 하나라도 찾아내면 직원들에게 일을 제대로 하지 못했다고 거침없이 알렸다. 나는 태미의 요란한 관리에 분노했지만 이제는 그게 자기 자신을 반성하는 행동이었다는 걸 분명히 안다. 내 실수는 그녀의 실수를 떠올리게 했다. 스스로 뭔가를 놓치는 것을 참지 못하는 태미는 내가 뭔가를 놓치는 것을 참지 못했다.

그리고 정말 나쁜 일이 벌어졌을 때 태미는 자제력을 잃었다. 어느 날 체육관의 수영장 설비가 오작동해 물에 염소가 너무 많이 들어갔다. 수영장 점검은 내 담당이었기 때문에 태미는 곧장 내게 설명을 요구했다. 그녀는 눈에 띄게 스트레스받은 채 욕설을 퍼부었으며, 피해가 조금이라도 발생하면 나를 고소하겠다고 잔뜩 모인 고객들 앞에서 협박했다. 수영장 관리인이 도착해서 나와는 상관없이 발생한 문제라고 설명하자 태미는 어떻게 사과할지 고민하듯 잠시 말을 멈췄다가 곧 내게 자리로 돌아가라고 알렸다. 나는 그 길로 체육관을 나왔다.

모두 한 번쯤은 태미 같은 타인지향 완벽주의자를 겪어봤을 것이다. 하지만 타인지향 완벽주의자 중 가장 악명 높은 사람은 아마 스티브 잡스일 것이다. 잡스는 1996년 망해가는 회사였던 애플을 오늘날 1조 달러 규모의 다국적 기업으로 바꿔놓았다고 널리 인정받는다. 2011년 잡스의 죽음 이후 애플의 새로운 CEO 팀 쿡은 "애플은 창조적인 천재를 잃었다."라고 말했다. 여기에 오바마 대통령은 "세계는 선지자를 잃었다."라고 덧붙였다.

선지적인 천재였던 잡스는 월터 아이작슨Walter Isaacson이 전기 《스티브 잡스》에서 자세히 밝혔듯 분명 복잡한 사람이었다. "잡스의 인생과 성격에는 분명 극도로 엉망진창인 면들이 있었어요." 잡스의 아내 로린 파월Laurene Powell이 아이작슨에게 말했다.[6] 《애틀랜틱》Atlantic의 저널리스트 리베카 그린필드Rebecca Greenfield는 잡스의 복잡함을 파악하려 시도하면서 그 특성에 그의 완벽주의가 관련한다는 사실을 밝혔다.[7] 그린필드는 이렇게 썼다. "완벽주의는 잡스를 갉아먹은 병이었다." 그리고 말콤 글래드웰이 《뉴요커》New Yorker에 기고했던 글 가운데 뉴욕의 한 호텔에서 잡스가 실내장식에 엄격한 기준을 들이댔던 일화를 인용했다.

> 잡스는 언론 인터뷰를 위해 뉴욕의 호텔 스위트룸에 도착해 밤 10시가 되자 피아노 위치를 바꿔야 하고, 딸기가 부족하며, 꽃은 칼라로 교체해달라고 말했다.[8]

타인지향 완벽주의자의 전형이었던 잡스는 자신의 완벽주의를 권력의 도구로 사용했다. 한 친구는 아이작슨에게 이렇게 말했다. "잡스는 당신의 약점이 뭔지 정확히 알고, 어떻게 하면 당신을 스스로 보잘것없다고 느끼고 움츠러들게 할 수 있는지 아는 무시무시한 능력이 있어요."〈거커〉Gawker의 라이언 테이트Ryan Tate가 잡스의 전 직장 동료 몇몇과 인터뷰했을 때도 거의 똑같은 이야기를 들었다. 동료들은 잡스는 '무례하고, 거만하며, 호전적이고, 심술궂다'고 회상했다. 영감을 주기 위해 동료들을 속일 수도 있는 유형의 상사였다.[9]

이런 설명은 잡스가 때때로 격분하는 성급한 관리자의 수준을 훨씬 넘어섰다는 점을 보여준다. "그는 부하 직원들에게 소리를 질렀다." 글래드웰은 《뉴요커》 기고문에서 이렇게 썼고, 아이작슨의 전기에는 자신의 PR 담당자에게 옷을 "역겹게 입었다."라고 말했다고 기록됐다. 그린필드는 잡스가 결국 "완벽하지 못하면 뭐든 참지 못했다."면서 이 불가능한 기준에 못 미칠 때마다 "다른 사람들에게 화풀이했다."라고 썼다.

잡스의 이런 묘사에는 많은 의미가 담겼다. 겉으로 드러나는 성과에도 잡스는 완벽주의 탓에 자존감이 낮아 쉽게 위협당했고, 이 위협으로 자주 가혹하게 행동했다. 잡스 같은 타인지향 완벽주의자들은 물불 안 가리고 이겨야 한다는 태도를 보이는데, 그 자체로는 괜찮다. 하지만 우세함에 위협받을 때면 격분하고, 어떤 경우에는 공격적으로 행동하기도 한다. "이런 행동은 다정하고 조화로운 인간관계에 전혀 도움이 되지 않아요." 폴이 말했다.

앤과 펜들턴, 네이선, 로바토, 태미, 잡스 같은 사람은 드물지 않다. 완벽주의자들의 인물 소개와 갈등이 담긴 이야기들로 선집을 만들 수 있을 정도이다. 하지만 나는 이 인물들을 집중 조명하기로 했다. 우리가 완벽주의의 범위와 심각성, 그리고 완벽주의가 가진 다양한 측면들을 파악하려고 할 때 그 다양한 경험들이 특히 교훈을 줄 수 있기 때문이다. 이들 각각은 완벽해져야만 한다. 그러나 이 욕구는 가장 크게 작용하는 완벽주의의 유형에 따라 사람마다 다르게 나타난다.

완벽주의의 세 가지 차원은 가끔 독립적인 실체로 묘사된다. 이는 명확성을 부여하는 데 도움이 되지만 지나치게 단순화된 감이 있다. 자기지향과 사회부과, 타인지향 완벽주의는 서로 독립적이지 않다. 화가의 팔레트 위에 짠 수채화 물감처럼 폴과 고든의 차원은 서로 섞여 있어 사람들은 한 가지, 두 가지, 심지어는 세 가지 모두에서 높은 수준을 보일 수 있다.

스티브 잡스를 예로 들어보자. 우리는 잡스가 타인지향 완벽주의를 떠올리는 방식으로 가끔 동료들을 향해 빡빡하고 적대적인 태도를 취하는 모습을 살펴봤다. 하지만 리베카 그린필드에 따르면 그는 "가장 일상적인 업무에도 완벽해야 한다는 생각으로 접근했다."고 한다. 그녀는 아이작슨의 전기에서 잡스가 신중하게 따져가며 세탁기를 구매하는 과정을 묘사한 부분을 인용해 이런 성향을 설명했다.

우리 가족은 무엇을 버리고 무엇을 취하고 싶은지 함께 이야기 나누며 시간을 보냈다. 결국 디자인뿐 아니라 가족의 가치에 관해서도 많이 이야기했다. 빨래하는 데 한 시간 반 혹은 한 시간이 걸리는 문제를 가장 중시하는가? 아니면 옷이 정말 부드럽고 그 촉감이 오래가는 점을 가장 중시하는가? 물을 4분의 1만 쓰는 것이 중요한가? 우리는 2주 동안 매일 밤 식탁에 앉아 이 이야기를 했다.

"이 모든 게 세탁기 한 대를 위해서였다." 그린필드는 빈정대듯 썼다. 잡스는 완벽주의의 개인적이고 관계적인 요소의 경계가 희미한 사람을 보여주는 아주 훌륭한 사례이다. 잡스의 머릿속에서는 둘을 구분하지 않았다. 모든 사소한 불완전함에 대해 자기 자신을 마구 다그치고 있다면 다른 사람들 역시 똑같이 고문해야 하지 않을까?

  모든 사람의 완벽주의가 잡스처럼 표출되지는 않는다. 내 완벽주의는 대부분 내면으로부터 지시받으며, 그로 인해 사기라도 친 것처럼 불완전함이 공개적으로 드러날까 봐 걱정한다. 로바토의 완벽주의는 대부분 외부로부터 영향받는 것으로 보이며, 그래서 그녀는 끊임없는 압박에 사로잡혀 있다. 다시 말해 우리는 영광스럽게도 복잡한 생명체로, 우리의 환경은 다양하고 여럿이며 그와 마찬가지로 완벽주의자의 종류도 수없이 많다. "우리는 보통 두드러지는 한 가지 차원을 봅니다. 하지만 그렇다고 해서 다른 차원들과 연결된 생각과 감정, 행동을 가질 수 없다는 의미는 아니에요. 실제로 모든 차원에서 완벽주의가 높게 나타나는 경우가 꽤 흔해요." 폴이 내게 말했다.

모든 완벽주의자를 하나로 묶는 변하지 않는 요소가 있다면 바로 이 모든 것이 시작된 지점, 즉 우리가 무엇을 하든 그리 완벽하지 못하다는, 사라지지 않는 확고한 불안감이다.

자기지향 완벽주의와 사회부과 완벽주의, 타인지향 완벽주의의 복잡한 상호작용 때문에 폴과 고든은 완벽주의를 스펙트럼으로 취급한다. "우리의 차원들은 마치 거미집을 이루는 거미줄 같아요. 모든 거미줄은 같은 거미집의 일부이지만 거미집은 저마다 독특한 구조를 가졌으니까요."

거미줄이 얼마나 멀리까지 뻗치는지는 각 사람이 각 완벽주의 스펙트럼에서 위치한 지점에 따라 달라진다. 예를 들어 어떤 사람은 자기지향 완벽주의가 높고, 또 어떤 사람은 사회부과 완벽주의와 타인지향 완벽주의가 낮을 수 있다. 이 거미집을 그래프로 나타낸다면 68쪽 도표처럼 보일 수 있다.

물론 완벽주의의 거미줄이 얼마나 멀리까지 뻗어나가는지 알려면 이를 측정할 도구가 필요하다. 그래서 폴과 고든은 연구에 착수하고 가장 먼저 폴이 작성한 자기 묘사적인 진술을 사용해 완벽

자기지향 완벽주의, 사회부과 완벽주의, 타인지향 완벽주의 스펙트럼에서 사람들이 획득한 점수에 따른 가상의 완벽주의 도표

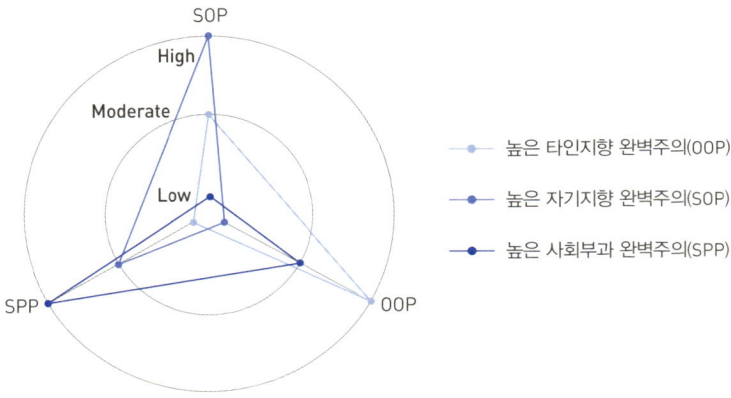

주의 척도부터 개발했다. 다차원 완벽주의 척도는 자기지향과 사회부과, 타인지향 완벽주의에 관한 45개 문항으로 구성된 지필검사이다. 사람들은 각 문항에 동의하는지 동의하지 않는지에 관해 1점부터 7점 사이로 표시해야 한다.

다음과 같이 폴과 고든의 다차원 완벽주의 척도를 변형해 구성한 문항들을 보고 자신이 어느 스펙트럼에 속하는지 측정해볼 수 있다. 각 문항에 '전혀 동의하지 않는다', '동의하지 않는다', '약간 동의하지 않는다', '잘 모르겠다', '약간 동의한다', '동의한다' 또는 '매우 동의한다'로 답해보자.[10]

자기지향 완벽주의

- 나는 내게 중요한 일을 완벽하게 해내야 한다.
- 나는 일을 망치거나 기대에 미치지 못할 때 나 자신에게 가혹해진다.
- 나는 나 자신에게 극도로 높은 기준을 적용한다.
- 완벽해 보이거나 완벽하게 일을 수행하지 못했을 때 죄책감과 수치심을 크게 느낀다.
- 나는 완벽해지려고 발버둥 친다.

사회부과 완벽주의

- 내가 실수를 저지르거나 부족할 때 사람들은 당장 나를 비난하려고 준비하고 있다.
- 다른 사람들은 완벽하며, 나도 완벽한지 평가하고 있다.
- 나와 가까운 사람들은 내가 무조건 완벽해야 인정할 것이다.
- 사람들은 내가 일을 완벽하게 하지 않으면 내게 화를 내는 경향이 있다.
- 모든 사람이 내게 완벽하길 기대한다.

타인지향 완벽주의

- 나는 내 주변 사람들이 기준에 못 미치는 성과를 내는 일을 참기 어렵다.

- 사람들이 최선을 다하려고 노력하지 않으면 나는 그 점을 지적한다.
- 모든 사람은 자기에게 중요한 것들에 전적으로 뛰어나야 한다.
- 나와 가까운 누군가가 일을 망치거나 기대에 미치지 못할 때 이를 비판하는 게 중요하다.
- 나는 자기 기준이 낮은 사람들과 함께하기 싫다.

이 세 가지 유형의 질문 가운데 하나나 둘, 혹은 세 가지 모두에 '동의한다'와 '매우 동의한다'라는 답이 주로 나왔다면 각 차원의 완벽주의가 꽤 높은 수준이라는 의미이다. '약간 동의한다'와 '약간 동의하지 않는다' 사이에서 오락가락한다면 그 중간 어딘가에 있다는 의미이다. 그리고 답이 대부분 '동의하지 않는다' 또는 '전혀 동의하지 않는다'라면 듣던 중 반가운 소식이다. 완벽주의와는 전혀 관계가 없을 가능성이 높다.

완벽주의 구성은 개인차가 있기 때문에 한 차원 이상에서 높은 점수를 받았다고 해도 이 책에서 소개하는 모든 내용이 본인에게 적용되는 것은 아니다. 폴과 고든은 완벽주의적 사고와 감정, 행동을 전체적으로 다루기 위해 다차원 완벽주의 척도를 개발했지만 일부는 상당히 많이 해당하고 또 일부는 그렇지 않을 것이다. 완벽주의에서 가장 흥미로운 점이 이것이다. 완벽주의는 천편일률적이지 않다.

또한 폴과 고든은 다차원 완벽주의 척도를 실험 도구로 개발해 사람들이 완벽주의의 다양한 스펙트럼에서 정확히 어디에 해당하는지 정확하게 짚어낼 수 있다. 이 간단한 도구를 활용해 둘의 연구실과 세계 곳곳의 연구실에서 인생의 다른 영역들을 측정할 수 있었다. 이를테면 사람들의 정신건강과 인간관계의 질, 학교나 직장에서 얼마나 좋은 성과를 내고 있는지 등이다. 이 척도를 통해 초록, 논문, 메타분석 등 방대한 양의 과학적 연구가 수년에 걸쳐 축적되어 다음과 같은 중요한 문제들에 대해 놀라운 답들을 제시하고 있다. 완벽주의가 정신건강에 미치는 영향은 무엇인가? 완벽주의는 성공을 위해 필수적인가? 완벽주의는 어디에서 비롯되는가?

이제 이 연구의 결실들을 살펴보자.

제2부

완벽주의가
우리에게 저지르는 일

03

죽지 않을 만큼만
불안에서 수치심까지, 아픈 감정의 이해

> "아침 내내 무한한 기쁨을 느끼며 글을 썼다. 기묘한 일이었다. 내가 쓴 글에 기뻐할 이유가 없으며 6주 혹은 심지어 며칠 안에 그 글을 혐오하게 되리라는 사실을 늘 알고 있기 때문이다."
> — 버지니아 울프 Virginia Woolf[1]

폴과 고든과 수다를 떨면서 맥주 두 잔을 들이켜고는 골똘히 생각에 잠겼다. 이들의 이야기를 들으니 완벽주의가 정확히 우리에게 무슨 영향을 미치는지 궁금해졌다. 완벽주의의 덫에 걸린 수많은 사람 가운데 하나가 나라는 점도 한몫했다. 나는 왜 이 두 남자가 완벽주의에 그럴듯한 관점을 가지게 됐는지, 이들이 내놓은 이해하기 쉬운 묘사가 왜 우리 대화를 침울한 국면으로 접어들게 만들었는지 알고 싶었다.

나는 물었다. "완벽주의의 문제가 정확히 뭐죠?" 이들은 완벽주의가 정신적 고통이라는 겉모습 뒤에 숨었다는 사실을 전제로 삼았다. "오늘날 왜 그렇게 많은 젊은이가 힘겨워하는지 알고 싶다면 완벽주의를 들여다봐야 해요." 폴이 강조했다.

나도 곧 깨달았지만 이는 완전히 일리 있는 지적이다. 폴과 고든이 완벽주의 척도를 개발하자마자 연구자들은 완벽주의가 우울, 불안, 폭식증, 자해와 자살 같은 온갖 고통에 영향을 미치는지 살폈다. "우리 척도는 체계적인 연구 프로그램의 가능성을 활짝 열었어요. 슬프게도 우리가 발견한 건 암울한 그림이었죠." 고든이 말했다.

고든이 일컬은 연구 대부분은 상관관계가 있다. 상관연구를 통해 연구자들은 사람들에게 다차원 완벽주의 척도를 제시하며 일회성 설문조사를 통해 불안이나 우울 같은 결과를 측정한다. 완벽주의에 대한 폴과 고든의 생각이 옳다고 가정해보자. 이 경우 불안이 매우 높은 사람들은 완벽주의 수준이 높고, 불안이 낮은 사람들은 완벽주의 수준이 중간 정도이며, 거의 불안해하지 않는 사람들은 완벽주의 수준이 낮을 것이다. 이것이 양의 상관관계이다. 완벽주의 수준이 높은 사람은 불안도 높다.

물론 상관관계가 인과관계와 같지는 않다. 하지만 충분한 상관관계가 동일한 방향성을 가진다면 이상한 일이 일어난다. "완벽주의가 정신적이고 정서적인 고통과 문제가 되는 사고 패턴, 그리고 신체 이미지 우려 같은 표지들과 상당한 상관관계가 있다는 사실이 우리 연구실과 전 세계 연구실에서 몇 번이고 되풀이해서 밝혀졌어요. 가끔은 그 상관관계가 아주 컸죠." 폴이 내게 말했다.

폴과 고든의 완벽주의 차원에서 가장 복잡한 것은 자기지향 완벽주의이다. 연구 결과를 표면적으로 보면 자기지향 완벽주의는 점잖은 완벽주의라거나 자존감과 긍정적인 정서를 촉진하는 완벽주의라고 이해할 수 있다. 하지만 이런 결과는 자존감을 성취와 연결시키고, 성공에서 지속적인 만족감을 얻지 못하는 데서 오는 심리적인 어려움에 취약하다는 점을 드러낸다. 지난 장에서 살펴본 빅토리아 펜들턴의 자기반성은 이런 심리를 생생하게 보여주는 사례이다.[2]

수백 건의 연구에 따르면 자기지향 완벽주의는 자존감과 행복 같은 좋은 것들과 상관관계가 있지만 우울과 불안, 절망, 신체 이미지 우려와 거식증 같은 아주 나쁜 것들과도 상관관계가 매우 높다.[3] 심지어는 자기지향 완벽주의가 자살 충동을 부추긴다는 증거도 있다. 다만 그 영향력은 아주 미미해 감지할 수는 있으나 다른 요인들이 더 중요할 뿐이다.[4] 최근 종합적인 고찰에서 구체적으로 언급된 자기지향 완벽주의의 악영향으로는 불안과 긍정적인 상관관계가 있으며, 시간이 흐를수록 우울증이 증가할 가능성이 있다는 점이다. 이런 영향은 일회성 연구에서는 종종 감춰져 있기도 하다.[5]

타인지향 완벽주의는 대부분 인간관계의 맥락에서 연구되는 만큼 흥미로운 사례이지만 여기에서 발견된 바는 역시 문제가 된다. 여러 연구에 따르면 타인지향 완벽주의는 높은 보복성, 존경받고 싶은 거창한 욕구, 타인을 향한 적대심뿐 아니라 낮은 이타성과 사회규범 준수, 신뢰 부족과 연관 있다는 점이 발견됐다.[6,7,8,9] 친밀한 관계에서도 타인지향 완벽주의는 문제가 된다. 이는 침실에서도 상당한 문제를 일으켜, 파트너와의 갈등이 커지고 성관계 만족도는 낮아진다.[10,11]

자기지향과 타인지향 완벽주의에 대한 이런 식견들은 상당히 암울한 그림을 보여준다. 하지만 폴과 고든이 가장 크게 걱정하는 것은 이 두 유형이 아니라 사회부과 완벽주의이다. 사회부과 완벽주의 수준이 높은 사람들은 일반적으로 높은 고독감과 미래에 대한 걱정, 인정 욕구, 열악한 인간관계, 반추와 곱씹기, 다른 사람들에게 불완전함을 들킬 수 있다는 두려움, 자해, 신체건강 악화, 삶의 만족도 저하, 만성적으로 낮은 자존감 등을 보인다.[12] 또한 심각한 정신적 고통에도 취약하다. 한 예로 상관연구에서 이들은 높은 수준의 무력감과 거식증, 우울증, 불안장애 등을 나타낸다. 또 자기지향 완벽주의와 마찬가지로 사회부과 완벽주의도 자살 충동과 관련 있는데, 그 정도도 훨씬 크게 느낀다.[13]

자살을 연구하는 영국 심리학자 로리 오코너 Rory O'Connor 는 사회부과 완벽주의의 연계성에 관한 이론을 개발했다. "자기 자신에게 잠재적으로 위험할 수 있는 기준을 세우는 게 반드시 본인만은 아니에요. 다른 사람들이 자기에게 기대한다고 생각하는 게 기준이랍니다." 오코너는 《사이콜로지스트》The Psychologist 에 이렇게 말했다. "그 기대에 못 미쳤다고 생각할 때 이를 자기비판적인 반추로 내면화하면서 자기비판적인 실패와 절망의 주기가 시작될 수 있어요."[14] 오코너는 누군가가 개입하지 않으면 이 주기가 비극적으로 끝날 수도 있다고 생각한다.

이게 다가 아니다. 사회부과 완벽주의는 자기지향 완벽주의와 결합했을 때 복합적인 결과를 만든다. 고든은 이렇게 설명했다. "그게 우울, 불안, 자존감, 반추, 신체 이미지 혹은 다른 무엇이든 그 결과는 상관없어요. 높은 자기지향 완벽주의가 가미된 높은 사회부과 완벽주의는 위험한 혼합물이에요. 문제를 몇 배나 더 증폭시킬 수 있으니까요." 이 복합적인 효과는 정신적인 고통에 대한 사회부과 완벽주의의 영향력이 자기지향 완벽주의로 더욱 확대된다는 점을 보여주는 수백 건의 연구에서 더욱 확실하게 증명된다.[15]

완벽주의는 단순히 내면의 강박이나 강박적인 성향으로만 이어지는 게 아니라 더 일반적으로 정신적, 정서적 고통을 가져오는 근원적인 위험 요소로 보인다. 다시 말해, 완벽주의에는 공격적이고 악화된 취약성이 내재되어 있다. 이 취약성은 실재하고 살아 있으며, 완벽주의자들이 자신에게 일어나는 일을 바라보는 렌즈가 되어 수많은 정신건강 문제에 극도로 취약하게 만든다. 폴과 고든이 그토록 우려하는 이유도 여기에 있다. 이들은 불안장애와 신체 이미지 불만, 우울감처럼 불길하게 증가하고 있는 가시적인 정신적, 정서적 고통의 표지 뒤에 완벽주의가 숨어 있다고 확신한다.

충격적인 사실이 아닐 수도 있다. 어쨌든 씁쓸한 뒷맛을 남기지 않는다면 완벽주의는 우리가 가장 좋아하는 결점이 아니었을 것이다. 하지만 나는 궁금해진다. 우리는 완벽주의가 가할 수 있는 고통의 범위를 오롯이 인식하고 있는가? 그리고 애초에 완벽주의가 그토록 아픈 이유는 정확히 무엇일까? 완벽주의가 수많은 정신건강 문제와 상관있다는 점은 살펴봤지만 그 이유에 대해서는 아직 깊숙이 들여다보지 않았다. 이를 위해 우리는 몇 가지 신화를 깨뜨릴 필요가 있다. 우선 현대 문화에서 가장 의심스러운 격언부터 시작해보자.

"죽지 않을 만큼의 고통은 나를 더 강하게 만든다." 최근 들어 프리드리히 니체의 이 격언은 일종의 진부한 표현으로 굳어졌다. 이 문장은 학교 복도와 체육관 탈의실, 대학 도서관 벽에 쓰여 있고, 머그와 티셔츠, 범퍼 스티커에도 박혀 있다. 팝스타 켈리 클락슨은 이 문장을 대히트곡 〈스트롱거〉Stronger 후렴구에 집어넣어, 실연을 극복하고 강한 여성이 되겠다는 주제를 탐구했다. 프로이트가 일깨워주듯 삶에서 고통은 피할 수 없다. 하지만 요즘은 고통에 어떤 신비한 변혁의 힘을 부여하기 위해 니체의 명언을 언급하고 있다.

사회는 이 신비한 힘을 절실하게 믿으려 한다. 뭐든지 할 수 있다는 자수성가의 판타지가 쏟아지고, 성공하려면 투쟁과 갈등을 참아내고 심지어 포용해야 한다는 이야기를 듣는다. 아무 서점에나 가서 자기계발서 서가를 살펴보자. 우리에게 '긍정적인 생각'의 힘을 준다거나 '회복력'을 갖추게 한다고 약속하는 수백 가지 책 제목이 보일 것이다. 라이프 코치들도 똑같은 메시지로 소셜미디어를 채운다. "일어나, 죽자 살자 버틸 때가 왔어.", "고통을 이겨내 봐.", "가치 있는 걸 쉽게 얻을 수는 없어." 같은 식이다.

우리 시대의 통념은 기본적으로 항상 성장하고, 늘 긍정적이어야 하며, 쓰러져도 유연하게 대처해야 한다고 말한다. 나쁜 일이 벌어져도 괜찮아. 툭툭 털고 다시 일어나 다음에 더 좋은 결과를 내기 위해 계속 노력해야 해. 스트레스받는 일을 겪고 불행해하거나 혼란스러워하고, 약간 피곤해하거나 비탄과 증오, 슬픔에 빠지는 것처럼 평범한 형태로 고통을 느끼는 건 나약하고 나태하며 야망 없는 자들의 특징이야. 강해져야 해. 타협을 모르고 겁 따위는 없어야 하지. 슈퍼히어로 대 겁쟁이의 싸움이야.

고통과의 이 흥미로운 관계 때문에 나는 우리가 완벽주의와 정신적 고통의 상관관계를 다소 느슨하게 받아들이고 있다고 생각한다. 우리는 완벽주의가 우리를 아프게 한다는 사실을 당연하게 여긴다. 그 아픔이 나를 파괴하는 게 아니라 잘 살아가게 하는 비결이라 생각하기 때문이다. 죽지 않을 만큼의 고통은 나를 더 강하게 만들어줄 테니까.

폴과 고든은 그 말이 옳다고 생각하지 않으며, 나 역시 그 의견에 동의한다. 완벽주의는 우리가 착각하듯 망토를 두른 슈퍼히어로가 아니다. 자기희생적인 끈기도 아니고, 자기 손상화Self-handicapping(실패에 대비해 미리 핑계를 준비하는 행동―옮긴이)로 인한 동요도 아니다. 완벽주의는 니체의 유명한 격언이 피할 수 없는 종착역으로, 자주 언급되지는 않지만 은둔한 채 괴로워하며 불면증에 시달리는 사람은 이를 항상 마주하게 된다.

이제 완벽주의가 우리 삶을 얼마나 장악하고 있는지 살펴보자. 상황이 잘못될 때 실제로 얼마나 심각한 일이 일어나는지 알아보자. 질 수밖에 없는 완벽주의와의 싸움에 대해 솔직하게 이야기해보자.

내 옛 여자 친구의 이름은 에밀리였다. 나 말고는 모두 그녀를 엠이라고 불렀다. 고등학교 시절 우리가 첫 데이트를 했던 날을 제외하고 나는 한 번도 에밀리의 이름을 부른 적 없다. 우리가 함께한 몇 년 동안 내게 그녀는 그저 '자기'였다. 내가 갑자기 엠, 더 심하게는 에밀리라고 부른다면 그녀는 분명히 뭔가가 끔찍하게 잘못됐다고 생각할 것이었다.

"에밀리, 무슨 일이 벌어지고 있는지 좀 알아야겠어." 나는 공포에 질려 그녀에게 메시지를 보냈다.

"6시 30분에 집에 도착해. 가서 모두 이야기할게." 그녀가 답장했다.

6시 30분이 됐지만 에밀리는 도착하지 않았다. 그녀가 늦기에 나는 바람을 쐬러 아파트 마당으로 나갔다. 뿌연 햇빛이 잔디밭 위로 긴 그림자를 드리웠다. 더운 여름날 저녁 특유의 독특한 냄새도 났다. 이웃들은 저녁 식사를 준비하고 있었고, 나 역시 그래야 했지만 요리는커녕 생각하기도 힘겨웠다.

그때 에밀리의 자동차가 시야에 들어오더니 정문을 통과해 좌회전하고는 우리 구역 너머 주차장으로 통하는 경사로를 따라 사라졌다. 나는 건물로 돌아와 계단을 올라 집으로 들어와 앉아서 기다렸다.

에밀리는 평소보다 훨씬 오랫동안 자기 자동차 안에 머물렀다. 그녀는 무슨 일이 벌어졌음을 알고 있었다. 어느 날 저녁, 나는 에밀리가 켜놓은 전화기에 모르는 번호로 온 메시지가 깜빡이는 모습을 봤다. 그녀는 회사를 그만둔 동료가 가벼운 농담을 보낸 것뿐이라 말했고, 나는 그녀를 사랑하는 만큼 그 말을 믿었다. 하지만 얼마 지나지 않아 좀 더 노골적인 메시지가 또 하나 수신됐다. 그녀는 내게 당장 설명해야 한다고 깨달았다.

에밀리가 자물쇠를 돌리는 소리가 나더니 문이 활짝 열렸다. 그녀는 코트와 열쇠를 손에 쥐고 잠시 복도를 서성였다. 거실에서 기다리고 있는 나를 만나려고 그녀가 복도를 따라 걸으면서 무겁게 한숨을 쉬는 소리가 들렸다. "침실에서 이야기하자." 그녀는 나를 똑바로 바라보며 말했다.

내가 침대 가장자리에 걸터앉자 에밀리는 내 앞에서 무릎을 꿇었다. 그녀는 고개를 숙이면서 숨을 깊이 들이마셨고, 나 역시 바로 똑같이 따라 하며 이 시간이 너무 아프지 않기를, 그리고 그녀의 고백에 상처 입지 않기를 바랐다. 그녀는 어느 밤 외출에서 알게 된 한 남자가 보낸 메시지를 설명하며 입을 열었다.

"나는 술에 취해 있었고, 그 사람과 흡연 구역에서 대화를 좀 했어." 그녀가 내게 말했다.

더 들을 필요도 없이, 이 문장을 내뱉는 에밀리의 목소리가 어딘지 꽉 막힌 것처럼 알아듣기 어려운 가운데 다음에 무슨 말이 나올지 알 수 있었다. 나는 눈길을 돌렸고, 손바닥에 난 땀을 훔쳤다. 그리고 내 얼굴빛이 이미 옅게 벌게졌다는 걸 알았다.

"어쩌다 보니 그 남자 집까지 가게 됐어." 그녀는 아주 힘겹게 말을 이어갔다.

에밀리가 마음을 추스르는 동안 침묵이 흘렀다. 나는 그녀가 다시 입을 열고 마지막으로 괴로운 고백을 하는지 보려고 기다렸다. 에밀리가 내게 다 털어놓고 싶을 것이라는 걸 알면서도 그녀에게 빨리 할 말을 하라고 요구했다.

"그 남자랑 잤어, 톰. 정말 미안해."

이 고백 이후 에밀리는 더욱 대담해졌다. 놀랍게도 그게 끝이 아니었다. 그녀는 우리가 다른 대학에 다니면서 장거리 연애를 하는 동안 만났던 여러 남자를 언급했다. 그리고 그 만남 이후 부적절하게 이어진 몇몇 관계를 설명했다. 그녀는 몇 달 동안 죄책감에 시달렸고, 떠올릴 수 있는 기억을 모두 서둘러 나열했다.

　에밀리는 자기가 하는 일이 옳고 공정하다는 걸 알았다. 나는 그쯤에서 모든 타당한 이유를 잊고, 내가 물어보지 말았어야 했다고 생각했다. 바로 그곳에서, 가장 상처 입기 쉬운 순간에, 우리는 아마도 젊은이들이 살면서 겪을 수 있는 가장 커다란 정서적 고통을 경험했고, 고통스러운 진실과 수치심, 공포 그리고 가슴 찢어지는 아픔을 온몸으로 느꼈다.

　에밀리는 마지막 고백을 하다 예상치 못한 행동을 했다. 도중에 말을 멈추고, 내게 바짝 다가오더니 바르르 떨리는 손을 내밀었다. 그 몸짓은 터무니없지만 어쩐지 깊은 배려로 느껴졌다. 나는 그 손을 잡지 않았지만, 잡았다면 좋았을 것이다.

　우리는 어렸다. 그저 실수를 저질렀을 뿐이었다.

　에밀리는 손을 허벅지로 거둬들이고, 해야 했던 말을 모두 마친 뒤 꾹꾹 눌러 담았던 긴장의 비명을 나지막이 내뱉었다. 그리고 미친 듯이 뛰는 심장박동을 조금이라도 가라앉히려 깊이 숨을 들이마셨다. 그 뒤로 무슨 일이 벌어졌는지는 희미하다. 비애로 굳어버린 내 모습과 그곳에 무릎을 꿇고 숨도 제대로 쉬지 못한 채 절망적인 슬픔에 빠져 나를 바라보던 에밀리만 떠오를 뿐이다.

완벽주의에 숨어 있는 가중된 취약성은 상황이 잘못될 때마다 수면 위로 떠오른다. 우리가 그런 상황에 많이 노출될수록 완벽주의는 해악을 더 크게 입힌다. 이 해악은 너무나 포괄적이고 우리의 연약함, 약점, 불완전함에 병적일 정도로 집착하게 만들어 취약한 순간을 격렬하게 증폭시키고, 다음에 닥칠 일에 대처하는 데 필요한 정서적 자원을 사용할 여지를 하나도 남기지 않는다. 젊은 시절 내가 경험했던 실연 같은 시련은 인생에서 굴곡을 겪는, 매우 흔하고 평범한 형태의 고통이다. 하지만 이런 일이 언제나 그렇듯 느닷없이 벌어질 때면 완벽주의로 인해 모든 게 무너지는 것처럼 느껴진다.

에밀리가 고백한 다음 날, 나는 샤워하며 차가운 물에 몸을 맡겼다. 피로에 지친 얼굴에 차가운 물방울이 쏟아지자 무기력함이 가셨다. 나는 잠을 이루지 못했다. 밤새 끔찍한 상상과 에밀리를 놓쳤다는 슬픔, 그리고 나 자신을 향한 분노로 자학했다. 어느 때보다 처진 기분에 망가진 모습이었는데도 나는 욕실에서 나와 몸을 말리고 옷을 입은 뒤 출근했다.

여느 때처럼 책상에 앉아 아무 일도 없다는 듯 회의에 참석하고, 이메일에 답장하며, 동료들과 수다를 떨었다. 내면은 감정과 분노, 비탄으로 뒤엉켜 있었다. 나는 나 자신을 오롯이 에밀리에게 맡겼는데, 에밀리는 가장 잔인한 방법으로 나를 거부하고 있는 것 같았다. 그녀의 고백으로 나는 내 모든 부족함을 마주해야만 했다. 이제는 혐오할 만한 이유가 충분한 단점들이었다. 나는 나 자신을 질책했다. 어떻게 그런 일이 벌어지도록 내버려뒀는지 물었고, 내 외모와 몸, 남성성에 의문을 품었다. 나는 허약하고 수치스럽다고 느꼈으며, 자존감이 완전히 무너졌다.

완벽주의는 이런 식으로 스트레스를 증폭시킨다. 우리가 애써 만들어낸 완벽한 외적 페르소나를 구하려고 필사적으로 노력하면서 갑옷의 틈새에 과민하게 만든다. 스트레스로 가득한 환경을 경험하면 우리는 다른 사람들이 우리를 어떻게 볼지 걱정하게 된다. 타인의 평가에 대해 고심하면서 우리가 생각했던 사람이 되지 못했다는 데 남의 이목을 몹시 신경 쓴다. 이런 경향은 실험으로도 확인됐다. 연구자들이 사람들을 실험실에 모아놓고 여러 명 앞에서 발표해야 하거나 경쟁에서 실패하는 등 스트레스받을 만한 환경에 노출시킬 때마다 완벽주의 성향이 높은 사람들은 언제나 가장 두려워하고, 가장 죄책감에 시달리며, 가장 수치스러워하는 것으로 나타났다.[16]

완벽주의자들은 이런 감정에 시달리면서도 놀라울 정도로 기민하게 대처할 수 있다. 매우 심각한 스트레스에 직면했을 때나 혹독한 자기비판에 시달릴 때도 아주 오랫동안 완벽한 삶을 사는 척할 수 있다. 연구에 따르면 완벽주의 성향이 강한 사람들은 좌절을 마주했을 때 안락함을 버리고 꾸준히 버텨내며, 특히 직장에서 꽤 강박적인 행동을 보이는 경향이 있다.[17] 이들은 노력을 계속하거나 적어도 노력하는 것처럼 보이지 않는다면 거절당하거나 인정받지 못할까 봐 두려워한다.

나는 에밀리와의 일 이후 괴로웠지만 어떻게든 버텨냈다. 내 상처를 드러내거나 혼자 치유할 시간을 보낸다면 사회적으로 무슨 비난을 받을지 예상됐기 때문이다. 나는 그 일을 아무에게도 말하지 않았다. 슬픔을 억누르고 수치심을 감췄다. 누구에게도 털어놓지 않고 누구에게도 도움을 구하지 않았다. 연구에 따르면 완벽주의 성향이 강한 사람들은 스트레스나 괴로움을 좀처럼 드러내지 않으며, 정신건강 문제를 관리하거나 치료받기 위해 도움을 구하는 경우가 드물었다.[18] 이들은 문제를 되도록 깊숙이 묻고 존재하지 않았던 것처럼 취급하며, 심지어 상황을 감당하기 위해 완벽주의에 더욱 기대기도 했다.

이는 형편없는 대처 방식이다. 역경을 이겨내려고 억지로 버티는 일은 스트레스를 연장시키고 인생의 다른 영역까지 몰아넣는 잔인한 악순환의 시작이다. 이런 대처 전략의 목적은 다른 사람들에게 보여주고 싶은 완벽한 자아상을 되찾는 것이다. 하지만 이 구제법에는 엄청난 희생이 따른다. 우리가 닮고자 하는 완벽한 사람은 이제 그 모든 인상 관리 Impression Management 의 정서적인 짐을 짊어지고 시야에서 더욱 멀어졌기 때문이다.

우리는 점점 더 지치고 소진된다. 도자기처럼 깨지기 쉬운 완벽한 외관을 유지하기 위해 삶은 숭고한 싸움에 가까워져 이제 가식적인 미소, 가짜 부富, 억눌린 공포의 기운으로 가득 차 있다. 스트레스, 좌절, 실패는 계속해서 우리를 찾아오고, 비판은 차곡차곡 쌓이며, 우리는 그 속에서 빠져나오지 못하는 자신을 책망한다. 그러다 어느 날 도저히 참을 수 없을 정도로 긴장이 팽팽해지면 뭔가가 터지고 만다. 댐이 무너지고, 불안이 쏟아져 나온다.

처음 공황발작을 겪은 때를 나는 잊지 못할 것이다. 에밀리와 헤어진 지 서너 달쯤 됐을 때였다. 나는 우리가 이별한 이유를 아무에게도 이야기하지 않았고, 서로 원해서 헤어졌다고만 말했다. 당시 나는 사무실에 있었다. 어느 날 오후, 매일 그러듯 컴퓨터 앞에 앉아 커피를 석 잔째 마시며 전날 하다 남은 작업을 하고 있었다.

갑자기 눈앞에 하얀 섬광이 번쩍였다. 처음에는 약 올리듯 주변부에서 깜빡이다 천천히 가까운 곳으로 옮겨 와 시야를 가렸고, 나는 초점을 맞출 수 없게 됐다. 이유를 알 수 없었다. 아직도 왜 그랬는지 전혀 모른다. 하지만 이런 섬광은 분명 급성 스트레스의 일반적인 증상이며, 우리 몸이 불안함을 더 많이 만들어내서 불안을 다스리는 여러 유용한 방법 중 하나이다.

그런 경험은 처음이었다. 나는 공포에 질렸고, 숨을 고를 수 없었다. 손이 벌벌 떨리기 시작했고, 심장이 고동쳤다. 나는 책상에서 벌떡 일어나 탕비실로 달려가서 물을 조금 들이켰다. 하지만 소용없었다. 다시 휴게실로 옮겨가서 소파에 누웠다. 나는 몇 초 동안 눈을 감고 맥박수를 셌다. 그러고 당황해하며 걱정하는 동료들 사이에서 몇 차례 심호흡했다.

그곳에서 나가야 한다는 걸 알았지만 주의를 끌기는 싫었다.

심장이 미친 듯이 뛰었고, 이를 가라앉히려 필사적으로 노력하면서 숨을 더 깊게, 열심히 쉬었다. 그러자 정반대의 일이 벌어졌다. 심장이 갈비뼈에 부딪히기라도 하듯 쿵쾅거리기 시작했다. 이제 모든 감각이 함께 벌벌 떨리는 듯했다. 답답한 공기가 더욱 묵직해져 목을 죄어왔으며 피부가 따끔거렸다. 숨이 턱 막혔다. 내 몸이 뭔가 끔찍한 것을 실어 나르는 수단이 되어 처음에는 조심스러웠으나 나중에는 걷잡을 수 없이 숨을 헐떡이게 됐다.

이것이 공황의 이상한 점이다. 억누르려고 행동할수록 오히려 상황을 악화시킬 뿐이다. 공황은 공황을 부추긴다. 걱정이 공포로 바뀌고, 내가 훨씬 더 암울한 운명의 한가운데 놓였는지 궁금해지기 시작한다. 길을 잃고 겁에 질려 스스로 이렇게 묻는다. 어떻게 내 심장이 이렇게 세게 뛸 수 있지? 왜 멈추지 않을까? 내가 죽어가고 있나? 생각하고 또 생각했지만 답을 찾을 수 없었다.

그러다 완전히 무너져내렸다.

이게 끝이라고 확신했다. 허둥지둥 계단을 내려와 거리로 뛰쳐나갔고, 걱정하던 동료들이 내 뒤를 쫓았다. 탁 트인 야외에서 나는 미끌미끌한 콘크리트에 웅크리고 앉아 다리 사이에 머리를 묻고 공기를 들이마셨다. 바깥세상이 일시적으로 사라진 것처럼 보었다. 오직 나와 사납게 날뛰는 내 공포만 남았다.

마침내 정신을 잃겠다고 느낀 순간 나는 전화기를 꺼내 119에 전화했다. 통화 버튼을 찾아 헤매는 영겁 같은 시간 동안 내 엄지손가락은 마구 떨렸다. 그러다 어떤 이유에서인지 내 몸이 다시 살아나는 것 같았다. 더는 심장이 쿵쾅거리지 않았고, 나는 말할 수 있었다.

"걱정 마세요. 저는 멀쩡해요." 나는 구경꾼들에게 말했다.

나는 멀쩡하지 않았다. 나는 동요했고, 약해져 있었다. 그 끔찍한 순간에 완벽주의는 고통스럽기만 하고 인생을 바꾸지는 못할 시련을 엄청나게 안겨주었다. 에밀리 때문에 겪은 일로 내 절망과 수치심은 위기 수준까지 증폭됐다. 정서적으로 고꾸라지면서 스트레스가 커지고 불안이 인생의 모든 영역으로 퍼지고 말았다.

그 일 이후 나는 공황발작을 더 많이 경험했다. 지금도 가끔씩은 그렇다. 목이 조이고, 어지럽고, 두근거리고, 귀가 울리는 등 온갖 이상하고 신기한 증상이 나타났고 그 느낌이 지금까지도 생생하다. 잠시 괜찮아졌다가 다시 나른해지고, 긴장됐다가 극심하게 피로해지는 우울증에 빠지기도 했다. 최악의 경우 너무 피로해 침대에서 일어나지도 못하고 교정이나 이메일 답신 같은 간단한 일에도 집중할 수 없었다.

나는 이 모든 증상을 내면의 적으로 보았다. 진정한 남자라면 금세 추스르고 정신적인 긴장을 극복할 수 있어야 한다고 믿었다. 하지만 그렇지 않았다. 증상을 계속 이겨내기 어렵고, 불안감이 너무 커서 감당할 수 없으며, 다시는 '정상'이라고 느끼지 못할 것처럼 상황이 완전히 절망적으로 느껴지자 나는 심리학자에게 도움을 청했다. 그녀는 내가 극심한 자기혐오와 수치심, 비탄에 시달리고 있다고 확인해줬다. 그동안 완벽주의 덕에 능숙하게 숨겨왔으나 점차 악화되고 있던 감정이었다.

이 깨달음은 우리가 가장 사랑하는 결점에 대해 내가 생각하는 방식을 바꾸지는 못했다. 이것이 내가 여전히 이 자리에서 연구하고, 이 책을 쓰고, 완벽주의의 위험을 온 세상에 알리는 이유이다.

내가 아는 한, 현실이 아니었다면 나는 꽤 괜찮았을 것이다. 하지만 그게 문제이다. 인생은 우리에게 힘겹게, 가끔은 정말 힘겹게 다가온다. 세상은 TV 화면에 비치거나 공항 광고판에 묘사되거나 소셜미디어 피드에 퍼져 있는 것 같은 이상향이 아니다. 지저분하고 혼란스러우며 무질서한 곳이다. 경제 체제는 설계부터 불안정하고, 생계비는 치솟는다. 경기 침체와 자연재해, 전쟁, 팬데믹이 난데없이 펼쳐지고, 우리는 일자리를 잃고, 사람들의 마음을 아프게 하고, 사람들에게 상처받고, 가까운 이들이 세상을 떠나고, 시간은 화살처럼 무심하게도 끝없이 앞으로만 달려간다.

좌절, 번거로운 일들, 실패, 실수, 해고, 실연, 낙오 등은 모두 인생의 일부이다. 우리가 하려는 거의 모든 일은 진행 과정에서 거스를 수 없는 저항에 부딪힌다. "이번은 안 돼. 다음번엔 되겠지!" 우리는 속으로 생각한다. 하지만 바람의 방향이나 조수의 흐름을 바꿀 수 없듯 우리는 그 사실을 통제할 수 없다. 종종 아무런 이유도 없이 예측할 수 없는 세상의 소용돌이에 휘말린다. 이는 그저 운명일 뿐, 개인적인 문제가 아니다.

그렇기는 하나 완벽주의는 차가운 콘크리트에 뜨거운 타르가 눌어붙듯 운명의 집중포화 속에 수치심이 함께하게 만든다. 이 세상에서 벌어지는 일 가운데 대다수가 통제 밖에 있다는 사실을 우리 완벽주의자들이 받아들일 수 있다면 좋을 텐데. 우리가 평정심을 가지고 삶의 궤적을 차분히 바라볼 수만 있다면 얼마나 건강해질까. 그러나 우리는 나쁜 일이 벌어질 때마다 죄책감을 느끼고, 좌절을 겪을 때마다 이를 우리에게 구제할 수 없는 결함이 있다는 또 다른 증거로 받아들인다.

나쁜 일이 벌어지면 우리는 대개 스스로 위로하려 하지 않는다. 가령 다수에게 불리하게 만들어진 기울어진 운동장 같은 사회에서 살고 있거나 뭔가를 노력했지만 실패하고 말았을 때, 혹은 가끔 그러듯 주의가 산만해지고, 밤잠을 설치고, 아니면 단순히 뭔가를 망쳤을 때 그 현실에 대해 전혀 위로하지 않는다. 거짓말에 속거나 무시당하거나 배신당했을 때도 자기 연민은 찾아볼 수 없다. 우리는 자신의 약점을 감추고, 완벽하고 명랑하며 눈 하나 깜짝하지 않는 긍정적인 사람이라는 가식을 유지하기 위해 할 수 있는 일은 무엇이든 한다. 죽지 않을 만큼의 고통은 나를 더 강하게 만든다나.

이 관점에서 보면 완벽주의는 트레드밀에서 최고 속도로 달리는 일과 같다. 숨이 턱 끝까지 차도 모두 보고 있으니 한 발을 다른 한 발 앞으로 계속 번갈아 내디뎌야 한다고 생각한다. 느닷없이 누군가가 트레드밀 벨트 위로 던진 수건에 발이 걸려 균형을 잃을 때까지 말이다. 몸을 추스르려고 비틀거리지만 이미 원심력이 우리 몸을 집어삼키고 뱉어내려는 순간 취할 수 있는 행동은 없다. 트레드밀 뒤로 떨어져본 적 있는 사람이라면 그게 얼마나 고통스러운지 알 것이다. 먼저 기계를 멈추지 않고 다시 올라타려고 하는 짓이 말도 안 되게 무모하다는 것도 알 것이다.

그런 패배를 인정할 때 주변 사람들에게 어떻게 보일지에 대한 두려움에 사로잡힌다면 그게 바로 완벽주의자들이 저지르는 짓이다. 완벽주의가 강박장애를 비롯해 모든 정신건강 문제의 위험 요인이 되는 이유이기도 하다.

니체의 격언과 반대로 완벽주의자들은 역경을 헤쳐나가는 동안 강해지지 않는다. 이들은 약해진다. 치유받지 못한 채 반복적으로 타격을 입다 보면 자존감이 심하게 상처받아 무력감을 느끼고, 극단적인 경우 나처럼 가망이 없다고 느낄 수도 있다. 완벽주의는 이토록 무시무시하게 해악을 입힌다. "완벽주의를 회복탄력성이 다른 사람들보다 높다는 의미로 추정하는 경우가 있어요. 하지만 실제로 완벽주의는 회복탄력성과 반대예요. 말하자면 반反회복탄력적이죠. 사람들을 사소한 일에도 극도로 불안하고, 자의식 강하고, 취약하게 만들어요. 도움을 구하지 않으면 그 약점이 얼마나 커다란 절망으로 이어지는지 쉽게 볼 수 있어요." 폴이 내게 말했다.

완벽주의는 믿을 수 없을 만큼 고통스럽다. 그대로 내버려두면 자기비판과 두려움, 불안전성, 불안 그리고 우울이 깨어 있는 시간 구석구석에 스며든다. 그리고 상황이 잘못됐을 때 이 생각과 감정은 공격적으로 확대되고 늘어난다. 그렇다면 완벽주의에도 장점이 있을까? 우리가 가장 사랑하는 이 결점 가운데 가장 좋아하는 부분은 어떤 것일까? 또 완벽주의의 성과는 어떨까?

04
내가 끝낼 수 없는 일을 시작해버렸어
직장에 게으른 완벽주의자들이 늘어나는 이유

> "완벽은 인간의 궁극적인 환상이다. 완벽이란 우주에 존재하지 않는다. 당신이 완벽주의자라면 무슨 일을 하든 패자가 될 수밖에 없다."
> ― 데이비드 번스 David Burns [1]

밤이 깊자 야외 스피커에서 정체를 알 수 없는 테크노 음악이 시끄럽게 울려 퍼졌고, 우리는 맥주에 취하기 시작해 기분이 점차 고조됐다. 세련된 밤 손님들이 래퍼티 바 앤드 그릴에 몰려오기 전에 나는 폴과 고든 앞에 곤란한 주제를 풀어놔야 했다. 나는 우리가 가장 사랑하는 결점에서 가장 좋아하는 부분에 관해 이 둘의 견해를 듣고 싶었다. 아마도 훌륭한 부분이자 우리가 가진 모든 것을 내어줘야 한다고 말해주는 부분일 것이었다. 완벽주의자들은 비참하게 느낄 수도 있겠지만 완벽해지고 싶은 욕구를 위대한 업적을 쌓는 데 쏟을 수 있을까?

  돈과 경력이라는 단위로 치졸하게 측정할 수 있는 성공은 완벽주의 분야에서 가장 논란이 되는 주제이다. 요즘은 성공하기 어려운 시대이다. 자신을 희생하고 고통을 감내하며 밀어붙여야 하고, 그렇게 해도 대부분은 최상위까지 올라가지 못하는 것이 현대 경제에서 제로섬 싸움의 본질이다. 나는 폴에게 물었다. "이 세상에서 앞서 나가려면 완벽주의가 조금은 필요하지 않을까요?"

  이 질문을 받고 폴이 혼란스러워 보이는 것도 무리는 아니었다. 지금껏 자기가 한 이야기의 심각성을 내가 제대로 파악하지 못한 것처럼 됐기 때문이다. 나는 그를 압박했다. "다르게 표현해볼게요. 두 분의 연구실과 다른 연구실에서 데이터를 축적해서 결정화結晶化 한 완벽주의자들의 경험들은 단순히 우리가 성공할 때 없어서는 안 될 뭔가에 대한 교훈적인 이야기일 뿐이지 않나요?"

  토론할 만한 주제인데도 폴은 애매하게 답하지 않으려 했다. 그는 중립적인 태도를 지키면서 아주 오랜 기간 고통받는 완벽주의자들과 일해왔다. 가장 가까운 현장에서 연구하면서 왜 이 특성을 긍정적이고 수용적이며 건전하다고 보는지 도무지 헤아릴 수 없었다. 그는 내게 말했다. "이 분야나 저 분야에서 성공하려면 완벽주의가 필수라는 이야기를 흔히 들을 수 있어요. '완벽을 추구하다 보면 탁월한 결과를 얻는다'라는 식으로 얘기하죠. 아니면 똑같은 주제를 좀 다르게 말하거나요."

폴은 말을 이어 나갔다. "하지만 어리석은 일이에요. 이쯤에서 입 다무는 건 그런 주장을 하는 사람에게 가장 치명적인 미신을 남겨두는 거니까요. 성공하려면 완벽주의가 필수라는 미신 말이에요."

폴과 고든은 이 미신을 널리 선전하는 데 주된 책임이 있는 한 남성을 언급했다. 바로 미국 심리학자 돈 하마첵Don Hamachek이었다. 1978년 《사이콜로지》Psychology에 기고한 글에서 하마첵은 논란의 여지가 있으며, 폴과 고든 같은 연구자들을 여전히 괴롭히는 일을 저질렀다. 그의 죄가 뭐냐고? 그는 건강한 완벽주의와 건강하지 못한 완벽주의를 구분한 최초의 저명한 사상가였다.

하마첵이 주장한 건강하지 못한 완벽주의는 우리가 조금 전까지 논의한 완벽주의이다. 즉, 완벽해져야 하고 완벽해야만 하는 엄격하고도 강박적인 욕구를 말한다. 반면 건강한 완벽주의는 조금 다르다. "근면하고 최선을 다하는 것"을 포함하는 완벽주의의 일부이기 때문이다. 하마첵에 따르면 숙련된 예술가와 신중한 노동자, 그리고 내 할아버지 같은 공예가들은 건강한 완벽주의자이며, 자기혐오의 구렁텅이로 빠져드는 일 없이 스스로 높은 목표를 세울 수 있다. 심지어 노력하는 일 자체에서 만족감을 찾기도 한다고 믿는다.[2]

폴과 고든 외에 여러 완벽주의 학자도 하마첵의 분류에 의문을 품었다. 한 예로 미국의 동료 심리학자 토머스 그린스펀Thomas

Greenspon은 특별한 불평을 늘어놓았다. "건강한 완벽주의란 모순!"이라는 제목의 논문에서 그린스펀은 하마첵의 건강한 완벽주의자가 완벽과는 거리가 멀다고 썼다. "평균보다 올바르고, 적절하고, 더 뛰어나고, 분명 최고가 될 수도 있어요. 하지만 완벽한 사람은 될 수 없습니다."³ 그가 말했다.

교정심리학자 애셔 파흐트는 한 걸음 더 나아갔다. 1984년《아메리칸 사이콜로지스트》American Psychologist 기사에서 파흐트는 완벽주의를 묘사할 때 '건강하다'라는 수식어를 사용하지 않는 것을 선호한다고 강조했다. 그는 폴과 고든이 말했듯 완벽주의가 신경증의 악성 특징이라고 믿었다. '완벽주의'는 파흐트가 "일종의 정신병리를 설명할 때만" 신중하게 사용하던 용어였다.⁴

"완벽주의 문헌에서는 이런 논쟁이 여전히 다양한 형태로 격렬하게 이뤄지고 있어요. 어떤 연구실에서는 완벽주의적인 사람들의 동기와 적나라한 야망에 자리한 뭔가를 긍정적으로 간주할 수 있다고 주장하고, 우리 연구실 같은 곳에서는 그렇지 않다고 생각하죠." 고든이 내게 말했다. "내 의견을 묻는다면 그린스펀이 옳아요. 건강한 완벽주의라는 말에는 사실 어폐가 있어요. 이뤄낼 수 없는 뭔가를 얻으려고 노력한다는 건 건강함과는 거리가 아주 멀죠. 노력하는 사람에게 불행만 쌓일 뿐이에요." 그는 이렇게 덧붙였다.

내가 알기로 이 토의에서 가장 중요한 부분은 우리 분야에서 몇십 년 동안 해결되지 않고 있는, 외견상 논리적인 일련의 가설로 정리할 수 있다. 첫 번째 가설은 완벽주의는 우리가 위대한 것을 추구하기 위해 더욱 열심히 노력하게 만든다는 것이다. 이것이 사실이라면 두 번째 가설은 그렇기 때문에 완벽주의가 우리의 성공 가능성을 높인다는 것이다. 연구자들은 몇십 년 동안 이 두 가지 문제를 일치시키려고 씨름해왔다. 이들은 당신을 아주 놀라게 할 수도 있는, 복잡한 그림 하나를 발견했다.

완벽주의에 긍정적인 면이 있는가 하는 문제는 오랜 논쟁거리이다. 그러나 본론에 들어가기 전에 분명하게 짚고 넘어갈 한 가지가 있다. '긍정적인', '건강한', 심지어 '평범한' 완벽주의를 이야기할 때 우리가 실제로 말하는 건 자기지향 완벽주의이다. 이 유형의 완벽주의는 고된 노력과 그릿, 그리고 과제 지속 시간 등의 진취적인 특성을 포함하는 것처럼 보인다. 이는 사회부과 완벽주의나 타인지향 완벽주의와는 다르다. 이 특성이 어떤 식으로든 적응력이 있다고 주장하는 사람은 아무도 없다.

많은 논문에서 자기지향 완벽주의와 동기 부여된 성과 사이에 연관성이 있다고 보고한다. 자기지향 완벽주의는 학교, 스포츠, 업무 등 다양한 영역에서 동기를 부여하는 매우 강력한 힘으로 작용하며, 강한 직업 윤리와도 연결되어 가장 일상적인 업무에서도 집요하게 끈기를 발휘하는 데 기여했다.[5, 6] 심지어 일중독과 같은 병적인 형태의 노력에 기여할 수 있다는 설득력 있는 증거도 있다.[7]

우리가 자기지향 완벽주의와 그 유형의 엄격한 기준들에 대해 알고 있는 것들을 감안해보면 이 발견들은 그리 놀랍지 않다. 여기서 핵심적으로 던져야 할 질문은 숨 가쁘게 노력하는 모든 것이 더 나은 성과로 이어지는지 여부이다.

이 질문에 답하기 위해 학교에서의 성과를 연구한 결과부터 살펴보자. 완벽주의 연구를 처음 시작했을 때 나는 완벽주의가 고등학생에게 미치는 영향에 관심이 많았다. 당시 완벽주의와 고등학교 성적의 연관관계를 보고하는 논문들은 상대적으로 최근 연구된 것들이었다. 나는 몇몇 연구실에서 완벽주의가 학문적인 성취를 예측하는지 진지하게 연구하기 시작했다는 사실을 알고 매우 기뻤다. 더 최근에는 몇몇 집단이 이 주제에 대해 메타분석 결과를 발표하기도 했다.

그 메타분석 가운데 하나는 학생들을 두 개의 성취도 집단으로 나눠 상위권 학생은 높은 성취도를, 하위권 학생은 낮은 성취도를 보인 연구를 종합한 것이었다.[8] 성취도가 높은 학생들이 성취도가 낮은 학생들보다 자기지향 완벽주의 수준이 높다면 자기지향 완벽주의가 성취도를 높일 수 있다고 추론할 수 있다. 이런 차이를 실험한 연구 열네 건을 종합한 결과 성취도 향상 효과는 발견되지 않았다. 자기지향 완벽주의와 성취도가 공유하는 분산은 약 1퍼센트였다. 실질적으로 이는 미미한 수치이며, 학생이 자기지향 완벽주의에서 몇 점을 받았는지 아는 것으로는 학업 성취도가 높을 가능성이 있는지에 대해 거의 알 수 없다는 점을 의미한다.

그러니 접근 방법을 달리해보자. 다른 연구자는 학업 성취도에 따라 학생들을 임의로 분류한 연구를 종합하는 대신, 학생들의 완벽주의와 시험 성적과 평점GPA 같은 성취 척도 간의 상관관계를 보고한 연구를 종합했다.[9] 열한 건의 연구가 이런 상관관계를 보고했으며, 그 사이에서 자기지향 완벽주의는 학업 성취에서 대략 4퍼센트의 분산을 공유했다.

이제 4퍼센트가 조금 다르게 들린다. 나는 이 정도면 어느 정도 의미 있는 수치라고 생각한다. 실제로 구구단을 외우거나 중요한 구절을 암기하는 등 과제에 시간이 많이 필요한 기계적인 학습 형태라면 자기지향 완벽주의 수준이 높은 사람에게 조금은 유리하다고 주장할 수 있다. 하지만 이 별 의미 없는 이익을 우리가 무엇을 잃게 되는지와 비교해볼 필요가 있다. 완벽주의는 정말로 상당히 심각한 정신건강 문제를 겪을 수 있는 성향이다.

학교에서의 증거가 엇갈린다면 직장에서는 어떨까? 완벽주의는 긴박하고 압박도 심한 현대의 업무 환경에서 성과를 올리기에 분명 유리한 점이 있다. 최근 한 메타분석에서는 완벽주의와 생산성이나 생산량 숫자 같은 업무 능력의 상관관계를 살펴봤다.[10] 자기지향 완벽주의와 사회부과 완벽주의가 다른 완벽주의의 범위로 합쳐진 탓에 그 영향력을 해독하기는 그리 쉽지 않았다. 하지만 결과는 유익했다. 열 건의 연구를 통틀어 자기지향 완벽주의를 포함해 완벽주의의 정도가 업무 성과와 공유한 분산은 0, 제로, 무無였다. 겉보기에 자기지향 완벽주의는 직장에서의 성공과 아무 관계가 없었다.

당혹스러운 결과이다. 자기지향 완벽주의자들이 투자하는 시간과 밤샘 작업, 사소한 일에도 쏟는 순수한 노력 등을 고려하면 훨씬 더 크게 성공해야 한다고 생각할 수 있기 때문이다. 하지만 그렇지 않다. 대신 이 메타분석 결과는 성공의 역설을 일부 보여준다. 완벽주의자들이 성공하기 위해 하는 행동들이 결국은 성공의 기회를 방해한다는 역설이다. 달리 말해 완벽주의자들은 확실한 이득도 없이 상당한 고통을 감내하고 있다고 보인다. 이 어리둥절한 진실을 잘 이해하기 위해 우리는 캐나다로 날아가 패트릭 고드로Patrick Gaudreau를 만나봐야 한다.

2018년 초 나는 패트릭 고드로의 연구실에서 대담을 하려고 오타와로 갔다. 패트릭은 오타와 대학교에서 완벽주의를 연구하는 프랑스계 캐나다인 심리학자이다. 대부분 교수보다 훨씬 젊을 정도로 나이가 어리다. 나는 그를 '힙스터'라고 부르고 싶다. 날씬한 체구와 검게 그을린 얼굴은 세련된 안경과 트렌디한 셔츠, 스니커즈, 블레이저와 완벽하게 어울린다. 패트릭은 누가 들어도 프랑스계 캐나다인임을 알 수 있는 억양으로 단호하게 말한다.

사무실 복도에서 패트릭이 활짝 웃으며 나를 반겼다. 잠시 이야기를 나눈 뒤 그는 내가 강연할 강당으로 나를 안내했다. 강연이 끝나자 패트릭은 손을 들었다. 그는 내게 완벽주의자들이 고된 노력을 지속적인 성공으로 바꾸지 못하는 이유를 이론적으로 설명해줄 수 있는지 물었다. 나는 여러 이유가 있지만 정신건강이 주된 이유라고 말했다. 즉, 기분 저하와 우울, 불안 등이 높은 성과를 거두는 것을 습관적으로 방해한다는 의미였다.

패트릭은 몸을 뒤로 젖히고 내 대답을 곱씹었다. 납득하지 못한 모양새였으나 그는 고개를 끄덕이며 다른 주제로 넘어갔다.

질의응답이 끝난 뒤 그는 나를 데리고 저녁을 먹으로 요리학교인 르 꼬르동 블루 실습 식당으로 향했다. 식탁에 앉아 그는 앞서 주고받았던 이야기로 되돌아갔다. "저는 경제학자들과 이야기를 나눠왔어요." 그는 내게 그 덕에 이렇게 생각하게 됐다고 덧붙였다. "한계 생산물 체감Diminishing Marginal Productivity 이론에 뭔가가 있지 않을까요?" 그가 마음속에 그리던 모습은 다음 쪽 그림처럼 고된 노력과 성과 사이에 거꾸로 U자를 그리는 관계였다.

패트릭이 보기에 완벽주의자들은 비료를 과하게 준 농작물에 가깝다. 처음에 비료를 주면 농작물은 순조롭게 화학물질을 흡수해 성장을 촉진하는 데 사용한다. 하지만 어느 정도 자란 뒤에는 점차 더디게 반응한다. 농작물이 모종이었을 때 차근차근 자라게 했던 비료 양으로는 추수할 준비가 됐을 때 머리카락만큼도 자라게 하지 못한다. 더 크게 키우려고 비료를 더 많이 뿌리면 농작물은 오염되고 시들고 만다. 성장을 촉진하기는커녕 정확히 반대의 효과를 낸다.

패트릭이 궁극적으로 이야기하려던 바는 인간의 노력은 농작물의 성장과 같이 한계가 없지 않다는 점이다. 우리는 영원히 전진할 수 없으며, 어느 순간 한계점을 넘어가면서 결국 자기 자신을 망가뜨리고 만다. 결국 더 노력해 성과를 향상하려는 행위는 0으로 소멸된다. 거기서 멈추지 않고 더 많은 노력이 더 나은 성과와 전혀 다르다는 사실을 인식하지 못하면 이익이 줄어드는 구간에 접어들어 더 많은 노력이 역효과를 일으킨다. 이 구역이 바로 완벽주의자

패트릭의 한계 생산물 체감 이론의 시각적 표현(패트릭 고드로(2019)의 연구 응용)[11]

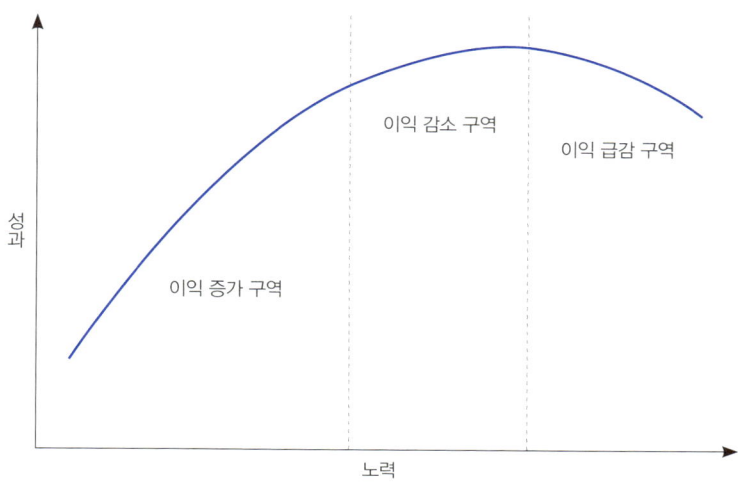

들이 자주 빠지는 곳이다.

딜레마이다. 완벽주의자들은 희망도 없이 과하게 노력하는 이들이며, 자신을 돌볼 줄 모른다. 아주 세세한 부분까지 손보기를 반복한다. 그리고 필요 이상으로 상황을 새로 고치고 다시 만든다. 이 설명을 강조하기라도 하듯 패트릭은 수련생 셰프들이 서둘러 함께 음식을 준비하고 있는 개방형 주방을 쳐다보았다. 이곳은 세계에서 가장 뛰어난 요리 학교 가운데 하나였다. 완벽함은 셰프들이 충족시켜야 할 기준이었다.

그는 다시 내게로 눈길을 돌려 웃었다. 물론 완벽함은 기준점이다. "하지만 완벽한 휘핑크림을 추구하는 요리사도 너무 열심히 저어 버터로 만들 때가 있는 법이에요."

캐나다 출신 심리학자 푸샤 시로이스Fuschia Sirois는 패트릭에게 동의했다. 그녀는 완벽주의가 성과를 저해한다고 생각한다. 과하게 노력할 뿐 아니라 이른바 자기통제가 지나쳐 지치기 때문이다. 자기통제는 정신 에너지와 비슷하다. 노력하느라 운동, 친구들과의 돈독한 시간, 충분히 쉬었다고 느낄 만큼 푹 자는 등의 보충 행위를 희생할 때 고갈된다. 그 결과 번아웃, 즉 탈진, 냉소, 만성적으로 낮은 성취감을 느끼는 증후군을 얻는다. 연구에 따르면 완벽주의, 특히나 사회부과 완벽주의는 번아웃과 놀라울 정도로 연관성이 크다.[12]

번아웃은 완벽주의자들이 엄청나게 노력했는데도 딱히 완벽주의적이지 않은 사람들보다 크게 성공하지 못하는 이유이다. 이들은 늦은 밤까지 야근하느라 충분히 수면하지 못하고, 쉬어야 할 시간에 일하고, 친구들을 만날 시간에 일을 처리한다. 비효율적으로 노력하지만 그에 상응하는 성공을 거두는 경우는 드물고, 패트릭이 설정한 체감遞減과 감소의 구간에 걸려든다. 기운 빠지는 장면이 펼쳐지고, 완벽주의자들은 자신에게 더욱 의구심을 품게 된다. 지칠 대로 지쳤으면서도 여전히 편안히 쉬지 못하고 스스로 채찍질하는 동안 완벽주의자들은 다른 사람들이 훨씬 적게 노력하고 훨씬 많이 쉬면서도 똑같은 성취를 거두는 모습을 어리둥절하게 바라보게 된다.

밤이 깊어가면서 패트릭과의 토론은 더 건강한 노력의 방식을 이야기하는 쪽으로 바뀌었다. 패트릭은 우리가 완벽함보다는 탁월함을 추구할 수 있다고 믿는다. "여기에는 탁월함을 추구하는 일만 포함돼요. 탁월한 수준에 도달하고 나면 탁월해지려고 노력한 사람들은 성공적으로 목표를 달성하는 거죠."[13] 완벽주의자들과 달리 탁월함에 집중하는 사람들은 언제 높은 기준을 충족했는지 알고, 완벽하지 못하게 해냈다는 두려움 없이 과업을 마무리할 수 있다.

나는 패트릭의 의견이 마음에 든다. 내 할아버지 같은 사람들의 건강하고 성실한 노력과 매우 흡사하게 들리기 때문이다. 사실 탁월함에 집중하는 일은 돈 하마첵이 몇 년 전 '건강한 완벽주의'라고 잘못 부른 개념과 매우 흡사해 보인다.

하지만 패트릭이 탁월함에 대해 이야기하는 동안 뭔가 적절하지 않다고 느꼈다. 그게 뭔지는 알 수 없었다. 다음 날 우리가 함께 보낸 시간을 곱씹어봐도 여전히 알 수 없었다. 런던으로 돌아와 임상 심리학자인 친구 에이미와 커피를 마실 때에야 내가 무엇에 동의하기 어려웠는지 알아챌 수 있었다.

"패트릭 고드로는 완벽함이 아니라 탁월함을 추구할 때 이득이 된다는 멋진 연구 결과를 내놨더라고. 어떻게 생각해?" 나는 에이미에게 물었다.

"괜찮게 들리네." 에이미는 느긋하게 샌드위치를 고르며 대꾸했다. "그런데 좀 궁금해. 상황이 흘러가다 보면 탁월함이 완벽주의로 돌아갈 위험이 있지 않을까?"

에이미의 무뚝뚝한 말투에서 그녀의 입장이 강경하다는 걸 눈치챘다.

"계속해봐." 나는 말했다.

"탁월함이라는 목표를 달성했을 때 내려놓을 수 있으면 괜찮지. 그리고 끊임없이 완벽주의를 고집하는 것보다 훨씬 건강하고. 하지만 그게 장기적인 해결책인지는 잘 모르겠어. 탁월함 자체도 아주 높은 기준이야. 우리 마음속에는 여전히 탁월해져야 한다는 지시와 압박이 존재하고, 우리가 딱히 탁월하지 못하거나 그저 그런 성과를 내는 순간 불안감을 자극할 거거든. 이렇게 바꿔 말해볼게.

완벽주의자한테 완벽함 대신 탁월함을 위해 노력하라고 얘기하고 내가 치료비를 받아도 되는지 모르겠어. 이리저리 써먹기에는 좋은 구별이야. 하지만 그게 치료법인지는 잘 모르겠어." 그녀는 말했다.

에이미의 의견을 듣자 뒤죽박죽 혼란스럽던 내 생각에 균형이 잡혔다. 패트릭의 연구에 따르면 완벽함이 아닌 탁월함을 겨냥하기로 우리의 목표를 재조정할 때 분명히 정신건강에 문제를 일으키지 않고 좋은 성과를 낼 수 있다.[14] 그것도 좋다. 이론이 타당하고 데이터는 탄탄하다.

하지만 시간이 흐르면서 무슨 일이 벌어질지는 여전히 의문으로 남아 있다. 이 '절대로 충분하지 않은' 시대에, 언제나 더 많은 물건을 사고 더 많은 자격을 획득하고 새로운 목표를 겨냥하고 더 많은 돈을 벌어야 하는 이 시대에 탁월함을 위해 노력하는 일은 여전히 우리가 계속 발전해나가야 한다는 강요가 될 것이다. 그리고 어떻게든 뒤떨어지거나 제자리에 머무는 것처럼 보이는 굴욕을 피해야만 할 것이다. 요즘 퇴보와 정체는 똑같은 것으로 취급받기도 하니 말이다.

탁월해지기 위해 노력하는 이들이 충분히 탁월해졌을 때 일을 마무리하는 능력은 당연히 건강한 특성이다. 하지만 탁월함은 여전히 막연하고 숭고한 목표이며, 모든 막연하고 숭고한 목표가 그렇듯 점점 더 도달하기 어려워질 것이다. 성공을 거둘 때마다 새로운 층이 생겨나기 때문이다. 달리 말하면 탁월해지기 위한 노력으로는 해결하지 못하는 것이 실패의 딜레마이다. 그리고 여기서 나는 완벽주의자들이 영속적으로 성공하기 어렵다고 깨닫는 중요한 이유를 깨달았다. 어느 순간이 되면 상황이 어려워질 것이고, 상황이 어려워지면 완벽주의자들은 패배의 아픔을 피하기 위해 할 수 있는 모든 일을 할 것이다.

이제 완벽주의자들의 높은 성과를 가로막는 장애물인 실패에 대한 두려움에 대해 살펴보자.

실패는 인생의 필수품이다. 실패가 없다면 우리 존재는 기나긴 성공의 세리머니 한 번으로 결정될 것이며, 누구도 그로부터 자극받지 못할 것이다. 스포츠 팬들은 이를 뼛속 깊이 알고 있다. 자기 편이 질 수도 있다는 가능성이 사라진다면 누구도 경기를 보고 싶어 하지 않을 것이다.

사이클 경기는 아마도 가장 재미있는 실패극일 것이다. 투르 드 프랑스를 떠올려보자. 보통 산악지대 마지막에서 매혹적인 모노드라마가 펼쳐진다. 끝까지 버티고 가장 먼 언덕까지 올라간 선수들에게 카메라는 시청자들의 시선을 똑바로 고정시킨다. 모든 선수의 다리에 피곤함과 긴장이 실려 있다. 선수들의 어깨는 좌우로 흔들리며, 부드럽게 페달을 돌려야 할 다리는 설탕물을 헤치고 나아가기라도 하듯 지친 기색이 역력하다.

하지만 이렇게 집단적인 고통에 시달리는 무리에서는 언제나 선수 한 명이 슬쩍 튀어나온다. 호흡이 규칙적이고, 어깨는 안정적이며, 두 다리는 부드럽게 잘 맞춰 움직인다. 언덕 꼭대기까지 1킬로미터 정도 남자 그는 갑자기 자전거 기어를 획획 바꾸고 안장에서 몸을 일으켜 페달을 있는 힘껏 밟는다.

지칠 대로 지친 경쟁 선수들은 이 광경을 지켜보며 고뇌에 휩싸인다. 이들은 날것 그대로의 아픔에 얼굴을 찡그린다. 이제는 저 멀리 도망간 선두 선수 꽁무니라도 붙잡으려고 씩씩하게 노력하지만 두 다리는 아니더라도 마음으로는 승부가 이미 끝났다는 걸 안다. 100미터는 더 남았고, 양손에 물집이 잔뜩 잡혔고, 종아리는 과도한 젖산으로 조여들지만 선수들은 의기양양한 승자가 요란한 박수 속에 결승선을 넘는 모습을 안장에 앉아 체념한 채 지켜봐야 한다.

용감한 패자들이 지쳐 쓰디쓴 실망감에 휩싸인 채 고개를 푹 숙이고 그의 뒤로 하나둘씩 들어온다.

성공은 달콤하다. 하지만 실패는 인간으로 산다는 것이 무슨 의미인지 적나라하게 드러낸다. 그래서 우리는 완벽주의를 연구할 때 완벽주의자들이 실패하면 무슨 일이 벌어지는지 알아보고자 했다. 불가능한 목표를 설정하고, 절대 이길 수 없는 경쟁을 만들어냈다. 이들이 실패했을 때 어떻게 반응하는지 충분히 살펴보기로 했다.[15]

영국 심리학자 앤디 힐Andy Hill과 나는 이 연구 대부분을 이끌었고, 결과를 최대한으로 얻기 위해 스포츠의 고통을 활용했다. 한 연구에서 우리는 사이클 스프린트 도전 과제를 설정하고 4인 1조로 경기할 자원봉사 사이클 선수들을 모집했다.[16] 이들이 경기를 마친 뒤에는 몇 등으로 끝마쳤는지와는 상관없이 마지막으로 들어왔다고 알렸다.

이후 우리는 사이클 선수들에게 기분이 어땠는지 물었다. 이들은 모두 처음 연구실에 들어왔을 때와 비교해 죄책감과 수치심이 커졌다고 답했다. 어쨌든 막 쓰디쓴 패배를 맛봤기 때문이다. 하지만 자기지향 완벽주의와 사회부과 완벽주의 수준이 높은 사이클 선수들은 죄책감과 수치심이 가장 가파르게 솟구친 것으로 보고됐다.

앞서 우리는 왜 완벽주의자들이 이런 장애물에 그토록 민감한지 살펴봤다. 이들의 자긍심은 노력의 결과에 달려 있었고, 따라서 실패했을 때 자연스레 자의식이 강해졌다. 하지만 완벽주의자들이 실패했을 때 하는 행동은 따로 있다. 정신건강뿐 아니라 성과에도 중요한 영향을 미치는 행동으로, 바로 후속적인 노력을 자제하는 것이다.

시도하지 않은 일은 실패할 수도 없기 때문이다.

앤디 힐은 다른 연구에서 이 흥미로운 형태의 자기 태만을 알아내려고 애썼다.[17] 다시 한번 그는 사이클 도전 과제를 설정하고, 이

번에는 사이클 선수들이 자기 자신을 상대로 경주하게 만들었다. 가짜 체력 테스트에 따라 그는 무리되지 않을 정도로 특정 시간 안에 특정 거리를 달리는 목표를 제시했다. 선수들은 목표를 달성하기 위해 전속력으로 달렸고, 테스트를 마친 뒤 힐은 나쁜 소식을 전했다. "실패했어요."

이후 힐은 선수들에게 한 번 더 도전해보라고 요청했고, 그때 놀라운 일이 벌어졌다. 자기지향 완벽주의 점수가 낮은 선수들은 두 번째 시도에서 첫 번째와 똑같은 정도로 노력했다고 말했다. 오히려 조금 더 열심히 했다고도 했다. 하지만 자기지향 완벽주의 점수

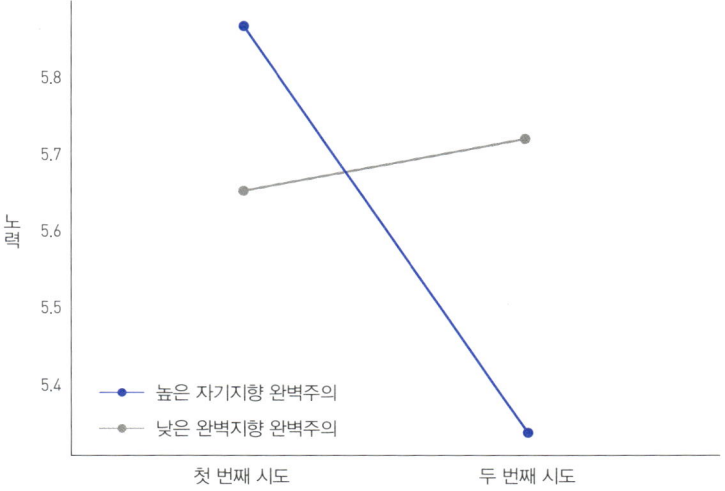

높은 자기지향 완벽주의와 낮은 자기지향 완벽주의의 기능으로서 노력 점수
(힐 등의 연구(2010))

가 높은 선수들은 정반대였다. 이들은 노력을 멈췄다. 첫 번째 시도에서 실패한 뒤 두 번째 시도에서 이들의 노력은 급격히 줄었다. 이 차이를 상호작용 효과라고 하며, 나는 힐의 연구에서 두 번의 시도에 대한 평균 노력 점수를 앞의 그림과 같이 좌표로 나타냈다.

이런 식으로 노력을 억제하는 일을 이른바 완벽주의자 자기 보존이라고 한다. 지금껏 보았듯 완벽주의 수준이 높은 사람들은 과도한 기준에 맞추기 위해 극도로 힘겹게 노력한다. 하지만 여러 면에서 이는 절반의 이야기밖에 안 된다. 상황이 버거워지면서 두려움이 격해지면 완벽주의자들은 또다시 실패를 마주할 수도 있는 일에 노력을 쏟기를 망설이게 된다. 그래서 실패로 끝날 가능성이 매우 큰 도전을 마주하면 다른 사람들에게 자신의 부족함을 덜 들키기 위해 그냥 노력을 그만둔다.

불행하게도 현실의 삶은 힐의 실험과 전혀 다르다. 대부분 과업은 아무 결과 없이 중단할 수 없다. 우리는 마감일을 맞추고 상사를 만족시켜야 한다. 그래서 완벽주의자들은 상황을 벗어날 수 없다면 다음으로 할 수 있는 최선의 활동을 한다. 바로 미루기이다.

미루기는 가끔 시간 관리 문제로 묘사되지만 사실상 분노 조절의 문제이다. 푸샤 시로이스 역시 미루기를 연구했다. 그녀의 연구에 따르면 앞에 놓인 어려운 과업과 씨름할 때 완벽주의자들은 우유부단해지고, 소셜미디어를 확인하며, 인터넷 쇼핑을 하거나 넷플릭스를 몰아 보고, 틱톡에서 유행하는 요리를 한다. 본질적으로 보면 해야 할 일을 하지 않기 위해 무엇이든 한다.[18] 그 순간 뇌를 끄고 구원을 얻고 진정될 수 있지만 결과적으로는 최근 가장 인기 많다는 TV 시리즈를 다섯 시즌 연달아 시청하고 나도 그 과업은 여전히 우리가 남겨둔 바로 그곳에 그대로 남아 있다.

문제를 해결하는 대신 미루는 일은 완벽주의자의 불안과 수치, 죄책감을 악화시킬 뿐이다. 뒤에서는 일이 쌓이고 또 쌓인다. 마무리 못 한 발표와 읽지 않은 메일, 쓰지 못한 보고서가 하나 추가될수록 밀린 일을 처리하려면 더 많이 노력해야 한다. 우리는 기분을 전환하고, 뭉그적거리며 시간을 보내고, 다시 해보기를 반복한다. 까다로운 이메일에 답하거나 대규모 프로젝트를 시작하거나 성에 안 차는 작업물을 내보내는 일을 미루려고 헤라클레스급으로 노력한다. 다시 말해 완벽주의자들은 미루기를 노력과 도전, 실패를 인지적이고 정서적인 피해 없이 빠져나가려는 방법으로 사용한다. 하지만 결국 시간이 지날수록 다칠 뿐이다.

노력을 완전히 거둬들이는 형태이든 단순히 미루는 것이든 자기 태만은 완벽주의자들이 성과를 내느라 분투하게 되는 또 다른 이유가 된다. 이들은 번아웃이 올 정도로 자신을 밀어붙이며 과하게 노력한다. 하지만 동시에 비효율적인 배분가이기도 해서 과한 노력은 엉뚱한 곳으로 흘러가고, 성공 가능성이 낮은 어려운 과제는 미루고 피한다. 그리고 성공 가능성이 높은 확실한 과업들을 완성하는 데 노력을 쏟길 좋아한다.

적기에 혁신해야 하는 지식경제에서 이런 식으로 자원을 배분하는 완벽주의는 현대식 제품과 서비스가 만들어내는 것들과는 경쟁하기 어렵다.

이게 전부가 아니다. 완벽주의자는 단순히 실패를 기대하지 않는 데서 끝이 아니라 앞으로 겪을 수 있는 수치심을 상쇄하기 위해 할 수 있는 모든 일을 한다. 또 비슷한 열의로 다른 사람들의 거부를 예상하면서 자신이 비판적으로 평가받을 수도 있는 까다로운 사회적 상황에 놓이는 일을 피한다. 그 결과 이들은 의무가 아닌 회의와 대담, 면접 등 자신이 불리하게 평가받을 가능성이 매우 높아 보이는 상황이라면 거의 다 피해 간다. 이런 행위 역시 자멸적인 결과를 낳는데, 완벽주의자들은 고급 일자리에 지원하거나 승진이나 임금 인상 등을 요구할 가능성이 낮다.

하지만 완벽주의가 우리가 흔히 생각하는 성공의 비결이 아닌 이유가 더 있다.

처음의 딜레마로 돌아가보자. 완벽주의는 우리가 열심히 일하도록 동기를 부여할까? 만약 그렇다면 그 모든 노력이 성과를 낸다는 증거는 무엇일까? 이 질문에 답하는 데 도움이 되는 두 가지 정보를 방금 얻었다. 우선 완벽주의자들은 실제로 열심히 일하지만 그 정도가 너무 지나치다 보니 일을 배분하는 방식이 몹시 비효율적이어서 과로하고 번아웃에 빠지기 쉽다. 둘째, 열심히 일하는 것이 완벽주의자의 특징인 것은 사실이지만 그렇다고 이들이 항상 일만 하는 것은 아니다. 완벽주의자들은 상황이 어려워지면 시간이 흘러 어쩔 수 없이 행동해야 할 때까지 해야 할 일을 피하는 경향이 있다. 이 두 가지 행동, 즉 비효율적인 과로와 회피는 완벽주의자가 성공할 가능성을 낮추는 성공의 역설을 만들어낸다.

그러면 왜 우리는 여전히 성공적인 완벽주의자라는 미신을 믿는가? 그 답은 생존자 편향에 있다.

생존자 편향은 인생의 승자에게서만 배우는 정신적인 오류이다. 완벽주의 진영에는 이런 사례가 매우 많다. 데미 로바토, 스티브 잡스, 앤드리 애거시Andre Agassi, 미셸 파이퍼, 버지니아 울프, 세레나 윌리엄스 등 그 목록은 끝이 없다. 이들은 정상에 오르는 과정에서 지성, 대담함, 추진력, 높은 수준의 완벽주의를 보여준 유명인이다.

그리고 다른 많은 사람도 정확히 똑같은 특성을 보인다. 다만 그래미상이나 부커상, 올림픽 메달 없이도 끊임없이 노력하고 불편함을 감수하면서 스포트라이트 밖에서 그 특성을 보여줄 뿐이다. 이런 완벽주의자들의 경험은 감춰져 있거나 눈에 보이지 않기 때문에 '성공'한 완벽주의자들의 경험은 우리가 완벽주의가 성공의 비밀이라는 그릇된 결론을 내리게 한다.

TV 쇼, 팟캐스트, 파란 배지를 단 인스타그램 계정, 유튜브 채널에 나오는 사람들이 승자(정확히 말하자면 아웃라이어)일 때 성공과 완벽주의 사이에 관계가 없는 경우에도 변함없이 높은 성과를 올린 완벽주의를 볼 수 있기 때문이다. 생존자 편향은 돈 하마첵을 속였다. 또 우리 사회도 속여, 완벽주의를 금빛 받침대에 올려놓고 우리가 가장 좋아하는 결함이라고 부르게 만들었다.

우리가 성공한 완벽주의자의 미신을 완전히 깨뜨리려면 다른 각도에서 바라봐야 한다. 환경, 생리적 특성, 영리함 또는 순전한 행운 덕분에 최상위까지 올라갈 수 있었던 완벽주의자들에게서 눈을 돌려 아찔한 높이까지 오르지 못한 대다수 완벽주의자를 바라봐야 한다. 앤디 힐이 실패에 관한 실험에서 발견했듯 그렇게 할 때 완벽주의의 다소 다른 모습을 볼 수 있기 때문이다. 완벽주의자들은 탈진할 정도로 지나치게 노력하며, 동시에 참을 수 없는 실패의 죄책감과 수치심을 피하기 위해 성공의 기회를 스스로 방해한다.

그것은 성공의 지름길이 아니다. 완벽주의는 오히려 숨 가쁘게 노력해도 성공할 가능성을 낮추고, 그 과정에서 엄청난 절망과 의구심을 불러일으킨다. 완벽주의의 성공 역설에 대한 해답은 단순히 완벽주의를 느슨하게 푸는 것이 아니다. 좌절과 실패, 계획대로 되지 않는 상황의 불가피성을 받아들이는 법을 배워야 한다. 인간적인 경험들을 편안하게 받아들이고 있는 그대로 내버려둘 수 있어야 하며, 탁월함의 회복 곡선으로 되돌려놓거나 존재하도록 노력할 필요가 없어야 한다. 이 책 마지막에 이 주제들을 다시 한번 다루려고 한다.

우선 지금은 완벽에 대한 우리의 집착을 계속 살펴보자. 건강하지도 않고 우리를 더 성공하게 만들지도 않는 완벽주의는 왜 어느 때보다 만연한 것처럼 보일까? 그렇게 생각하는 게 옳을까?

05

감춰진 유행병
완벽주의의 부상, 2050년 극심한 공포가 찾아온다

> "완벽주의는 크게 유행하고 있으며, 정신건강 문제와 연관되어 있다. 특히 젊은이들 사이에서 세계적인 문제점이 되고 있다."
> ─ 고든 플렛과 폴 휴잇[1]

밤이 깊을 때까지 래퍼티 바 앤드 그릴 야외 테라스에 앉아 있던 나는 폴과 고든이 요즘 문화를 어떻게 생각하는지 알고 싶었다. 둘이 처음으로 완벽주의를 연구하기 시작한 이래로 상황은 상당히 바뀌어왔다. 학교와 대학에서의 경쟁은 과거보다 훨씬 치열해졌고, 우리에게는 365일 24시간 내내 비현실적인 이상을 투영하는 와이드스크린 TV와 태블릿 PC, 스마트폰이 생겼다. 그리고 포토샵으로 만들어낸 완벽한 이미지를 제공하는 소셜미디어 플랫폼은 언제 어디서나 존재하면서 우리가 깨어 있는 시간의 거의 4분의

1을 차지한다.[2]

우리는 완벽주의의 해악, 그리고 성과와의 수수께끼 같은 관계에 대해 논해왔다. 하지만 나는 완벽주의가 어느 정도로 퍼졌는지 궁금했다. 이 두 남자는 완벽주의가 심각해지고 있다고 생각할까? 나는 폴에게 물었다. "진료실에서 환자가 더 많이 보이나요?"

폴은 나를 똑바로 쳐다봤다. "저는 물론이고 같이 일하는 치료사들도 이보다 바빴던 적이 없어요. 아주 도처에 완벽주의랍니다."

고든은 한술 더 떴다. "젊은이들의 불안, 걱정, 스트레스가 너무 심해요. 완벽주의가 유행병이 된 것 같아요." 이렇게 말하면서 그는 폴을 바라봤다. "불가능한 압박이 주요 발병 원인이라는 점을 간과해선 안 돼요."

젊은이들과 시간을 보내는 사람은 누구나 고든의 말에 전적으로 동의할 것이다. 이는 전미교육협회 National Education Association 가 '유행병'이라고 부르는 압박이다.[3] 아동정신치료사협회 Association of Child Psychotherapists 는 '침묵의 재앙'이라고 말하기도 하며[4] 왕립정신과학회 Royal College of Psychiatrists 는 '위기'라고 일컫는다.[5] 2017년 실시한 한 조사에서는 토론토 초중고 학생 약 2만 5,000명에게 완벽해져야 한다는 필요성을 느끼는지 물었다.[6] 두 명 중 한 명 이상이 그렇다고 대답했고, 이것만으로 충분히 심각한데 초등학생 34퍼센트와 중고등학생 48퍼센트는 한발 더 나아가 모든 면에서 신체적으로 완벽하게 보여야 한다는 특별한 압박을 느낀다고 대답했다.

영국의 걸가이딩Girlguiding이 의뢰한 2016년도 보고서에서도 비슷한 흐름이 발견됐다.[7] 자료에 따르면 11세에서 16세 사이의 소녀 46퍼센트와 17세에서 21세 사이의 소녀 61퍼센트는 완벽해져야 할 필요를 느낀다고 말했다. 그보다 5년 전인 2011년도 보고서에서 이 비율은 고작 26퍼센트와 23퍼센트로, 각각 77퍼센트와 165퍼센트 증가했다.[8] 폴과 고든이 실시한 서사적 검토에 따르면 어린이와 청소년의 약 3분의 1이 최근 높은 수준의 완벽주의를 보인다.[9] 물론 모든 젊은이가 완벽해져야 한다고 느끼는 건 아니지만 도대체 무슨 일이 일어나고 있는지 궁금해하기에 충분한 데이터가 분명 존재한다.

"사태는 이미 벌어졌어요. 우리는 당분간 이 문제를 다루려고 해요." 폴이 내게 말했다. 그리고 이 상당히 우울한 정보를 끝으로 자리를 파했다. 나는 완벽주의에 대해 충분히 배웠고, 젊고 잘나가 보이는 20대 젊은이들이 우리 탁자 주변을 둘러싸고 이 지친 눈빛의 세 교수가 어서 자리를 비워주기를 기대하고 있었다. 우리는 작별 인사를 나눴고, 나는 폴과 고든이 집으로 가는 지하철을 타러 토론토 밤거리로 사라지는 모습을 지켜봤다.

그날 밤 이후 폴과 고든을 따로 만나지는 못했으나 우리가 나눈 대화는 계속해서 여운을 남겼다. 이들이 경고했던 유행병을 매일 내 눈과 귀로 직접 확인할 수 있었다. 그 병은 대학 캠퍼스 복도에,

동료들이 주고받는 일상적인 담소에, 그리고 신중하게 골라 게시하는 것과는 전혀 다른 현실의 삶을 사는 친구들의 소셜미디어 프로필에 존재했다. 그래서 2017년 겨울, 나는 스스로 도전 과제를 부여했다. 폴과 고든이 옳은지 알아내고 싶었다. 그리고 이 둘이 믿었듯 완벽주의가 정말 우르릉거리며 몰려오는지 알고 싶었다.

이 까다로운 과제를 수행하려면 폴과 고든의 다차원 완벽주의 척도를 약간 다른 방식으로 사용하는 수밖에 없었다. 1980년대 후반 개발된 이래 이 도구는 수천 건의 연구 프로젝트에서 사용되어 왔고, 대부분 미국과 캐나다, 영국의 대학생들을 대상으로 했다. 나는 이 척도의 원래 목적대로 관계를 연구하는 대신 역사 추적기처럼 사용해 여러 세대에 걸쳐 젊은이들을 비교하고, 시간이 지날수록 완벽주의 수준이 높아지는지 낮아지는지 파악했다.

그 많은 응답을 검색하기는 어려웠다. 그래서 나는 앞 장에 등장했던 동료 앤디 힐을 끌어들였다. 우리는 업무량을 나누고, 대학생들의 자기지향 완벽주의와 사회부과 완벽주의, 타인지향 완벽주의 점수를 보고한 모든 연구 자료를 구하기 위해 데이터베이스와 저장고를 샅샅이 뒤지기 시작했다. 작업을 모두 마치자 1988년에서 2016년 사이 미국과 캐나다, 영국에서 폴과 고든의 척도에 응한 대학생 4만 명 이상의 정보가 모였다.[10] 우리는 이 데이터를 연대순으로 정렬하고, 사전 검증을 한 다음 숫자를 분석했다.

그렇게 우리는 믿기 어려운 결과를 목도했다. 완벽주의가 늘어나고 있었다. 그것도 아주 빠른 속도로.

1988년 평균적인 젊은이들은 자기지향 완벽주의와 타인지향 완벽주의 수준이 높거나 매우 높았고(대다수가 문항마다 약간 동의하거나 동의했다), 사회부과 완벽주의 성향은 보통이거나 낮았다(대다수가 문항에 동의하지도, 동의하지 않지도 않았다). 개인적인 기대치 측면에서 가장 건강한 모습은 아니지만 사회부과 완벽주의와 관련해서는 좋은 소식이었다. 젊은이들이 지나치게 부담스러운 기대와 압박을 느끼지 않는 것으로 보였기 때문이다.

하지만 2016년 이 결과는 극단적으로 변했다. 자기지향 완벽주의와 타인지향 완벽주의는 더욱 솟구쳐, 이제 심각할 정도였다. 정말 걱정스러운 것은 사회부과 완벽주의의 추세였다. 1989년에는 낮거나 보통 수준이었지만 2016년에는 보통이거나 높은 수준으로 급증했기 때문이다. 이런 증가 추세를 미래에 투영해보면 우리가 어디로 향하는지 알 수 있다. 2050년까지 우리가 실험해본 모델들을 바탕으로 볼 때 자기지향 완벽주의는 매우 높은 기준치를 넘겼고(대다수가 문항에 동의했다), 사회부과 완벽주의는 높은 기준치를 넘겼다(대다수가 문항에 약간 동의하거나 동의했다).

이는 당장은 아니더라도 미래에 문제를 야기한다. 신경증이나 나르시시즘 같은 특성과 달리 완벽주의는 나이 들수록 스스로 해결되지 않는 것으로 보인다. 사실상 악화된다는 증거도 있다. 사람들을 몇 년에서 몇십 년 동안 추적한 소규모 연구 수십 건을 요약한 대규모 메타연구에서 연구자들은 완벽주의 수준이 높은 상태에서 시작한 사람들이 나이가 들수록 더욱 불안해지고 성급해지는 반면 성실함은 줄어든다는 사실을 발견했다.[11]

그렇다면 완벽주의는 세월이 흐름에 따라 악화되기만 하는 자기 충족적 예언이다. 완벽주의자들은 자신의 과도한 기준에 못 미치면 기본적으로 자신이 충분히 잘하지 않는다고 여긴다. 그리고 과거보다 더 노력하면 어쨌든 실패를 무력화할 수 있으리라 생각하면서 이를 보상할 더 높은 기준을 세운다. 하지만 애초에 기준이 지나치게 높았기 때문에 실패할 수밖에 없고, 나이 들수록 점점 더 완벽주의에 빠지게 되는, 충족되지 않는 기대치의 상승 사이클이 시작된다.

이제 의문은 이 추세가 계속될 것인가이다. 완벽주의는 여전히 증가하는 추세인가? 혹은 최고 수위에서 점차 내려오고 있는가? 이 질문에 답하기 위해 앤디와 내가 실험한 모델에 최신의 완벽주의 데이터를 이 책에 추가했다. 그리고 숫자를 다시 계산하자 더욱 골치 아픈 결과가 나왔다.

자기지향과 타인지향 완벽주의는 계속 늘어나고 있지만 그 속도가 안정적이므로 계속 눈여겨볼 것.

126쪽과 128쪽 표에서 나는 데이터가 수집된 연도에 따라 젊은

이들의 완벽주의 점수를 구분했다. 진한 청색은 미국, 연한 청색은 캐나다, 청색은 영국 데이터점이다. 데이터점은 각 연구에 데이터를 제공한 학생 수에 비례하며(학생 수가 많을수록 원이 커진다), 완벽주의와 시간 관계에서 최적직선이 그 사이를 지나도록 표시했다.

최적직선을 보면 자기지향 완벽주의와 타인지향 완벽주의는 완만하게 증가하지만 그럼에도 주목할 만한 가치가 있다. 여기서 주목할 만한 가치가 있다는 것은 통계적으로 유의미하다는 뜻이다. 다시 말해, 전혀 증가하지 않았다는 결과가 나올 가능성이 거의 없을 정도로 눈에 띄게 증가했다는 의미이다. 추세선 양쪽에 회색으

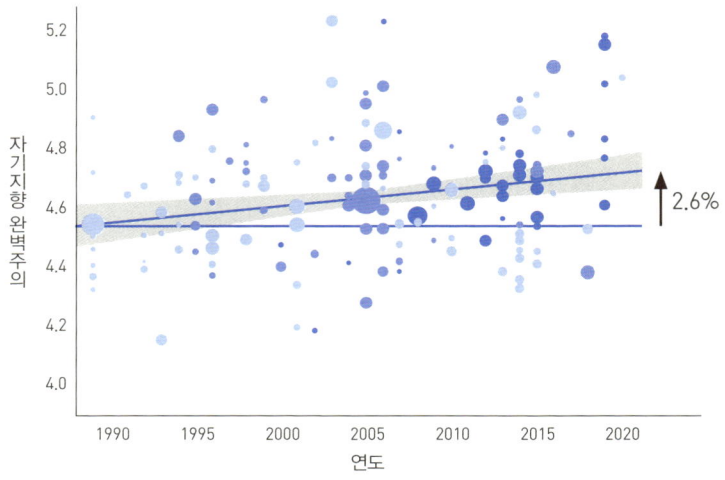

데이터 수집 연도에 따라 표시된 대학생의 자기지향 완벽주의 점수

로 칠해진 모델의 오차 범위가 아무 변화도 일어나지 않았을 때를 뜻하는 수평선을 넘어가지 않기 때문에 전혀 증가하지 않을 가능성이 낮다는 것을 알 수 있다.

이 점수는 어느 정도까지 증가할까? 간단히 말하면, 오늘날 젊은이들은 1988년도의 젊은이들보다 자기지향 완벽주의 척도에서는 약 2.6퍼센트, 타인지향 완벽주의 척도에서는 약 1.5퍼센트 정도 높은 점수를 보인다. 차이가 그리 크지 않은 것 같지만 여기서 다루는 스펙트럼이 아주 좁은 범위 안에 집중되어 있다는 점을 기억하자(예를 들어 '1점: 전혀 동의하지 않는다'부터 '7점: 매우 동의한다'까지이다). 유의미한 차이마저도 아주 사소해 보일 수 있다.

그렇다면 대략적인 백분율보다 오늘날 평균적인 젊은이들이 1988년도 자기지향과 타인지향 완벽주의 설문조사에 답한다고 가정했을 때 어디쯤 자리할지 물어보자. 이 질문에 대한 답을 찾으면서 우리는 오늘날 젊은이들이 1980년대 말의 젊은이들과 비교해 얼마나 다른지 더욱 잘 이해할 수 있다. 오늘날 평균적인 젊은이들은 자기지향 완벽주의와 타인지향 완벽주의 점수가 각기 1988년의 상위 56퍼센트와 57퍼센트에 해당한다고 보고된다. 엄청나지는 않지만 그렇다고 사소하지도 않은 수치이다.

사회부과 완벽주의는 계속해서 증가하고 있으며, 그 속도가 더욱 빨라지고 있다. 이제 극심한 공포가 찾아올 때가 됐다.

데이터 수집 연도에 따라 표시된 대학생의 타인지향 완벽주의 점수

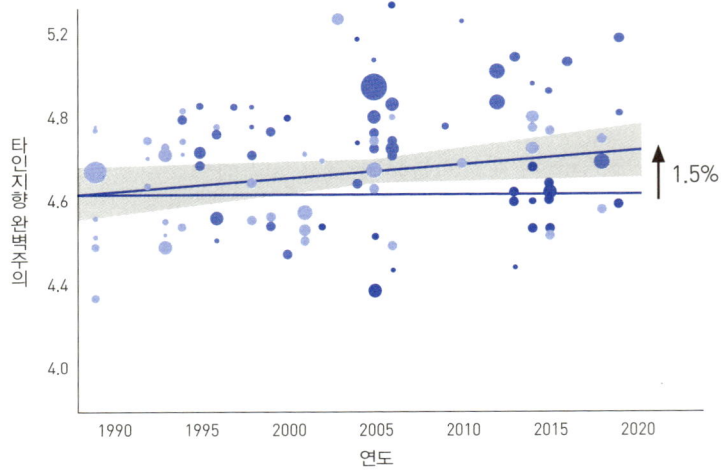

사회부과 완벽주의는 어떨까? 음, 설명하자면 추세가 너무 가팔라 재분석하는 과정에서 이 사실을 포착하고 단서를 제공하기 위해 직선의 가설을 완화해야 했다. 직선의 가설은 기본적으로 뭔가가 꾸준한 속도로 변화하고 있다고 시사하는 것으로, 자기지향 완벽주의와 타인지향 완벽주의가 여기에 해당한다. 하지만 사회부과 완벽주의는 경우가 다르다. 현재 사회부과적인 완벽성은 기하급수적인 곡선을 따르고 있으며, 시간이 흐를수록 증가 속도가 빨라지면서 휘어지고 있다.

129쪽 표에서 볼 수 있듯 사회부과 완벽주의 수준은 2005년쯤까지는 거의 변동이 없었다. 그러다 어떤 일이 발생하고 급등하기

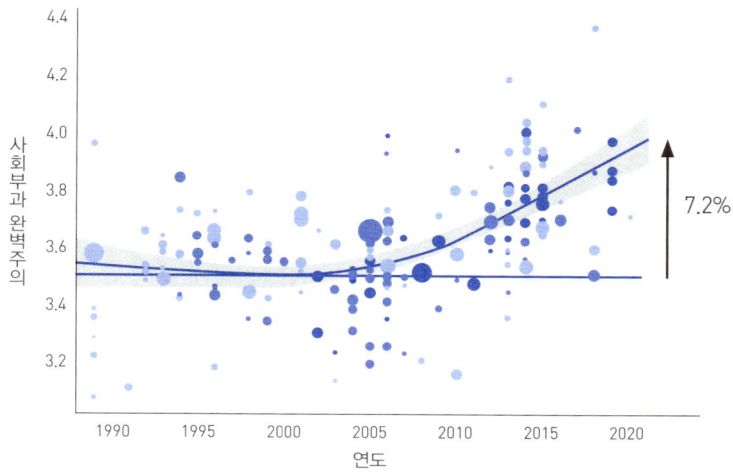

데이터 수집 연도에 따라 표시된 대학생의 사회부과 완벽주의 점수

시작했다. 곡선 밑부분부터 꼭대기까지, 간단히 말해 오늘날 사회부과 완벽주의는 약 7퍼센트 더 높다. 과거 점수와 비교해보면 그 차이는 더욱 극적이다. 오늘날 일반적인 젊은이들이 1988년의 사회부과 완벽주의 점수에서는 상위 70퍼센트에 해당할 수 있다. 무려 40퍼센트 증가했다.

더 심각한 사실은 증가율이 여전히 곡선을 그리고 있다는 점이다. 조치를 취하지 않는다면 이 곡선은 그 나름의 논리에 따라 우리가 예상한 것보다 훨씬 빠르게 위쪽으로 휘어질 것이다. 이것이 지수성장이 작동하는 방식이다. 처음에는 천천하다가 빠르게 움직인다. 코로나19 사례 데이터에 관심을 가져본 사람이라면 이 사실은 물론 일단 곡선이 휘어지기 시작하면 극심한 공포가 찾아온다는 점도 알 것이다. 이런 전망에 따라 사회부과 완벽주의는 2050년 아주 높은 기준치를 뚫고 치솟을 것이며, 자기지향 완벽주의를 제치고 대표적인 완벽주의 지표가 될 것이다.

완벽주의 가운데 이런 식으로 증가하지 않길 바라는 차원이 하나 있다면 바로 사회부과 완벽주의이다. 우리는 3장에서 이 차원이 완벽주의 중에서 어떻게 가장 극단적인 형태로 두드러지는지 살펴봤다. 사회부과 완벽주의는 우리가 공개적으로 인식할 수 있는 방식으로 완벽하게 보여야 한다는 의무를 지게 하는 해로운 신념을 여럿 포함하기에 극단적이다. 사회부과 완벽주의가 높은 사람들은 불가능한 기대에 맞춰 살기에는 무능력한 현실을 매일 마주해야 하며, 자신의 불완전성이 빈번히 드러날 때마다 완전히 노출됐고 패배했다고 느낀다. 그리고 언제나 공개적으로 보여지는 삶에 갇혀 다른 사람들의 평가를 떠올린다.

또한 우리는 3장에서 사회부과 완벽주의가 다양한 심리적 문제로 통하는 지름길이라는 점을 확인했다. 불안장애와 심각한 우울증, 외로움, 자해, 자살 충동과 같은 문제의 주요한 징후는 거의 완벽하게 동일한 과정을 거쳐 생겨난다.[12] 우리는 정말 완벽주의의 덫에 걸려 있다. 결코 반가운 소식은 아니다.

내가 폴과 고든과 보낸 시간을 자세히 설명한 이유는 이들의 연구가 선구적이기 때문이다.[13] 두 학자와 비슷하게 나는 완벽주의를 관계적인 특성으로 볼 때 가장 잘 이해할 수 있으며, 완벽주의가 결핍적인 사고에 뿌리를 두고 다른 사람들에게 우리가 얼마나 부족해 보일 수 있는지에 관한 생각으로 계속 시달리게 한다고 확신한다. 이런 측면에서 폴과 고든의 이론이 설사 선구적이지 않더라도 그 순전한 깊이를 따라올 수 있거나 이들만큼 관찰, 경험, 시간의 시험을 거친 연구는 없다.

어쨌든 몇 년 동안 두 학자의 식견 가운데 많은 부분이 대중적인 자기계발로 이어졌지만 가끔은 출처조차 표기되지 않고 있다. 이들은 자신들의 임무가 악명을 사지 않는 한 상관하지 않는 것 같다. 그 뜨거웠던 밤에 래퍼티 바 테라스에 앉아, 나는 공중보건의 주요한 문젯거리로 빠르게 부상하고 있는 뭔가를 이해하기 위한 두 학자의 이타적인 헌신을 배웠다. 현재 벌어지는 상황을 진정으로 이해하고 싶다면 두 학자의 이야기에 귀 기울여야 한다.

그러면 여러 중요한 사실을 배울 수 있기 때문이다. 첫째, 완벽주의는 여러 측면을 가진 관계적인 특성이다. 둘째, 완벽주의는 수많은 정신건강 문제의 원인이다. 셋째, 완벽주의는 성공과는 관련이 없다. 마지막으로 완벽주의는 폭발적인 속도로 부상하고 있다. 내 손으로 이 마지막 사실을 추가하니 좋기도 하고 씁쓸하기도 하다. 우리가 보고 듣는 것을 데이터로 확인할 수 있어 안심되는 한편, 사회부과 완벽주의가 기하급수적으로 증가하는 추세를 보면 완벽해져야 한다는 압박이 우리가 가장 두려워하는 결과보다 더 멀리, 빠르게 퍼져나가고 있는 듯해 씁쓸하다.

사회부과 완벽주의가 자주 등장하는 것은 우리가 살아가는 환경이 심각하게 잘못됐다는 뜻이다. 이는 본질적으로 사회가 개인에게 기대하는 바가 사람들이 충족할 수 있는 능력을 훨씬 뛰어넘는다는 사실을 말해준다. 그리고 이 기대에 온 정신이 팔려 이런 기대가 만들어내는 문제는 우리가 가장 좋아하는 결함을 정상화해온 통념의 무게에 묻히고 만다. 완벽주의는 오늘날의 감춰진 유행병으로, 어디에나 존재하지만 환히 밝은 대낮에도 눈에 띄지 않게 몸을 숨기고 현대 사회에서 성인이 된 사람들 사이에서 온갖 혼란을 일으키는 뚜렷한 약점이다.

이 모든 것에서 의문이 생긴다. 왜 이런 일이 벌어지는가? 완벽해져야 한다는 압박은 어디에서 나오는가? 그리고 우리는 어쩌다 완벽주의가 일상의 배경음악이 되도록 내버려뒀을까?

제3부

인간 본성의 이해

06

우리가 가면을 쓰는 이유
타고나는가, 아니면 배우는가

> "인간의 특성은 사회적 기준의 관점에서 엄청난 다양성을 가져오는 생물학적 기반 위에 만들어진다."
>
> — 마거릿 미드 Margaret Mead [1]

앤디 힐과 내가 완벽주의의 부상을 보여주는 논문을 발표한 다음 날 아침은 잊을 수 없다. 영국 남서부의 한 지방 대학인 배스 대학교에서 스포츠 심리학 강의를 하던 나는 우리 연구가 국내외 언론사 수백 곳에 실리고, 유명 블로거들이 관련 글을 썼으며, 영향력 있는 뉴스 앵커와 팟캐스트 진행자들에게 분석됐다는 사실을 알고 경악했다. 며칠 안에 나는 TV에 출연하기 위해 화장을 했고, 수백만 청중 앞에서 완벽주의 유행병의 의미를 논했다. 열렬한 찬양이 마침내 잠잠해졌을 때 우리 논문은 학술지 《사이콜로지컬 불리틴》Psychological Bulletin 의 113년 역사에서 가장 많이 다뤄진 연구로 등극했다.

"이런 건 본 적이 없어요." 우리 대학의 언론 담당자가 말했다. "오랜만에, 어쩌면 처음 나온 엄청나게 중요한 뉴스예요." 나는 내게 쏟아지는 순전한 관심에 미처 대비하지 못했다. 내 인생에서 약간은 흐릿하게 남아 있는 시기이다. 내가 무슨 말을 했는지, 심지어 다 이해할 만한 소리를 하기는 했는지도 기억나지 않는다. 하지만 이런 와중에도 내가 분명히 기억하는 것은 완벽주의의 급부상이 사람들에게 공감을 불러일으켰다는 점이다. 많은 이가 내 이야기에 깨달음을 얻고, 데이터를 가리키며 이렇게 말했다. "그게 문제예요. 문제는 완벽주의예요!"

우리의 논문이 들끓는 유행병을 들춰냈다면 대중의 반응은 이 사실을 확인했다. 사람들은 오늘날 모든 곳에서 완벽을 보고, 완벽해야 한다고 압박을 느낀다. 그리고 왜 그런지 알고 싶어 한다. TED의 셰릴이 연락해온 이유도 그것이었다. 그녀는 내게 팜스프링스에서 열리는 콘퍼런스에서 그 초미의 문제에 답해주길 바랐다.

팜스프링스에 대해 기억하는 건 도시가 뿜어내는 에너지뿐이다. 그게 무슨 에너지일까. 팜스프링스는 천상 같은 공간으로, 샌저신토산맥 앞에 아스라한 사막이 펼쳐져 있다. 이곳에는 졸부의 아우라가 짙게 깔려 있다. 붉은 흙길 사이로 새로 포장된 도로가 나고,

건조한 모래 위에 값비싼 리조트와 호화로운 골프장들이 대대적으로 세워졌다.

TED 콘퍼런스가 열리는 리조트는 도시 남쪽, '라 퀸타'라는 아늑한 지역에 숨기듯 자리했다. 그곳에 도착하자 젊고 화려한 20대 청년들과 머리가 희끗희끗한 교외 거주자들이 체크인 데스크 주위에 모여 주말여행용 짐을 덜그럭거리고 있었다. 이들은 개인적으로 호출한 SUV를 타고 10분마다 도착하고 있었다.

소박한 동네에서 온 사람이라면 완전히 다른 우주에서 벌어지는 일이라도 보듯 상황을 쉽게 고찰할 수 있었다. 웅장한 입구에 서서 리조트의 삶을 바라보면 눈에 보이는 것이라고는 깨끗이 다듬은 완벽한 꿈의 공간과 구석구석까지 돌보는 환경미화원 부대뿐이다. 사람들은 날쌔게 움직이고, 풍요로움의 소리가 날카롭게 울린다. 그리고 특권층의 언어가 사막의 산들바람을 타고 전해진다.

나는 나고 자란 가풍 탓에 그런 환경에서는 전혀 편안하게 쉬지 못한다. 그래서 보통은 돈 많고 유명한 사람들이 모이는 리조트에는 잘 가지 않는다. 업무상 어쩔 수 없이 그런 사람들 사이에 끼게 될 때면 '좋은 삶'을 맛본다. 그리고 그 맛을 볼 때마다 딱히 감동하지 못하고 내가 그곳에 어울린다고 느끼지도 못한다. 마치 그곳에 도달하기 위해 고되게 따른 일이 그만한 가치가 없으며, 결코 신화 속 이상을 좇지 말아야 하는 듯 말이다.

셰릴은 환하게 웃으며 리조트 입구에서 나를 반겼고, 내가 강연할 강당으로 안내했다. 행사의 엄청난 규모는 긴장을 가라앉히는 데 전혀 도움이 되지 않았다. 무대 담당자와 카메라 촬영기사, 음향 엔지니어 들이 숨 가쁘게 조화를 이루며 일하고 있었다. 객석에서 그 모습을 바라보며 나는 셰릴에게 물었다. "콘퍼런스에 등록한 사람이 총 몇 명인가요?"

"한 400명쯤이요. 온라인에는 몇천 명쯤 되고요." 그녀가 대답했다.

"많네요!" 나는 이렇게 대꾸하며 얼굴이 벌겋게 달아오르는 것을 느꼈다.

다음 날, 나는 방에서 나와 개막식장으로 걸어갔다. 한 남자가 관객들에게 강연하고 있었다. 나이는 마흔 살쯤으로 보이고, 짧은 갈색 머리에 날씬했으며, 얼룩 하나 없이 깨끗하고 몸에 딱 맞는 남색 재킷과 잘 다려진 바지를 입고 있었다. 나는 그가 누군지 전혀 알 수 없었고, 아직도 누군지 모른다. TED가 그에게 콘퍼런스를 시작하라고 두둑한 돈을 쥐어줬으리라는 점만은 분명하다. 그 인상적인 무대 위에서 남자는 위풍당당했고, 조명과 카메라, 그리고 한마디도 놓치지 않는 수백 명의 청중 앞에서도 전혀 동요하지 않았다. 남자의 말은 똑똑하고 재미있고 웃기면서도 적당히 진지했다. 절정에 이르러 강연을 마무리 짓자 나를 포함해 모두 벌떡 일어나 요란하게 박수를 보냈다.

나는 그가 끝내주게 멋지다고 생각하면서 그에 비해 내 이야기는 얼마나 무미건조하게 들릴지 궁금했다.

　내 강연은 가장 마지막 날에 마지막 세션으로 예정되어 있으니 상황이 흘러가는 모양새를 지켜보게 될 것이었다.

　이 상황은 미묘하지만 흥미로운 사실을 드러냈다. 예를 들어, 관객들은 딱딱한 데이터보다는 다채로운 일화를 좋아한다. 인간적인 경험은 황홀한 기쁨을 일으킨다. 그리고 신기하게도 획기적인 발견에 대해 복잡하지만 깨달음을 주는 강연도 높이 평가받았지만 궁극적으로는 강력한 개인적 증언이 더 인기가 많았다.

　청중들과 관련해 문득 어떤 생각이 떠올랐다. 내가 보기에 청중은 발표자에게 자신의 생각을 미묘한 방식으로 전달했다. 자신들을 열광시킨 감동적인 강연에는 기립박수를 보내지만 뻔하디뻔한 내용에는 정중하게 제자리에서 박수했다. 무대에 오르기 전 대기실에서 청중의 반응은 가장 뜨거운 대화 주제였다. "기립박수 받을 수 있을 것 같아요?" 강연자들은 서로 물었다. 나는 내 생각에 골똘히 잠겨 그 수다에 끼어들지 못했다. 하지만 마음 깊은 곳에서 자신에게 완전히 똑같은 질문을 하고 있었다.

　앞 강연자가 무대를 떠나고, 강당을 꽉 메운 관객들이 조용해졌다. 내 순서가 되자 셰릴은 바로 전형적인 미국인답게 순수한 열정으로 나를 무대로 안내하고, 다소 과하다 싶을 정도로 다정하고 열성적으로 격려했다.

　"무대를 씹어 먹어요!" 그녀는 활짝 웃으며 말했다.

그럴 수 있을 것 같지 않았다.

나는 아주 신중하게 무대로 걸어 나갔다. 바로 앞 2층 객석의 비계에 설치된, 앞이 보이지 않을 정도로 밝은 백색 조명만 똑바로 바라보며 가다가 이윽고 TED의 유명한 붉은 원형 무대 한가운데 섰다.

나는 이 강연을 셀 수 없이 연습했고, 다른 강연들도 넘치게 보며 전달 방식을 미세하게 조정했다. 그러나 지금, 나를 쳐다보는 수많은 관객의 눈을 보자 그동안 준비했던 것이 전부 하얗게 날아간 것 같았다. TED 제작팀이 그 장면을 편집했지만 자세히 보면 내 오른 다리가 땅에 던져놓은 호스처럼 마구 흔들리는 모습이 보일 것이다. 그리고 귀 기울여보면 내가 기억을 더듬어 다음 문장, 그 다음 문장, 또 그다음 문장을 맞춰내느라 목소리가 갈라지는 것이 들릴 것이다. 나는 공포로 벌벌 떨고 있었다. 아직도 그 모든 일을 어떻게 해냈는지 정말 모르겠지만 결국은 해냈다. 나는 해냈다.

마지막 문장을 내뱉은 뒤 나는 청중을 똑바로 바라봤다. 나는 기립박수를 고대했다. 내게 필요한 것이었다. 몇 초가 흘렀다. 청중들은 여전히 앉은 채로 정중하게 박수를 보냈다. 몇 초가 더 흐르고 나는 청중들이 일어나주기를 바랐다. 하지만 그들은 그러지 않았다. 나는 무거운 패배감에 휩싸인 채 몸을 돌려 무대에서 걸어 나와 셰릴의 에스코트를 받으며 대기실로 돌아왔다.

"끝내줬어요!" 셰릴이 밝은 얼굴로 말했다.

"고맙습니다." 나는 대답했다.

 나는 오직 팜스프링스의 무대에 서기 위해 내 완벽주의를 떨쳐 냈고, 긴장감에 잡아먹히지 않도록 굳건히 버텼으며, 아마도 내가 서볼 수 있을 가장 큰 무대에서 15분 동안 토씨 하나 틀리지 않고 준비한 그대로 문장을 읊었다. 하지만 이렇게 놀라운 위업을 세우고도 그날 이후 내가 TED 강연 경험에서 매시간, 매일, 매주, 매달 곱씹었던 부분은 무엇일까?

 나는 그저 이렇게 느낄 수밖에 없는 운명일까? 아니면 내가 우연히 살게 된 환경이 완벽주의를 키웠을까? 이는 완벽주의뿐 아니라 일반적인 성격 특성에 관해서도 아주 오래된 질문이다. 이는 천성의 결과이자 우리가 태어나면서부터 타고난 특성인가? 아니면 우리에게 주어진 환경, 즉 양육의 결과일까?

 천성의 경우는 매우 명확하다. 지난 30년 동안 행동 유전학자들은 일란성 쌍둥이와 이란성 쌍둥이, 그리고 입양한 형제 간의 차이를 연구했다. 일란성 쌍둥이는 동일한 DNA를, 이란성 쌍둥이는 절반의 DNA를 공유하고, 입양된 형제는 아무런 DNA도 공유하지 않는다. 이 유형의 어린이들 사이에서 특성의 유사성을 비교해보면 유전적 요인이 얼마나 되는지 가늠할 수 있다. 그리고 그 결과는 놀라울 정도로 일관적이다. 일란성 쌍둥이는 이란성 쌍둥이보다 닮았고, 이란성 쌍둥이는 입양된 형제보다 비슷하다. 이 수치를 분석해보면 유전 가능성은 실제로 매우 높은 것으로 나타났다. 우리가 태어나는 모습의 약 절반은 유전되고 미리 결정되어 우리가 어떻게 할 수 없다.[2]

얼마 전 스페인의 연구자들은 발렌시아에 거주하는 청소년 쌍둥이 약 600쌍에게 폴과 고든의 다차원 완벽주의 척도를 적용했다.[3] 이 표본으로 스페인 연구자들은 자기지향 완벽주의의 약 30퍼센트가 유전이라고 추정했다. 사회부과 완벽주의에 해당하는 숫자는 약 40퍼센트로 이보다 조금 더 높았다. 유전자의 보이지 않는 손에 의해 완벽주의적인 부모들은 완벽주의를 자녀에게 어느 정도 물려주는 것으로 보인다.

스페인의 연구에서는 또한 자기지향 완벽주의와 사회부과 완벽주의 사이에 매우 높은 유전적 상관관계가 있다는 점을 발견했다. 따라서 자기지향 완벽주의 성향으로 인생을 시작하면 사회부과 완벽주의로 어려움을 겪을 가능성이 높다. 그 반대 경우도 마찬가지이다. 유전자는 무분별하고 활기찬 삶의 복권이다. 우리는 아무 잘못 없이 자기지향적이고 사회에서 부과된 완벽주의를 가질 수밖에 없는 운명을 타고났을 뿐이다.

하지만 DNA는 미리 결정된 대본이 아니라는 점에 유의하자. DNA는 사용 설명서이며, 우리가 직면한 조건에 따라 어떤 부분을 읽어봐야 할지 강조해주는 후성유전학이라는 분자적 과정이기도 하다. 메틸이라는 분자는 후성유전학에서 특히 중요한 특성이다.

메틸은 기아, 급성 스트레스, 트라우마 등에 반응해 DNA 염기 서열을 비활성화하고 세포 구조와 기능에 변화를 일으킬 수 있다.

이는 완벽주의의 유전성과 관련 있다. 후성유전적 변형은 여러 세대에 걸쳐 전달되므로 우리 조상이 경험했을 수 있는 완벽주의에 유리한 조건은 적어도 부분적으로는 오늘날 우리 유전자에 남아 있을 가능성이 높다. 완벽주의는 유전되는 경우가 많지만 그중 얼마만큼이 고대 DNA이고, 또 얼마만큼이 최근에 이뤄진 후성유전적 변형인지 알 수 없다.

그리고 환경과 관련해 또 고려해야 할 점이 있다. 유전적 추정치는 사람들이 서로 다른 이유를 설명하지만 평균 자체에 대해서는 아무것도 말해주지 않는다. 즉, 유전자는 내가 왜 당신보다 완벽주의자인지 설명하는 데 도움이 되지만 왜 모든 사람의 평균적인 완벽주의 수준이 높아지고 있는지는 설명하지 못한다. 내 연구는 완벽주의의 평균 수준이 어떻게 높아지는지 보여줄 뿐 아니라 출생 뒤 우리가 접하는 환경이 완벽주의의 발달에 반드시 영향을 미친다는 점, 그것도 몹시 큰 영향을 미친다는 점을 보여준다는 면에서 매우 중요하다.

환경이 중요하다면 도대체 완벽주의는 어떻게 길러지는가? '부모가 하는 대로'라는 당연한 대답이 반드시 정답은 아니다.

1960년 촉망받는 발달심리학자 주디스 해리스Judith Harris 는 박사학위 과정을 밟던 중 하버드 대학교에서 내쫓겼다. 심리학과 학과장 대행 조지 밀러George A. Miller는 다음과 같은 내용의 서신에 서명해 해리스의 연구를 중단시켰다. "우리는 당신이 심리학자가 어떤 모습이어야 한다는 직업적 편견을 만들어내고 있다고 상당히 의심하고 있습니다."[4] 해리스는 하버드를 떠나 MIT에서 잠시 강의하다가 뉴저지주로 가서 몇 년 동안 연구실 조교로 시간을 보냈다. 그러나 1970년대 말 전신경화증이라는 끔찍한 유전병이 그녀를 찾아왔다. 병이 악화되면서 해리스는 점점 더 집에 꼼짝없이 머물러야 했고, 연구할 수도 없었다.

침대에 갇힌 해리스는 자기가 할 수 있는 한 가지 일을 하며 일생을 바쳤다. 바로 글쓰기였다. 1980년대 초부터 1990년대 초까지 10년 동안 그녀는 아동 발달의 흥미로운 심리에 관한 대학 교재를 여러 권 썼다. 하지만 이 책들을 쓰면서 해리스는 어딘가 괴로웠다. 그녀는 교재를 구성하는 전체적인 전제에 의문을 품었고, 마침내 포기하고 말았다. "나는 교재 쓰기를 포기했어요. 내가 이 순진한 대학생들에게 들려주는 내용 중 여러 부분이 틀렸다는 걸 어느 날 갑자기 깨달았거든요."[5]

해리스가 주장하던 아동 발달 이론은 급진적이었다. 그녀는 부모가 아이를 기르는 방식이 아이가 자라나는 방식에서 그리 중요하지 않다고 믿었고, 아이들은 부모보다는 유전자와 문화로부터 영향을 더 많이 받는다고 주장했다. 이는 일종의 도발이었고, 통념과 어긋났다. 한 예로, 불안한 부모는 불안한 아이를 기르고 성실한 부모는 성실한 아이를 기르는 것으로 잘 알려져 있으며 당연히 완벽주의적인 부모는 완벽주의적인 아이를 기른다는 증거가 있다. 여러 아동 발달 문헌에 따르면 실제로 양육과 아동의 기질은 상관관계가 매우 높다.

하지만 좀더 자세히 살펴보자. 이 상관관계는 양육의 영향이라는 증거가 될 수 없다. 물론 부모와 아이는 닮았다. 같은 유전자를 다량으로 보유하고 있기 때문이다. 게다가 유전자가 관련 없다 하더라도 상관관계가 인과관계를 증명하지는 않는다. 어쩌면 영향력은 아이에게서 부모에게로 전달되는 것이지 그 반대 방향이 아닐 수도 있다. 해리스의 주요 목표는 우리가 유전자처럼 더 중요한 요인들과 가정에서 동떨어진 힘들을 간과하고 부모의 역할을 과대평가해왔다고 증명하는 것이었다.

해리스는 이 개념들을 대놓고 떠들었다는 이유로 엄청나게 비판받았지만 전혀 아랑곳하지 않고 자신의 주장을 신중하게 연마했다. 그녀는 뉴저지주에 있는 집에서 홀로 작업했고, 대학 인프라와 유료 제공 논문 그리고 값비싼 교재에 쉽게 접근할 수도 없었다. 이런 장애물에도 그녀는 지혜를 어마어마하게 쏟아냈다. 하버드대학교에서 쫓겨난 지 34년 만인 1994년, 해리스는 저명한 학술지 《사이콜로지컬 리뷰》Psychological Review에 자신의 연구 결과를 제출했다. 이듬해 논문이 발표됐고, 이 논문은 대대적으로 찬사를 받았

다.[6]

이 위업이 얼마나 대단한 것인지 설명하기는 쉽지 않다.《사이콜로지컬 리뷰》에 단 한 번도 논문을 게재해보지 못하고 경력을 이어가는 교수도 많다. 그 시대에 특별히 소속도 없는 여성학자가 만성 질환에 시달리며 첫 번째 시도에 성공했다는 사실은 그저 놀라울 뿐이다. 해리스가 해낼 수 있는 유일한 방식은 명료하고, 나무랄 데 없이 조사를 거쳤으며, 굉장히 설득력 있는 글을 쓰는 것뿐이었다. 그녀의 연구는 매우 뛰어나다고 평가받아 1998년 미국 심리학회American Psychological Association로부터 특별 공로상을 받았다. 가장 아이러니한 사실은 그 상이 조지 밀러의 이름을 딴 상이라는 점이다. 그녀를 내쫓은 하버드의 거물 말이다.

우리는 유전자 문제에 있어서 해리스가 옳았다는 사실을 방금 확인했다. 특성은 유전 가능성이 매우 높다. 하지만 환경에 대한 해리스의 의견은 가장 크게 논란을 일으켰다. 해리스는 부모보다 문화가 우리가 드러나는 방식에 훨씬 더 크게 영향을 미친다고 믿었다. 해리스가 말하는 문화란 가정 밖의 세계이다. 친구 무리, 대중매체의 유행, 광고와 인플루언서들이 투영하는 가치, 정부와 학교, 대학 등 시민기관이 조직되고 구조화되는 방식 등 말이다.

이 개념을 증명하기 위해 해리스는 우리에게 이 쌍둥이 연구를 다시 한번 검토해달라고 요청했다. 그렇게 하면 아이들이 어떤 유형의 사람이 되는 데 양육 환경이 거의 영향을 미치지 않는다는 점을 알 수 있기 때문이다. 동일한 가정에서 자란 성인 쌍둥이는 놀랍게도 서로 다른 집에서 자란 쌍둥이보다 특별히 비슷한 특성을 가지고 있지 않다. 가정, 즉 부모의 양육 방식에 따른 특성의 가변성은 사실상 제로에 가깝다. 해리스는 이렇게 썼다. "한 무리의 어린이들을 키우면서 동일한 학교와 이웃, 동료들은 그대로 놔두고 부모만 바꾼다고 해도 똑같은 유형의 어른으로 자라날 것이다."[7]

주디스 해리스 자신도 어머니였다. 그녀는 이런 유리한 입장에서 자녀 양육이 가끔은 무기력한 방임과 다를 바 없는 행위로 전락하는 모습을 봤다. 그리고 증거를 철저하게 조사하면서 아동 발달에 미치는 유전자와 문화의 복합적인 영향력은 점점 더 거부할 수 없는 현실이라는 점이 드러났다. 해리스의 논문은 인간 본성에 관해 본질적인 이야기를 들려준다. 즉, 우리의 특성은 생명 작용의 타고난 총합이나 우리가 직면하는 상황을 무기력하게 반영한 결과가 아니라 이 둘의 복잡한 혼합물이다.

우리는 조금씩 다르다. 하지만 거의 같기도 하다. 먹고 싶은 욕구, 번식하고 싶은 욕구, 적응하고 싶은 욕구처럼 진화적으로 변할 수 없는 부분들은 생존에 필요하다. 그리고 여기에 더해 탄탄하고 변하지 않는 유전자가 있다. 이 확정된 결과를 넘어서는 것이 바로 인격의 가소성이다. 인격은 학대와 유기, 태만 같은 가장 끔찍한 예를 제외하고는 우리의 부모나 개인의 행위 주체성Personal Agency이 아니라 공통적인 문화에 의해 형성된다.[8]

그리고 인간 발달에 미치는 문화의 영향력으로 따지자면 독일의 정신분석학자 카렌 호나이보다 영향력이 큰 사람은 없을 것이다. 호나이의 임상적 관찰은 명료하며, 고도화된 사회에서 인간의 성격 유형이 함께 이뤄야 할 화음에 대한 청사진을 제공한다. 호나이의 주장에 따르면, 완벽주의는 우리가 오케스트라에서 저마다의 자리를 확보하기 위해 치러야 할 대가이다.

1885년 독일 블랑케네제에서 태어난 카렌 호나이는 여러 형제 중 막내였다. 호나이의 아버지는 상선의 선장으로, 고압적이고 보수적인 사람이었다. 호나이는 어린 시절부터 아버지의 심술과 비열함 아래 있었다. 아버지는 "잔혹하게 훈육하는 사람"이었으며 "그 끔찍한 위선과 이기심, 치졸함과 무례함으로 우리 모두를 불행하게 만드는 남자"였다고 호나이는 일기장에 썼다.

호나이에게 어머니는 피난처였다. 어머니는 호나이에 대해 원대한 야망을 품었지만, 아버지는 딸이 가정에 머물며 주부로서 집안일을 물려받길 바랐다. 열다섯 살이 되자 호나이는 어머니 손에 이끌려 함부르크에 있는 고등학교에 들어갔고, 그곳에서 약학을 공부했다. 호나이의 고등학교 입학을 두고 아버지는 수업료를 낼 돈이 없다며 반대했다. "아버지는 멍청하고 못돼먹은 이복 오빠들을 위해서는 돈을 펑펑 썼다. 그러나 내게 돈을 써야 할 때는 먼저 돈줄을 죄고 열 번씩 고민했다." 호나이는 일기장에 이렇게 썼다.[9]

어머니는 물러서지 않고 호나이를 함부르크로 보냈다.

이 초기 에피소드는 호나이에게 강한 영향을 미쳤다. 전기 작가 버나드 패리스Bernard Paris에 따르면, 호나이는 "가족에게 거부당했다는 감정을 보상받기 위해 야망이 컸다"고 한다.[10] 또한 학교에서 "학문적인 성취를 통해 영광을 누리겠다는 꿈"을 꿨으며 "자기 자신을 특별한 운명을 가진 우수한 인간이라고 느낄 필요성"이 있었다고 한다. 호나이의 완벽주의는 극심한 피로감으로 이어졌고, 그녀는 이를 "평균 이상"이 되어야 하는 욕구 탓으로 돌렸다. 치료사들은 이 성취 불안이 "평범하다고 평가당할" 공포에서 생겨났다고 시사한다. 패리스는 호나이의 문제가 학교를 "고생길"로 만들었지만 "그녀는 잘해낼 만큼 재능이 있었다."고 말한다.

호나이는 잘해냈다. 함부르크에서 졸업한 호나이는 의학 분야 경력을 활용해 정신과 의사로서 수련을 받았다. 여성심리학에 관해 인상적인 논문을 썼고, 프로이트 이론의 선구적인 비평가로서 빠르게 출세했다. 사실상 그녀의 사상은 아주 높이 평가받았고, 1932년에는 시카고로 가서 시카고 정신분석 연구소Chicago Institute for Psychoanalysis 부소장으로서 정신분석을 가르쳤다. 그 직후에는 뉴욕 정신분석학 연구소New York Psychoanalytic Institute 학과장으로 자리를 옮겼다.

호나이가 전후 미국 문화에 미치는 가부장 문화에 관한 사상을 더 널리 확장하기 시작한 것은 바로 뉴욕에서이다. 호나이는 자신의 배경과 여러 환자의 증언을 되돌아보며 한 가지 패턴을 발견했다. 모든 사람의 문제는 조금씩 다르게 표현됐지만 기본적으로 유사한 정신적 고통이 있었다. "신경증 환자들은 본질적인 공통점을 가지고 있다. 이 기본적인 유사성은 본질적으로 우리 시대와 문화에 존재하는 어려움으로부터 탄생한다."[11]

호나이에 따르면 이런 어려움은 경쟁심이 과도해지고 운보다 개인의 운명을 신앙에 가깝게 믿게 되면서 생겨난다. "경쟁은 경제를 중심으로 모든 활동으로 퍼져나간다. 사랑과 사회관계, 놀이로 스며들어 우리 문화의 모든 이에게 문제가 된다."[12]

경쟁적이고 개인주의적인 문화는 사람들에게 특수한 딜레마를 안겨준다. 호나이는 이를 "우리가 받아들일 수 없는 모순적인 경향"이라고 썼다.[13] 예를 들어, 소비 경쟁이 너무 격렬해 평범한 월급으로는 살 수 없는 물건에 대한 욕망을 자아내는 문화 속에서 살아가다 보면 평범한 사람들은 당연히 좌절하고 만다. 우리 대부분이 닿을 수 없는 사회적 지위와 부에 대한 기대가 너무 높이 솟은 문화에서 살아갈 때도 마찬가지이다.

이 모순적인 경향은 우리 안에 분열을 일으킨다. 우리는 우리 자신에 대한 이상적인 모습을 만들어낸다. 이렇게 만들어낸 부유하고, 멋지고, 매력적인 모습은 자신에게 느끼는 부족함에서 비롯한 불안감을 떨쳐내는 데 쓰인다. 우리는 이 이미지와 자신을 동일시하면서 문화의 이상형에 동조하고, 이 동조 덕에 우리가 부족한 사람이라 외롭다는 느낌을 덜 받게 된다. 하지만 동조에는 대가가 따른다. 문화가 치켜세우는 완벽한 인간과 자신의 모자란 현실 사이에서 내면의 갈등이 일어나는 것이다.

이상과 현실의 간극이 커질수록 내면의 갈등을 더 많이 경험하고, 자기 모습을 있는 그대로 드러내기 불편해진다. 호나이는 이런 양상을 다음과 같이 표현했다. "(자기 자신을) 추켜세우면서 진짜 자기 모습을 더 이상 참지 못한다. 그리고 닿을 수 없는 기대의 굴레에 갇혀 자기 자신에게 분노하고 경멸하며 안달한다." 우리는 방어적인 자세를 취하고, 다른 사람들을 두려워하면서 우리의 불완전함을 세상에 드러내기를 더욱 무서워하게 된다. 이 공포는 자존감을 갉아먹고, 약해진 자존감은 다른 사람들의 인정에 의존하면서 사랑을 지나치게 갈구하는 물꼬를 트고 만다.

그래서 안정적인 느낌, 단절되지 않았다는 느낌, 가치 있다는 느낌을 얻기 위해 우리는 완벽함의 가면을 쓴다. 호나이에 따르면 우리의 완벽한 자아는 해야만 하는 것들(당위)의 총집합이다. "모든 것을 견딜 수 있어야 하고, 모든 것을 이해할 수 있어야 하고, 모든 사람을 좋아해야 하고, 언제나 생산적이어야 한다. 내면의 명령 몇 가지만 꼽아도 그렇다."[14] 호나이는 이 피할 수 없는 명령들을 "당위의 폭군"이라고 불렀다.

이 단어들을 읽으면서 나는 '와, 이 사람은 천재다'라고 생각했다. 천재이기 때문이다. 그렇지 않은가? 나는 더 멋지고, 더 날씬하고, 더 강하고, 더 행복하고, 더 생산적'이어야만 한다'. 너무 많이 먹거나 너무 적게 먹어도 안 되며, 규칙적으로 운동하면서도 휴식을 취하고, 친구를 만나고, 적당히 술도 마시고, 일을 척척 해치우며 나 자신을 갈아 넣고, 모든 기회에 "예스!"를 외치고, 자기관리를 하면서도 폭풍 요리를 하고, 아이를 똑똑하고 단정하게 키워야 한다. 그리고 여기에 사회가 불을 지핀다. 이 다급하고 (가끔은 상충적인) 명령을 우리는 자주 우리 자신에게 쏟아붓고, 사회 역시 우리에게 쏟아댄다. 이 명령들은 인스타그램의 둘러보기를 모조리 장악하고, 카다시안Kardashian 가족의 일화에서 툭툭 튀어나오며, 벽보와 광고판 전체에 더덕더덕 붙어 있다. 완벽함을 추구하는 것 외에 우리가 이 압박감을 가지고 일종의 화합을 이루기 위해 할 수 있는 행동은 따로 없다. 우리가 완벽하지 않다면 어떻게 사회가 인정하고 받아주는 사람이 될 수 있겠는가?

  완벽주의는 그 폭군의 외피이다. 우리가 세상을 보는 렌즈로, 우리에게 어떤 사람이 되어야 할지 점점 더 이상적인 모습을 던져주기만 한다. 종류는 달랐지만 호나이의 삶에서도 압박감의 무게는 같았다. 공격적인 가부장제는 여성에게 많은 것을 요구했고, '당위의 폭군'은 다른 사람, 완벽한 사람이 되어야만 해결할 수 있는 딜레마를 제시했다. 이후 임상적인 상호작용을 수천 번 거치면서 호나이는 놀랍게도 다른 사람들이 겪는 어려움의 근저에는 그 폭압적인 문화가 끊임없이 영향을 미치고 있다는 사실을 발견했다. 호나이의 환자는 이를 다음과 같이 유려하게 표현했다. "그건 저의 철옹성 같은 당위 체계였어요. 의무, 이상, 자부심, 죄책감 같은 총체적인 당위의 갑옷이오. 불룩 솟은 강박적인 완벽주의가 나를 지탱해주는 전부였어요. 그 갑옷 바깥과 주변은 아수라장이었죠."[15]

"(카렌 호나이의) 성격 발달에 대한 여러 개념은 현대 성격심리학과 애착 이론, 그리고 트라우마적 경험이 뇌에 미치는 영향에 대한 여러 발견으로 뒷받침된다." 2020년 미국 심리학자 스콧 배리 코프먼Scott Barry Kaufman 은 《사이언티픽 아메리칸》Scientific American 에 기고한 글에 이렇게 썼다.[16] 단언컨대 모두 사실이다. 하지만 내가 보기에 코프먼은 호나이의 가장 뜻깊은 통찰을 제대로 파악하지 못했다. 즉, 우리가 '문화'에 적응하기 때문에 가장 내밀한 긴장이 만들어진다는 점이다. 오늘날 우리가 완벽에 대한 사회적인 집착이라 인식하는 것을 예상했다는 점에서 호나이의 관찰은 거의 예언에 가깝다.

카렌 호나이는 파란만장하고 용감하며 때로는 괴로운 삶을 살다가 67세에 암으로 세상을 떠났다. 그럼에도 그녀는 자기 자신과 환자들을 괴롭힌 신경증, 그리고 그 신경증을 유발한 문화적 조건에 관한 진실을 찾기 위해 부단히 노력했다. 카렌 호나이가 당신의 모습을 지켜본 것처럼 느껴진다면 나와 마찬가지로 당신도 호나이에게서 가까운 친구의 모습을 발견하게 될 것이다. 친구라면 마땅히 그래야 하듯 호나이는 당신이 절대 완벽주의로 혼란스러워하지 않고, 또 스스로 부족한 사람이라는 감정에 갇혀 있지 않도록 도와줄 것이다. 호나이가 우리에게 주는 교훈은 그 무엇도 우리 잘못이 아니라는 점이다. 범인은 문화이다.

 내가 일고여덟 살 때, 방과 후 아버지는 가끔 나와 어머니, 남동생을 데리고 당신의 건축 현장으로 향했다. 나는 거기 가는 게 좋았다. 그곳은 팔레트 위에 벽돌이 높게 쌓여 있고 도로 자리에 골재가 놓였으며 반쯤 완성된 집이 줄지어 있는 매혹적이고 광활한 공터였다. 초저녁이면 크레인 조명이 환하게 켜지고, 청소부 한 부대가 어둑한 그늘에서 나와 소리 없이 공업용 진공청소기를 들고 다니면서 방수 시트를 들썩이고 시멘트 먼지를 털어내며 쓰레기통을 비웠다.
 내 부모님도 그 부대의 일원이었다. 알고 보니 살림이 쪼들릴 때면 현장 주임이 청소 근무 당번표에서 아버지에게 몇 시간을 더 얹어주곤 했는데, 이는 자주 있는 일이었다. 아버지는 청소부로서 특별히 훌륭하지도 형편없지도 않았다. 피곤에 찌든 저임금 노동자가 대부분 그렇듯 그곳에서 일하는 사람들은 시간에 크게 신경 쓰지 않았고 아버지도 마찬가지였다("그 정도면 됐지, 안 그러냐?"). 게다가 아버지는 난장판을 벌이는 데 더 재능 있었다. 예를 들어 이어 붙인 합판을 톱으로 난도질한다거나, 당신의 치아를 임시 장도리로 활용해 마루에 망치질한다든지 하는 일처럼 말이다.

하지만 어머니는 사람들의 넋을 쏙 빼놓을 정도로 일을 잘했다. 어머니를 따라 현장 구석구석을 쫓아다니다 보면 놀라워서 두 눈이 휘둥그레질 정도였다. 어머니는 어떻게 쓰레기봉투와 빗자루, 진공청소기를 움켜쥐고서 문을 열쇠로 열 수 있지? 어떤 초인적인 능력이 있길래 덜 마감된 바닥을 진공청소기로 청소하면서 더러운 벽을 걸레질하고 동시에 지시 사항을 큰 소리로 알려줄 수 있지? 맹렬하고 무자비하던 어머니의 철두철미함은 아이 눈에는 기적적으로 보였다. 그렇게 종종걸음쳐봐야 특별수당도 없이 최저임금보다 못한 돈을 받았지만 아무 불평 없이 그렇게 일했다. 그게 바로 내 어머니이다. 어머니는 해야 할 가치가 있는 일은 뭐든지 제대로 할 가치가 있다고 진심으로 이해했다.

그리고 어머니가 완벽주의자라는 사실도 있다. 어머니는 모든 일을 공들여 꼼꼼히 했다. 침엽수를 흠 하나 없이 깨끗하게 돌보는 일부터 아버지가 받아온 돈을 한 푼 한 푼 세는 일, 우리를 키우는 정확하고 엄격한 방식까지도 그랬다. 호나이와 마찬가지로 어머니 역시 가부장제의 희생자였다. 외할아버지는 보수적이고 엄격한 분으로, 전쟁으로 트라우마를 입었다. 어머니에겐 남자 형제뿐이었는데, 삼촌들은 모두 다른 학교를 다니며 더 나은 기회를 누렸다. 상황이 달랐다면 인생은 좀더 친절했을 것이다. 어머니의 손재주를 인정받고, 꼼꼼함도 보상받았을 것이다. 하지만 어머니는 불공평한 대우를 받아들였고, 자신이 조금 '멍청'하다고 진심으로 믿었다.

팜스프링스에서 집으로 돌아오는 비행기 안에서 나는 나와 어머니가 얼마나 비슷한지 생각했다. 어머니도 내 입장이었다면 분명히 조바심쳤을 것이다. 강연이 괜찮았나? 부자연스러웠나? 우스꽝스러웠나? 내가 이런 의구심들을 품지 않길 바랐다. 바로 그 자리에서 성공의 순간을 음미하고, 대서양을 건너 어딘가로 향하는 비즈니스석에 편안히 몸을 눕히고 있길 바랐다. 하지만 그러려고 노력할 때마다 내 마음은 실패를 암시하는 상황들로 되돌아왔다. 점잖게 박수를 보내던 청중들, 굳건히 엉덩이를 붙이고 있던 그 참담한 피드백으로.

어느 정도는 모두 운명이다. 내 완벽주의의 상당 부분(약 30~40퍼센트)은 실제로 부모님에게서 물려받은 것이다. 그리고 그 숫자 대부분은 사랑하는 어머니에게서 나왔으리라 추측한다. 어머니의 유전자는 곧 내 유전자이다. 우리는 뼛속 깊이 완벽주의를 새기고 태어났고, 그건 평생 몸 구석구석에서 이 모습 저 모습으로 새어나올 것이다. 우리 둘 다 아무것도 할 수 없었다. 선택권을 가질 새도 없이 인생의 각본에 '완벽주의자'라고 부르는 기질이 아로새겨졌다. 그리고 이상하게도 이 점은 놀랍도록 위안이 된다.

하지만 어머니와 나는 똑같으면서도 아주 다르다. 유전자는 인생의 들쭉날쭉한 각본에서 주요한 부분을 이루지만 전체 줄거리는 아니다. 사실 주인공조차 아니다. 30~40퍼센트는 상당한 지분이지만 그렇다 하더라도 환경이 끼어들 만한 여지는 크다. 그리고 주디스 해리스가 일러줬듯 환경을 이야기할 때 우리가 진짜로 이야기하는 것은 문화이다. 문화는 내 완벽주의를 잠재울 수도 있었지만 오히려 그 날카로운 소음을 증폭시켰다.

팜스프링스 같은 곳에서 내가 압도당한 이유도 바로 이 때문이다. 그렇지 않다는 적절한 증거가 있는데도 스스로 사기꾼이라고 진심으로 믿는 이유도 이 때문이다. 나는 내 능력이 턱없이 부족하고, 내 이야기를 듣기 위해 수천 달러를 쓰는 저 사람들보다 라 퀸타의 환경미화원들과 더 가깝게 연결되어 있다고 믿는다. 이런 심리는 내 유전자에 먼저 박혀 있었다. 하지만 그 이후로는 호나이가 말한 대로 나와는 거리가 멀고 내가 통제할 수 없는 넓은 세상의 문화적인 힘에 의해 그 심리가 활짝 꽃피우게 됐다.

카렌 호나이는 1940년대와 1950년대에 대부분 글을 썼다. 그 이후 세상은 상당히 바뀌었다. 경쟁과 개인주의는 여전히 지배적인 가치이며 성별, 계급, 인종적 편견 같은 불공정한 요소도 여전히 존재한다. 하지만 이제 새로운 압박도 함께 존재한다. 우리 모두에게 가해지는 압박이자 호나이 자신도 움찔하게 만들 압박이다. 소셜미디어의 시선, 헬리콥터 부모, 산업적인 규모의 표준화된 시험, 주당 80시간 근무, 엄청난 임금 격차, 점점 더 벌어지는 부와 세대 간 기회 격차, 차례로 닥치는 위기로 요동치는 불안정한 경제 체제의 참상 등 이 모든 것이 절대 충분하지 않은 시대를 뒷받침하는 배

후들이다.

이제 카렌 호나이를 21세기에 어울리게 업데이트해보자. 현대 문화, 그리고 완벽해야 한다는 끊임없는 압박이 우리 모두를 철저하게 옭아매고 있는 현실을 들여다보자.

07

내가 가지지 못한 것

과잉의 시대에 두려움을 피하는 법

> "개인은 정치 경제의 여러 형식, 특히 도시의 시장 형태 덕에 결정화되어 존재할 수 있다. 사회화의 압박에 저항할 때조차 개인은 시장의 가장 특별한 상품이자 유사품으로 남게 된다."
> — 테오도어 아도르노 Theodor Adorno [1]

나는 런던에서 북쪽으로 한 시간가량 떨어진 작은 시장 도시 웰링버러에서 자랐다. 철저히 영국 중산층의 도시인 웰링버러는 교외 지역이 전원 지역을 갈망하듯 섞여 있고, 화사한 유채밭에 산울타리가 경계선을 만들며 구분짓는다. 몇십 년 전에는 '호황인' 도시였다고 아버지는 회상했다. 빅토리아식 테라스 하우스와 작업장 오두막집에는 인근 주조소에서 일하는 벽돌공과 서기원, 하급 기술자의 가족들이 머물렀다. 독립 상점들은 쇼핑객들로 북적였고, 동네 극장은 영화표가 자주 매진됐으며, 술집에는 남녀노소 할 것없이 손님이 넘쳐났다.

 오늘날 웰링버러는 사뭇 달라졌다. 세계화와 기술, 10년간의 경비 삭감이 미처 공업화되지 못한 체계를 갉아먹는 동안 도시는 꾹 참고 앞으로 나아가려 애쓰고 있다. 독립 상점들은 한때 그들을 먹여 살리던 중산층과 함께 사라졌다. 쇼핑센터는 소매 생명주기의 모든 단계를 거쳤고 시장 광장은 돌이킬 수 없을 정도로 축소되어 대기업 패스트푸드 체인점과 자선단체가 운영하는 중고품 가게, 복권 가게들만 버텨주고 있다. 한 그라피티 예술가는 도시로 들어오는 간선도로의 인도에 불쑥 서 있는 표지판에서 'ingbo'라는 글자를 검은색 래커로 지워 'Welcome to Well-rough'로 만들었다. 하지만 누구도 서둘러 낙서를 긁어내려 하지 않는다. 이곳 사람들은 대부분 그 독창성을 좋아하며, 있는 그대로 다소 지나치게 솔직한 자기 비하식 유머라고 이해한다('Well Rough'는 '꽤 고된', '꽤 황량한' 등으로 해석할 수 있다.—옮긴이).

 내 아버지는 한때 웰링버러를 사랑했지만 이제는 좋아하지 않는다. 아버지는 내게 늘 이렇게 말씀하신다. "도시가 쇠퇴하고 있어. 하지만 누구도 그걸 막으려고 하지 않아."

 이 황폐한 작은 도시는 탈공업화된 서구의 쇠락한 소도시가 대부분 그렇듯, 비교적 잘사는 데 많은 것이 필요하지 않다. 돈 많은 집 아이들, 내 고등학교 동창인 케빈과 이언 같은 아이들은 우리가 우러러보고 절대 잊어서도 안 될 대상이었다. 우리가 자라던 지역,

즉 웰링버러의 골칫거리 한가운데에 자리한 지역에서 이 아이들은 풍족하게 지냈다. 이들은 길거리에 깨진 유리병이나 흙 묻은 기저귀가 널브러져 있지 않은 동네와 가까운 신축 주택에 살았다. 깨끗하고 멋진 자동차 뒷자리에 앉아 등교했고, 1년에 한 번은 터키나 스페인으로 휴가를 떠났다. 방과 후 행사에 참석한 이 아이들의 부모님은 멀리서도 한눈에 알아볼 수 있었는데, 그 자리에서 유일하게 니트를 입고 넥타이를 맨 사람들이었기 때문이다.

케빈과 이언은 몇 년을 함께 보내며 우정을 쌓았고, 나는 동네 종합중등학교 6학년 때 이들을 알게 됐다. 그때쯤 둘은 떨어질 수 없는 사이였고, 의리가 돈독했으며, 서로의 욕구를 본능적으로 이해하고 있었다. 아버지의 신용카드라는 은혜로 돈을 쓰고, 흡사 나이키와 랄프 로렌, 아디다스의 걸어 다니는 광고판처럼 옷을 입고, 언제나 최신형 휴대전화를 들고 다녔다. 그리고 시간이 날 때면 《GQ》와 《FHM》을 뒤적이며 언젠가 소유하고 말리라고 서로 약속한 시계와 요트, 맨션 사진을 구경했다.

내 기억에 둘은 상대방이 가진 물건들에 매인 것처럼 보였다. 디자이너 상표와 가장 핫한 최신형 기기를 견주는 싸움에 휘말려, 물질적인 것들을 척도로 자기 자신과 다른 사람들을 쟀다. 이 아이들의 젊고 감수성 예민한 인생이 쇼핑이라는 단 하나의 통로에 갇혀 있었다. 이 통로는 다른 욕구와 필요를 가로채고 둘을 잘 훈련된 소비자로 바꿔놓았다. 최신 유행에 노예처럼 헌신하고, 가장 중요한 학교 친구들의 선망을 얻기 위해 필요한 것을 거의 다 사들일 방법을 갖춘 채 이들의 세계는 과시적이고 경쟁적인 소비행위와 부딪혔다.

이 경쟁적인 소비는 자동차가 등장하면서 절정에 이른 듯 보였다. 열일곱 살에 케빈과 이언은 서둘러 운전 면허를 땄고, 면허증을 손에 넣자마자 둘 다 차량 개조 키트와 주문 제작한 차량 번호판이 딸린 신형 해치백 자동차를 받았다. 나는 이들이 마력을 높인 자동차로 웰링버러의 좁은 거리를 쏜살같이 달리던 모습을 기억한다. 스테레오 소리를 한껏 높이고, 번호판은 번쩍였으며, 안개등이 서리로 뒤덮인 도로를 현란한 파란색으로 비췄다. 이들은 서로 부추기길 좋아했고, 호사스러운 구경거리를 만들며 떠들썩한 전율을 느꼈다.

나는 이 모든 것을 질투 가득한 눈으로 바라봤다. 케빈의 자동차 조수석 쪽으로 다가가 손을 둥글게 말고 두 눈을 감싸 짙게 선팅한 창문을 들여다보니, 숨이 턱 막힐 정도로 멋진 그들만의 차원에 존재하는 것 같은 다채롭고 미래적인 버튼과 번쩍이는 크롬 스위치, 모터스포츠 레이싱용 좌석이 보였다. 나는 그 자리에 꼼짝없이 얼어붙었다. 갓 장착한 가죽과 링스 아프리카 향수, 그리고 케빈의 아버지가 자동차 경첩에 기름칠할 때 사용한 WD-40의 향이 물씬 풍기는 그 자동차 좌석에 덜컥 앉아보지 않을 수 없었다. 돌이켜보면 당시에도 빠르고 멋진 자동차는 케빈과 이언을 동네 영웅급으로 등극시켜주는 존재가 분명했다. 그리고 들뜬 마음으로 조수석에 앉아보는 나 같은 아이들이 보이는 순전한 경외감은 이들 귀에 들리는 음악과 같았다. 위계 사회에서 이들이 최상위에 있다는 더 확실한 증거이기도 했다.

내 입장에서는 다소 다른 경험이었다. 돈과 물건을 어마어마하게 가진 자를 추앙하는 소비자 문화는 내가 나를 이 소년들과 비교하는 족족 수치스럽게 만들었다. 비교 대상이 자동차에 이르렀을 때 이 수치심은 속이 뒤틀릴 정도로 절정에 달했다. 그래서 나는 거짓말을 했다. 이 친구들에게 언젠가 내 아버지도 자동차를 사주기로 했다고 말했다. 그렇지 않았다. 그럴 수도 없었다. 그런데도 신뢰의 수준을 넘어설 때까지 나는 이 거짓말을 지속했다. 오늘날 지위와 성공, 자존감은 다른 사람들의 인정과 승인을 받을 때 정점을 찍는다. 인정과 승인을 얻는 데 우리가 가진 것을 과시하는 것보다 좋은 방법이 있는가?

우리는 과잉의 시대에 살고 있다. 우리 경제는 영구적인 확장 상태에서 고삐 풀려 과열된 원심분리기와 같다. 성장과는 상관없이 규모를 유지하기 위해, 경제는 끊임없이 더 새롭고 더 돈벌이가 되는 수익원을 끌어들여야 한다. 케빈과 이언 같은 열혈 소비자들이 그토록 널리 퍼져 있는 이유가 여기에 있다. 이런 소비자들이 존재하지 않는다면, 모든 사람이 갑자기 일회성 소비를 그만두기로 마음먹고 '이 정도면 충분한' 생활 수준에 만족한다면 수요의 감소는 경제를 급격히 불황으로 몰고 갈 것이다. 그러면 무슨 일이 벌어질지 우리 모두 잘 알고 있다.

경제학자들은 이 '성장이 최고' 경제를 공급자 중심 경제라고 부른다. 더 새롭고 더 색다른 물건들의 대대적인 공급이 과열된 소비자 수요를 만들어내기 때문이다. 그리고 이 수요는 수익을, 수익은 일자리를 만들어낸다. 이 체제하에서 이상적인 시민들은 좋은 소비자의 특성을 개발한다. 이들은 물건을 만드는 것이 아니라 구매한다. 케빈과 이언이 옷과 시계, 자동차로 그랬듯, 우리는 라이프 스타일을 끊임없이 소비하면서 우리의 개성을 표현하리라고 기대받는다. 기업들은 갈수록 새롭고 좋아지는 '머스트 해브 아이템'에 대한 대중의 인식을 제고해 우리의 취향을 교묘하게 자극하는 방법을 고안해낸다. 그래서 요즘은 양말 한 켤레처럼 간단한 물건을 사려고 쇼핑몰에만 가도 쓰나미처럼 몰려오는 선택지 때문에 머리가 마비될 것 같다.

낭비적일 수도 있지만 역동적인 체계이다. 그리고 이 체계가 작동하려면 그리 필요하지 않은 물건들을 채우기 위해 점점 더 큰 바구니를 필요로 하는 열혈 소비자들이 있어야 한다. 패스트패션의 선택 과부하가 대표적인 사례이다. 하지만 콤비 냉장고, 에스프레소 머신, 주물냄비, 평면 TV, 사운드 시스템, 스트리밍 서비스 구독, 로봇 잔디깎이, 여러 대의 자동차, 블렌더, 화려한 장서들, 세탁 건

조기, 페이스 스크럽, 상상할 수 있는 모든 것을 가능하게 해주는 스마트폰, 향초, 이국적인 휴양지, 향수와 오드콜로뉴, 향 좋은 수분크림, 다이어트 약, 트레드밀, 요가 매트 등 다른 사례도 헤아릴 수 없이 많다.

이런 과잉 소비가 축적되다 보면 현대 가족의 생활에 없어서는 안 될 상품들이 천천히 눈사태처럼 몰려온다. 그리고 해가 갈수록 더 많은 물건이 이 목록에 더해진다. 미국 소매 매출액은 2012년 4조 3,000억 달러에서 2021년 6조 6,000억 달러로 늘어 무려 6조 달러를 훌쩍 넘어섰다.[2] 전 세계적으로 국제 소매 매출액은 2025년까지 31조 달러라는 엄청난 액수에 달할 것으로 예상된다.[3]

이 핵폭발 같은 소비가 지속되려면 우리가 구매하는 제품뿐 아니라 제품에 대한 우리의 욕망도 만들어내야 한다. 이런 이유로 과거 40년 동안 PR과 마케팅, 광고, 금융산업은 폭발적으로 발전해왔다. 지금은 이런 산업 규모가 방대해져서 이 책을 읽는 당신도 매우 높은 확률로 이 중 한 분야에 종사하고 있을 수 있다. 그게 맞다면 당신은 제품을 '트렌디'하고 '쿨'하고 '힙'하고 '반짝반짝'하고 '새삥'이며 '신나고' '신선'하고 '럭셔리'하면서 '동경의 대상'으로 만드는 것이 소비자들에게 실제 사용 가치를 설명하는 것보다 훨씬 중요하다는 사실을 알 것이다.

모든 채널에서 이런 식의 '느낌 마케팅'이 쏟아져 나오면서 인공적인 현실이 담긴 홀로그램 문화가 만들어졌고, 이 문화에서 벗어나기란 거의 불가능해 보인다. 홀로그램은 더 완벽해 보이도록 신중하게 날조한 삶의 판타지를 통해 흥미와 욕망의 자연스러운 충동을 마구 뒤섞고, 우리의 욕구와 필요를 구매할 수 있는 모든 것으로 확고하게 유도한다. 아침 뉴스, 출퇴근길 머리 위, 축구 경기 중, 고속도로 광고판, 공항 출국장 전광판 사이사이에 완벽한 이미지와 영상으로 우리의 삶과 라이프 스타일을 보여준다. 우리의 옷장, 일상적인 위생 활동, 몸단장, 도구와 가정용품의 소유, 교통수단, 운동 루틴, 심지어 식생활까지 홀로그램 안에서 형태를 잡고 조절된다. 실제로 오늘날 모든 문제에는 상품화된 해결책이 존재한다. 심지어 기분과 감각, 생각, 행동은 정신약리학으로, 우정과 인간관계는 구독 앱으로 해결할 수 있다.

광고가 7,660억 달러 규모의 글로벌 산업이 됐으며, 2025년까지 1조 달러에 달하리라 예측하는 것도 전혀 놀랍지 않다.[4] 홀로그램이 제대로 효과를 발휘하고 있는 것이다.

1920년대 무역 저널 《프린터스 잉크》Printers' Ink는 광고의 자기지시적인 환상이 파괴적인 효과를 발휘한다는 사실을 거리낌 없이 인정했다. 광고는 불안을 조장한다. 우리 자신에 대한 불안, 현재의 생활환경에 대한 불안을 자아낸다. 한 광고주는 그림처럼 완벽한 광고에 대해 이렇게 썼다. "(소비자가) 늘어진 모공과 고약한 입 냄새 같은 당연한 문제들에 대해 남의 시선을 의식하게 만든다." 또 다른 광고주는 광고가 "대중이 자기 삶의 방식에 만족하지 못하고, 주변의 못난 것들에 불만을 품도록" 현실을 과장한다고 말하면서, 스스로 만족하는 소비자는 "불만족하는 소비자만큼 수익성이 좋지 않다."고 결론지었다.[5]

물론 우리는 지난날 수치심을 불러일으키는 광고 포스터들을 통해 크게 발전했다(이런 광고는 지금도 찾아볼 수 있다). 하지만 그런 사실에도 광고의 기본적인 기풍은 《프린터스 잉크》 같은 간행물들이 다소 앞서가면서 침묵해야 할 부분을 대놓고 이야기하던 시절과 거의 변하지 않았다. 예를 들어, 광고는 내가 어떻게 '보여야 하는지' 인식하게 만든다. 그리고 세상 어딘가에서는 완벽하게 면도하고 또렷한 턱선을 드러낸 남성이 허공을 응시하며 롤렉스 시계를 부드럽게 만지고 있을 것이라 믿어 의심치 않는다. 하지만 내가 아무리 멋들어지게 차려입고 주름 방지 크림을 덕지덕지 발라도 나는 그 남성이 될 수 없다. 솔직히 광고판을 올려다보며 끝내주는 시계를 탐하는 대부분 남자가 그렇게 되지 못할 것이다.

광고는 평범한 제품조차도 어이없을 정도로 근사하고 발작에 가까운 흥분을 얹어 판매한다. 스트로보 조명과 미러볼은 그저 중요한 함의를 증폭시키는 데 도움이 될 뿐이다. 긍정적으로 생각해! (좋아!) 잠재력을 펼쳐봐! (좋아!) 넌 해냈어! (좋아!) 자, 여기 체육관 멤버십이야. (앗.) 이 오랜 산업의 몹시도 얄팍한 외관을 벗겨내보면 시공을 초월한 디테일이 틀림없이 드러날 것이다. 충분히 멋지지 않고, 충분히 날씬하지 않고, 충분히 매력적이지 않고, 충분히 생산적이지 않아. 이 특정한 상표, 구독 서비스, 도구, 상품이 없다면 말이야.

모든 광고가 그렇지는 않다. 일부는 초단기대출, 채무 통합, 재융자 서비스 등을 밀어붙이기도 한다. 하지만 엄청난 소비자 홀로그램 안에서 불만을 조작하려는 움직임은 충분히 존재하며, 과거 광고의 진실이었던 것들이 실질적으로 오늘날에도 진실이라는 점은 명백하다. 광고가 효과를 발휘하는 결핍의 모델이 일단 눈에 들어오면 다시는 그 모습을 보지 않을 수 없다. 케빈과 이언이 물질 소유에 집착하는 것은 문화적인 증상이다. 이 문화는 그들의 존재를 보호해주는 장구를 마치 카지노 칩처럼 언제든 버릴 수 있는 물건으로 취급하라고 가르쳤다. 이는 광고주들과 마케터, PR인들에게 경의를 표하며, 더 나은 방식을 찾아 가장 인기 있는 새 유행에 계속 내기를 걸어야만 하는 문화이기도 하다.

솔직히 말해 케빈과 이언은 경제가 이들에게 원하는 모습 그대로 행동했다. 이들뿐 아니다. 공급자 중심 경제에서 살아가는 수십억 명의 사람이 열혈 소비자이며, 나도 마찬가지이다. 실제로 광고의 힘은 너무나 거대해서, 식견 높은 사람들조차도 24시간 내내 주변에서 작동하는 시끄럽고 공격적인 사회적 설득에 저항하느라 힘겨운 시간을 보낸다. 다시 한번 말하지만 홀로그램은 효과가 있다. 그것도 놀라울 정도로 전체적인 효과를 보인다.

이 전체성 탓에 대다수 사람이 자기 수용에 어려움을 겪는다. 그리고 자신이 이 정도면 충분하다고 느끼지 못한다. 만족이 손에 닿을 듯 말 듯 애태우는 한, 우리는 광고주의 손에 놀아난다. 그리고 이들이 끌고 가는 대로 삶과 라이프 스타일에서 완벽을 좇는 절망적인 모험을 하며 갈망하고 소비하고 또 갈망하고 소비할 것이다.

그리고 여기서 쟁점은 더욱 확대된다. '성장이 전부'인 경제에서 불만족은 영원히 우리 삶에 내재해 있어야만 한다. 다른 대안은 없다. 삐딱하게 들릴 수 있지만 필요한 물건을 가지고 싶다면 가지고 있지 않은 물건들을 계속 사야만 한다. 이제 의료보험, 안전, 교육, 직업 등 인생의 필수품은 우리가 더 많은 것을 약속받는 대신 현재의 행복을 내놓는 거래에 계속 의존한다.[6] 잠시 숨 돌릴 틈을 허용하면 홀로그램 바깥으로 나와 우리 존재 자체가 기적이라는 만족감을 발견하고, 갈망을 멈추게 되기 때문이다. 갈망을 멈추면 우리는 소비를 그만둔다. 그러면 기업은 문을 닫고, 일자리가 없어진다. 우리가 필요로 하는 것들이 사라지기 시작하고, 우리가 아는 사회의 기반은 무너지고 말 것이다.

인기 있는 자기계발서와 다큐멘터리, TV 쇼, TED 토크, 웰니스 웹사이트는 곳곳에 만연한 절대 충분하지 못하다는 기분을 극복하게 해준다는 각종 조언과 요령, 생활 속 꿀팁으로 넘쳐난다. 하지만 행위 주체성의 착각은 이런 궁금증을 일으킨다. 우리는 그런 감정이 어떻게 완전하고 철저하게 장착됐는지 진정으로 이해하는가? 충분히 부유하지 못하고, 충분히 멋지지 못하고, 충분히 매력적이지 못하고, 충분히 생산적이지 못하다고 느끼는 이 모든 감정은 자기돌봄이나 긍정적인 생각 정도로 툭 털고 갈 수 있는 성가신 틱 증세 같은 것이 아니다. 이는 체계적 사고이자 인지사학자들이 '뿌리 은유'라고 부르는 것으로, 우리 내면에 아주 깊숙이 침투해 있다. 그래서 우리는 진심으로 충분하지 않다고 느끼거나 끊임없이 자신을 갱신하고 개선해야 한다고 믿으며, 그것을 인간 본성의 조건이라고 생각한다.

하지만 이는 사실이 아니다. 진나라 시대 중국인이나 10세기 이누이트족이 우리 언어를 이해한다 해도 링크드인에 쓰인 '#성공한자는훈련하고실패한자는푸념한다' 같은 해시태그의 뜻을 파악하기는 어려울 것이다. 현실은 훨씬 더 불길하다. 더 많은 것을 얻으려는 우리의 집단적 아우성 아래에는 결핍적인 사고가 깔려 있다. 결핍적인 사고는 자신이 과연 충분한 사람인지에 대해 지속해서 불안하게 의문하도록 붙들어놓으며, 우리 경제가 우리에게 반복해서 가르쳐야만 하고 계속 가르치려는, 사회적으로 길들여진 사고방식이다. 우리가 갑자기 그 생각에서 깨어나 그런 식으로 생각하기를 멈추고, 삶을 계속 갱신하거나 개선할 필요가 없다고 깨달을 때 다른 모든 것도 멈추기 때문이다.

현대 사회의 구조는 우리의 불만족으로 짜여 있다. 광고주들이 탄생시킨 여러 불완전함이 과장되면서 우리는 언제나 고도의 소비를 확장시키고, 나아가 경제 역시 언제나 고도성장을 확대해나간다.

 이렇게 물을 수도 있다. 이는 카렌 호나이가 걱정했던 것과 똑같은 문화적 딜레마가 아닌가? 글쎄, 맞을 수도 있고 아닐 수도 있다. 오늘날의 문화는 호나이의 문화와 마찬가지로 사회가 지정해주는 완벽한 인간과 실제 우리 모습인 불완전한 인간 사이의 격차를 크게 벌려놓고 있다. 하지만 이 시대에는 꽤 독특한 면이 있다. 호나이의 시대에는 사회가 사람들에게 반드시 가지라고 말하는 물건들, 그리고 갖춰야 한다고 기대하는 기준들이 보통 사람들이 닿을 수 없는 곳에 있다는 점이 딜레마였다. 그 결핍과 부족함의 압도적인 감각은 내면의 갈등을 만들어냈다.

 우리의 딜레마는 여러 의미에서 더 심각하다. 우리에게는 여전히 무엇을 가져야 하고 어떤 사람이 되어야 하는지에 관한 메시지가 쏟아지고 있다. 하지만 요즘은 값싼 수입품과 풍요로운 소비자 신용 덕에 대다수는 우리에게 필요하다고 들은 물건을 살 수 있게 됐다. 우리는 부족하지 않다. 옛 세대들과 비교하면 분명히 그렇다. 오히려 우리는 너무 많은 것을, 그것도 우리에게 필요한 정도보다 많은 것을 누릴 수 있게 됐다. 깨어 있는 시간 대부분을 소비자 문화의 표상들 사이에서 허우적거리고 있는데도 우리는 여전히 만성적으로 불안하고 어느 때보다 불만족스럽다.

 열여덟 살에 대학에 가면서 나는 케빈과 이언과 연락이 끊겼다가 몇 년 뒤 다시 연결됐다. 이들은 여전히 끈끈한 사이를 유지하며 서로에게 충실하면서도 치열하게 경쟁했다. 상대 없이는 무슨 일을 하거나 누구를 만나려 하지 않았다. 반면 나는 예전 모습을 찾아볼 수 없을 정도로 바뀌었다. 그래서 집으로 돌아와 동네와 사람들 모두 내가 떠나올 때 모습 그대로인 걸 보고 오히려 위안을 얻었다.

하지만 한 가지 차이점이 있었다. 케빈의 아버지는 내가 고향을 떠나 있는 동안 상당히 성공했다. 재택근무 컨설팅 회사를 운영하면서 작은 기업을 세웠고 세계에서 가장 큰 기업 가운데 몇몇에 서비스를 제공했다. 그의 수입은 기하급수적으로 늘어났고, 그 결과는 눈에 띄게 나타났다. 불과 3년 만에 케빈의 가족은 웰링버러를 벗어나 진입로만 400미터쯤 되는 2에이커짜리 부지에 한적하게 자리한 대저택으로 이사했다.

케빈의 아버지가 유복한 사람에서 어마어마한 부자가 되기까지는 그리 오래 걸리지 않았고, 케빈의 인생은 거의 하룻밤 사이에 바뀌었다. 스물한 살의 이 청년은 아버지 회사에서 상당한 돈을 벌면서 침실 네 개짜리 집을 사고, 슈퍼카를 여러 대 모으고, 당연히 골프도 쳤다.

"나는 운이 아주 좋지." 케빈은 자기 집 게임룸에서 나와 당구를 치다가 이렇게 말했다. 나는 케빈이 안심시키려는 대상이 자기 자신인지 나인지 확신할 수 없었다. 갓 성인이 된 케빈이 자기 인생을 곤혹스럽게 바라본다는 사실이 내게는 언제나 충격이었다. 빈곤한 동네 주변에서 자라면서 케빈은 환경이 얼마나 진절머리 날 수 있는지 알았고, 자신의 분명한 탐닉이 주는 지속적인 죄책감을 숨기는 데 몹시도 서툴렀다.

하지만 그렇다고 해서 대담함을 키우지 못했던 것은 아니다. 우리는 특권을 이야기할 때 종종 특혜의 겉모습에만 집중하느라 기본적인 혜택을 잊는다. 즉, 장애물이 없다는 사실이다. 케빈은 실제로 뭔가를 두려워하는 법이 거의 없었고, 자신의 배경으로부터 자기 인생이 다른 사람들보다 수월하리라는 사실을 분명히 배웠다. 그가 운이 좋다고 이야기할 때는 정말 말 그대로를 의미했을 것이다. 극명한 불공정으로 가득한 세상에서 케빈은 수용이라는 귀한 재능을 가지고 있었다. 자기 자신을 받아들이고, 자신의 환경을 정당화하거나 설명할 필요 없이 복리 이자처럼 노력과 재능이 직접적인 상관관계에 따라 순조롭게 상승하는 인생의 운명을 받아들였다.

케빈은 일이 제대로 흘러가지 않을 때에도 어떻게 상황이 벌어졌는지를 수용하면서 그저 자기 모습 그대로 있을 수 있도록 완전한 허가를 얻은 셈이었다.

케빈의 행운이 이언에게 미친 영향은 사뭇 달랐다. 이언은 케빈을 우러러봤다. 그는 케빈의 호화로운 생활에서 자신이 분투해야 할 목표를 본 듯했다. 케빈이 집을 사면 이언도 집을 샀다. 케빈이 새 차를 사면 이언도 같은 모델을 사려고 대출을 받았다. 그리고 케빈이 비싼 시계나 보석 장신구를 사면 이언은 그와 비슷하게 호사스러운 뭔가를 사려고 전력을 다했다.

이언은 케빈의 생일파티에서 "나와 케빈은 언제나 경쟁 상대였어."라고 말하며 이런 상황을 있는 그대로 표현했다. 방 안은 웃음소리로 가득 찼다. 이제 이언이 말한 경쟁은 일방적으로 바뀌었고, 케빈이 누리는 불가능한 생활 수준, 다시 말해 부유한 유명인과 유사한 물질적 완벽에 대한 환상을 좇는 일로 귀결된 것처럼 보였다. 이런 환상은 모든 것을 소유해야 하는 이 시대에 매우 흔하다.

그 이상을 좇는 일은 이언의 삶에 불안감을 불어넣었고, 어려운 시기에는 특히 더 그랬다. 어느 겨울날 저녁 이언을 데리고 잔혹한 해고의 쓴맛을 달래주려 술을 마신 일이 있다. 이언은 슬퍼하지 않았고, 상사가 해고 통지서를 건네던 조악한 방식에 화내지도 않았다. 그는 일어난 상황이 아니라 다음에 벌어질 일을 걱정하는 혼란스러운 상태였다. 이언의 생활방식은 이런 식의 타격에 버틸 수 있는 여유가 거의 없었다. 오늘날 우리가 대부분 그렇듯 대출도 많았고, 이제 갓 자동차 할부금을 납부하기 시작했으며, 여러 신용카드 대금이 차곡차곡 쌓이고 있었다. 이제 직업도 없고 의지할 저금도 거의 없었던 그는 연체금이 쌓이면 사람들이 자기를 어떻게 생각할지 두려워하는 듯했다.

이언은 매우 진취적인 사람이라 우려하던 일이 벌어지지는 않았지만 한동안 절박한 시기를 보냈다.

그래서 우리는 소호의 허름한 지하 술집 안에 앉아 스카치위스키 일곱 잔에 천하를 논했다(확실히 과음하긴 했다). 그리고 적어도 그 순간만큼은 이언의 걱정이 사라졌다.

더 크고 더 좋은 것을 바라는 문화에서 살아가다 보면 얼마나 부자인지와 상관없이 욕망은 스스로 만족시키는 방법의 한계에 도달하게 된다. 카렌 호나이에 의하면 이 모순은 단순히 물질적인 결핍과는 다르다. 이는 기본적인 내적 갈등의 뿌리이다. 즉, 우리가 누구인지와 문화가 우리에게 어떤 사람이 '되어야 하는지' 말해주는 것 간의 갈등이다.

이 모순은 오늘날 모호해졌으나 그렇다고 문제가 없는 것은 아니다. 싸구려 수입품은 제조 비용을 폭락시켰다. 그리고 신용카드와 후불제도, 할부구입제도가 급격히 증가한 덕에 우리는 다양하고 계속 늘어나기만 하는 갈망의 목록을 만족시킬 수 있게 됐다. 1950년대에 호나이가 '당위의 폭군'에 관해 글을 썼을 때 미국의 개인부채는 국내 총생산의 약 50퍼센트를 차지했다. 지금은 224퍼센트이다. 미국의 수치가 명백한 이상치인데도 다른 선진국들 역시 최근 수십 년 동안 비슷한 부채 증가세를 보였다.

현대 사회에서 우리는 구조적 장기 침체의 다양한 단계에 접어들면서 선진 경제로부터 새로운 성장을 짜내기 위해 신용, 즉 빚에 의존하고 있다.

그래도 그건 괜찮다. 하지만 헬리콥터 머니Helicopter Money(중앙은행이 소비를 진작시키기 위해 헬리콥터에서 돈을 뿌리듯이 대량으로 시중에 푸는 자금—옮긴이)를 통해 성장을 일으키는 일은 마치 호두를 까기 위해 공장 기계를 사용하는 격이다. 마법을 일으키려 현대 경제가 쏟아붓는 현금 액수는 가히 천문학적이지만 엑셀 파일에 0이 붙을 때마다 수익은 계속 줄어든다. 경제학자 팀 모건Tim Morgan에 따르면 전 세계 총부채는 2000년에서 2007년 사이 55조 달러 증가했으나 GDP는 겨우 17조 달러 늘었다. 은행 간 부채를 빼놓더라도 새로운 빚이 2달러 늘 때마다 1달러 성장한 셈이다. 모건이 2014년까지 이 계산을 이어가자 세계의 부채가 50조 달러 증가한 반면 GDP는 3달러 빌려올 때마다 1달러만 증가했다.[7]

모건의 계산이 옳다면 조만간 어떻게 해서든 성장하려고 퍼붓는 돈의 액수는 엄청나게 불어나 헬리콥터로는 부족한 지경에 이를 수 있다. 우리는 그 사실을 받아들이기보다 부어오른 경제에 바람을 더 집어넣으려고 더 미친 듯이 신용의 펌프질을 하게 된다. '플랜 B' 따위는 없다. 요즘처럼 불황이 닥치면 우리는 그저 금리를 후려치고 돈 찍는 기계를 가동한다. 기업의 손실을 뒤에서 받쳐주고, 실패한 은행들을 구제한다. 정장을 차려입은 전문가들이 다시는 이런 일이 없을 거라 맹세하는 극심하고 심각한 숙고의 기간이 지나고 나면 주식은 요동치고, 특별 배당주는 급등하며, 이미 오를 대로 오른 집값은 초광속으로 치솟는다. 그리고 평범한 월급으로는 역사상 가장 살기 어려운 때가 온다.

신용에 의해 유예된, 공급자 중심의, 무슨 수를 써서라도 성장하겠다는 경제에서 의미하는 '회복'이 이것이다.

하지만 우리가 계속 소비하는 한 소비를 위해 계속 늘어나는 부채를 계속 안고 갈 수 없다는 것이 문제가 될까? 분명 그럴 것 같지 않다. 어쨌든 금융시장이 개방된 덕에 우리 삶과 라이프 스타일은 더 완벽하고 더 사치스러워질 수 있고, 각종 기기와 마법 같은 기술들, 정교한 조리기구와 가전제품, 더 크고 강한 SUV, 가구, 점점 더 커지는 집으로 빼곡해진다. 우리 월급이 더 이상 늘지 않는다 해도 말이다.[8] 이언의 '지금 사고 돈은 미래의 내가 내는' 자기계발 프로젝트는 극단적인 사례겠지만 그렇다고 특이하지도 않다. 실제로 이 프로젝트는 지난 몇십 년 동안 문서에 의해 충분히 입증된 태도 변화의 패턴을 그대로 따르고 있다.

예를 들어, 1970년대 사람들은 좋은 인생의 의미가 무엇이냐는 질문에 행복한 결혼과 자녀, 만족스러운 일 또는 사회를 개선할 수 있는 활동을 하는 것 등으로 답하는 경향이 있었다.[9] 1990년대 사람들에게 똑같이 질문하자 이들은 별장, 새 TV, 최신 유행 옷, 그리고 보통은 아주 많은 돈 같은 것을 답했다.[10] 1980년대에 태어난 미국인 중 적어도 80퍼센트는 인생에서 가장 중요한 목표로 물질적으로 부자가 되는 것을 꼽았다고 보고된다. 이는 1960년대와

1970년대에 태어난 미국인들이 답한 비율보다 20퍼센트 가까이 늘어난 수치이다.[11]

　물질적인 욕구와 이를 충족시킬 돈까지 있으니 우리가 더 행복해졌다고 생각할 수도 있다. 하지만 이언의 이야기에서 알 수 있듯 현실은 그리 간단하지 않다. 미국의 경제학자 리처드 이스털린Richard Easterlin은 부가 사람의 행복에 미치는 영향을 조사하는 고전적인 연구에서 돈과 물건이 더 많다고 해서 더 행복하지는 않다고 분명하게 결론지었다. 그의 분석에 따르면 일단 한 국가가 일정한 부의 한계점에 도달하면 추가적으로 부유해진다고 해서 국민 행복지수가 오르지는 않는다는 사실이 일관되게 드러난다.[12] 소득 수준에서도 같은 결과가 나타난다. 1940년대에서 1990년대 사이 미국의 소득이 급증했는데도 같은 기간 동안 미국인들이 보고한 행복의 일반적인 수준은 거의 변하지 않았다.[13] 연간 약 10만 달러면 충분해 보인다. 그 이후 행복은 정체기에 머물고, 돈을 더 번다고 해서 더 행복해지지는 않는 것으로 보인다.[14]

　잉여의 부가 행복과 약하게 연결되어 있다는 이 역설을 '이스털린의 역설' Easterlin paradox이라 부른다. 교과서에서는 이를 지위의 불안정으로 설명한다. 지위의 불안정은 우리가 충분한 돈이나 물건을 가지지 못했다는 공포가 아니라, 다른 사람들과 비교해 충분한 돈이나 물건을 가지지 못했다는 공포이다. 거칠게 말해 우리가 옆집 사람들만큼 잘살고 있지 않다는 두려움이다. 오늘날 이 불안함은 널리 퍼져 있으며, 이언에게도 고스란히 담겼다. 그래서 이언은 대부분 사람보다 많은 물건과 서비스를 누리며 나름대로 잘살고 있었는데도 케빈 곁에서는 절대 만족스럽지 못했다.

영국의 심리치료사 애덤 필립스Adam Phillips 는 이렇게 썼다. "우리가 언제 어디에서 과용하든 간에 이는 알려지지 않은 결핍의 신호이다. 우리의 과용은 우리의 빈곤을 보여주는 최고의 단서이자 자신에게서 빈곤을 감추려는 최선의 방법이다."[15] 옳은 말이다. 아무리 돈을 써도 우리가 느끼는 내면의 빈곤함, 절대 충분하지 못하다는 찝찝한 느낌은 일회성 소비로는 떨치기 어렵다. 물건이 문제가 아니라 우리가 최종 목표를 가지거나, 자신에게 투자하기 시작하거나, 단순히 우리가 누구인지를 인식하기 위해서 물건을 사는 것만으로는 절대 충분하다고 느낄 수 없는 것이 문제이다.

다시 말해 불충분하고 사랑받지 못한다는 감정은 우리 경제의 핵심이다. 우리의 행복이나 만족, 또는 목적에 대한 근본적인 욕구나 사회 연결과는 아무 관계 없다. 오히려 반대이다. 경제는 우리가 자리 잡는 것만으로 충분하다고 느끼지 못하도록 불안정을 만들어내기 위해 특별히 설계됐다. 이 체제는 성장, 그것도 가장 짧은 시간 안에 가장 많은 성장을 이룩하는 방법을 우선순위로 두며, 앞으로도 그럴 것이다. 알아서 하게 내버려둔다면 경제는 다른 고려 사항을 모두 폐기할 것이다. 그리고 결국 우리 삶은 자신이 뭔가 부족하다는 수치심에 기반한 두려움을 쇼핑 요법으로 치료하는 일로 이뤄질 것이다.

성장하는 과정과 소비자 문화, 그리고 다른 사람들의 소비 풍경은 그에 걸맞지 않은 인생의 모든 측면을 부끄러워하도록 내게 가르쳤다. 사실 내 인생 전부가 그랬다. 그리고 내 안에 심긴 이런 결핍적인 사고는 나 혼자만 겪는 문제가 아니었다. 영향력 있는 교수 브레네 브라운 Brené Brown 은 이렇게 말했다. "제가 인터뷰한 사람들은 하나같이 취약성으로 어려움을 겪고 있다고 이야기했어요. 그리고 자신이 충분하지 않다는 수치심에 기반한 두려움과 싸우고 있다고도요."[16] 내 학생들도 모두 정확히 똑같은 이유로 분투하고 있다고 말한다. 가족과 친구 대다수도 그렇다. 수치심은 사회부과 완벽주의가 급증하고 있는 이유이다. "나는 충분히 완벽하지 않아." "모두 내게 완벽하길 기대해." 이것이 바로 공급자 중심 경제의 이미지에 갇힌 새로운 세대의 내적 대화이다.

사회부과 완벽주의는 성장에만 의존하는 경제에서 불가피하다. 이는 우리가 사회부과 완벽주의를 피해갈 수 없으며, 동시에 더 만족스럽고 목적 있는 삶을 살아가기 위해 할 수 있는 것들이 있다는 뜻이다. 내가 보기에 가장 중요한 것은 자기 연민, 즉 자기 자신을 받아들일 수 있는 마음이다.[17] 우리에게는 모두 결점이 있다. 이런 면이 들춰지거나 노출될 때, 광고에서 우리의 부끄러운 내면을 떠올리게 하는 장면을 목격할 때 우리는 본능적으로 거기에 집중하고 자신을 혐오하게 된다. 자신에게 뭔가 큰 문제가 있는 것처럼 반응한다.

우리는 자신에게 이렇게 말한다. "나는 충분치 않아. 나는 더 날씬하고, 행복하고, 멋지고, 예뻐야 해."

크리스틴 네프Kristin Neff는 아마도 가장 법의학적인 자기 연민 연구자일 것이다. 그녀는 자기 연민과 자존감을 구별했다. 네프의 연구 결과에 따르면, 자존감이 긍정적인 자아상을 만들어낼 수 있는 반면 그런 자아상은 쉽게 무너지고 깨질 수 있다.[18] 하지만 자기 연민은 자기 명확성을 만들어낼 수 있다. 자기 명확성은 자기 자신을 돌보는 방법을 성찰하는 것을 의미한다. 우리가 무엇을 가졌는지, 어떻게 보이는지로 자신의 가치를 측정하는 대신 우리의 생각과 감정에 초점을 맞춘다. 자기 명확성은 근본적으로 다음과 같이 흘러가는 내적 대화이다. "무슨 일이 벌어지든, 다른 사람들이 뭐라고 말하고 행동하든 나로서 충분해. 나는 나 자신을 친절하게 돌볼 거야."

연구에 따르면 자기 연민이 높은 사람은 자기 표현에 대한 걱정이 적고, 완벽해져야 할 필요성을 덜 느끼며, 자기 연민이 낮은 사람보다 자신의 신체에 더 감사하는 것으로 나타났다.[19] 또 스트레스 상황에 훨씬 잘 적응하며 대처하고, 고민하고 반추하는 일이 적으며, 불안과 우울 같은 정신건강 문제도 더 적다.[20] 이 모든 것이 불안과 불만이라는 출발점보다 현대 사회를 살아가는 데 더 건강한 발판으로 보인다.

그러니 자존감이 가장 필요할 때 그저 사라지도록 내버려두지 말고 자기 자신에게 친절해지겠다고 약속하자. 네프가 이야기했듯 이는 자신의 불완전함을 받아들이고, 공통의 인류애를 인식하며, 우리 문화가 아무리 반대로 가르치려고 애써도 아무도 완벽하지 않고 모두 불완전한 삶을 살아간다고 이해한다는 뜻이다. 그렇게 한다고 약속할 때 처음에는 느리고 버벅대더라도 우리가 느껴야 했던 수치심을 막기 시작할 수 있다. 네프의 연구가 보여주듯, 자기 연민을 지킬 때 수치심과 반추, 외모에 대한 걱정이 점점 덜 거슬리게 된다.[21]

우리는 있는 그대로의 우리이다. 매일 밤 불완전함을 안고 잠드는 불완전한 덩어리이다. 이 결점들을 포용하고, 자신에게 친절하며, 인간은 실수할 수 있는 존재라고 인정하는 것은 완벽주의에 큰 망치를 드는 일과 같다. 세상이 당신을 짓밟으려 할 때마다 자기 연민을 연습하자. 광고에서 뭐라고 말하든, 그 물건을 구매하든 말든 당신은 불완전한 존재로 살아갈 것이다. 그리고 그 존재로 충분하다. 영원히 그럴 수밖에 없다.

내가 자주 받는 질문 중 하나는 완벽주의가 뛰어나야 한다는 끈질긴 기대에서 비롯한 중산층의 대유행이 아니냐는 것이다. 대유행의 일부인 것은 맞다. 그 기대에 대해서는 뒷부분에서 논하려 한다. 하지만 나는 웰링버러에서 자라 다른 사람들이 어떻게 살아가는지 잘 알고, 이 질문에 소리 높여 아니라고 대답할 수 있다. 현대 사회에서 우리는 모두 소비자이다. 계층과 관계없이 우리 중 누구도 이 경제의 로켓 연료인 완벽주의적 환상에서 자유로울 수 없다.

이를 뒷받침할 데이터는 없다. 우리가 신뢰할 수 있는 완벽주의 점수는 대학생들에게서 나왔고, 수집한 구체적인 자료에 따르면 이 학생들은 주로 중산층의 특성을 갖췄기 때문이다. 하지만 내 눈과 귀로 확인한 바에 따르면 사회 모든 계층이 이 비도덕적인 불만족에 길들어 있다. 이런 경향은 사회 계층의 사다리를 따라 내려갈수록 더욱 심해질 것이다. 하층으로 갈수록 완벽한 삶과 라이프 스타일을 꿈꾸는 이 문화의 이상을 달성하기에는 터무니없이 부족한 채로 인생을 시작하기 때문이다.

내가 케빈과 이언의 이야기를 꺼낸 이유가 여기에 있다. 현대 사회에 직면한 두 친구와 그들의 정서적인 반응이 충분히 전형적이라 이해하기 좋을 것이라 여겼다. 공급자 중심 경제가 성장의 의무를 지닌 것은 현대적인 삶의 단순한 사실이다. 광고주와 마케터, PR 담당자들은 우리를 불안정의 유보 상태에 잡아두기 위해 더 새롭고 혁신적인 방식을 만들어내야 한다. 그것도 영원히 말이다. 우리는 이 세상에 만족할 수 없게 되어 있다. 샤넬의 과장 광고에서처럼 우리가 곡괭이 하나를 손에 쥐고 어둑어둑한 숲을 헤쳐나가는 완벽한 피부톤의 헐벗은 모델이 될 수 없는 것과 마찬가지이다.

"모두 내게 완벽하기를 기대해!" 무한한 완벽이라는 과장된 초현실 속에서 살아가는 느낌이 바로 이것이다.

그렇게 사회부과 완벽주의는 소비자 문화의 상징이 된다. 한 시민의 사회적 성격 유형을 결정짓고, 그가 홀로그램 밖으로 벗어나 스스로 충분하다고 느끼도록 허락하지 않는다. 지금까지 아날로그 광고가 만들어내는 불안감이 문제라고 생각했다면 이번에는 소셜 미디어에 관한 이야기를 살펴보자.

08

그녀가 올린 그 사진
소셜미디어가 정신에 미치는 영향

> "사람들이 우리 플랫폼에서 시간을 더 많이 보낼수록 우리는 돈을 더 많이 법니다. 우리 일은 광고 산업이니까요."
> — 인스타그램 CEO 애덤 모세리 Adam Mosseri [1]

처음에 우리에게는 친구가 있었다. 같은 반 학생들과 '친구'가 될 수 있고, 사귀는 사람과 '결혼/연애 상태'를 추가할 수 있으며, 비밀 친구 그룹을 만들거나, 중요 이벤트를 표시하고, 심지어 메시지도 보낼 수 있었다. 우리 프로필에는 '담벼락'이라고 하는, 모든 사람에게 공개되고 자유롭게 편집할 수 있는 글자창이 있었다. 하지만 업데이트하는 사람은 거의 없었다. '콕 찔러보기'는 옵션으로 제공됐지만 아무도 그게 무슨 의미인지 몰랐다. 내가 보기에 가장 매력적인 기능은 '태그'로, 주로 전날 밤 찍은 사진 중 가장 민망한 이미지에 친구들을 태그하는 데 사용했다.

초기 페이스북은 나처럼 순진한 대학생들에게는 짜릿한 공간이었다. 우리는 친구들을 놀리고, 술주정을 비웃고, 누가 누구와 집에 갔는지 파악했다. 페이스북은 진정한 의미의 사회연결망Social Network이었고, 오프라인의 우정이 잘 굴러가도록 기름칠하는 커뮤니티였다.

하지만 2006년 무렵 모든 것이 바뀌었다. 페이스북이 일반 대중에게 개방되면서 내 부모님, 할아버지, 할머니, 삼촌, 이모가 이 플랫폼으로 모여들었다. 친구들끼리만 주고받던 농담은 그 농담을 하게 만든 민망한 사진들과 함께 단 몇 년 만에 사라지고 말았다. 대신 그 자리에는 재미있는 고양이 영상, 별똥별이 날아가는 배경에 쓰인 동기 부여용 밈, 그리고 수많은 광고가 게시되고 또 게시됐다.

대학교 남학생 사교클럽에서 반대했지만 페이스북의 개방 정책은 창업자 마크 저커버그Mark Zuckerberg에게 눈부신 성공을 안겨줬다. 이 정책은 거대한 글로벌 사용자 집단을 구축하는 데 도움이 됐으며, 저커버그는 그 영향력을 바탕으로 인스타그램과 왓츠앱 같은 경쟁사를 사들이고 2021년 자기 소유의 플랫폼들을 메타Meta라는 새로운 브랜드로 재탄생시켰다. 그때부터 페이스북 혹은 메타는 사용자 1,000만 명의 무수익 기업에서 1,170억 달러의 수익[2]과 약 40억 명의 활성 사용자[3]를 가진 기업으로 거듭났다.

그 사용자 중 한 명이 사라이다.

나는 지역 고등학교 6학년 시절 사라와 잠깐 데이트했다. 당시 사라는 우리가 자랐던 동네뿐 아니라 주변 동네에서도 꽤 유명했다. 요즘 말로 하자면 동네 인플루언서 정도로, 언제나 웰링버러에서 가장 핫한 장소에 나타나고, 화려한 옷을 입었으며, 완벽하게 스타일링한 웨이브 머리에, 핸드백은 브러시와 파운데이션, 마스카라로 묵직했다. 사람들은 그렇게 사라를 알게 됐다. 열여덟 살 되던 해 사라는 더 신나는 일들을 찾기 위해 코딱지만 한 동네를 떠났다. 하지만 우리는 서로 연락을 주고받았다.

사라는 잘 지내고 있었다. 웰링버러를 떠난 뒤 한 건설회사에 사무직으로 취직했고 중간 관리자로 승진했다. 거기서 사라는 남편 제프를 만났다. 자기보다 나이가 몇 살 많은, 문신하고 근육질인 미장이였다. 둘은 태국의 바닷가에서 해 질 무렵 결혼식을 올렸고, 베카와 알피라는 두 아이를 낳았다. 사라는 아우디를 몰고, 남편은 BMW를 몬다. 그리고 사라의 부모님 댁에서 40분가량 떨어진, 녹음이 우거진 교외 지역에 있는 단독주택에 산다.

내가 이 모든 것을 알게 된 것은 사라가 소셜미디어에 자기 삶을 많이 공유하기 때문이다. 매일 새로운 콘텐츠를 올리고, 댓글을 달고, '좋아요'를 누르고, 대부분의 나날을 공유하면서 사라는 페이스북 플랫폼에 완전히 빠져들었다. 페이스북의 기술자들은 이따금 행했던 사회적 비교를 거의 끊임없이 행하도록 확대했다. 또 이를 세계화했다. 사라는 한때 자신을 웰링버러의 10대 소녀들하고만 비교했지만 이제는 사진발 좋은 인플루언서 수백만 명과 비교한다. 그녀는 수많은 인플루언서를 팔로우하며 자기 사진이나 비디오, 이야기를 소셜미디어에 올리지 않을 때는 이들의 계정을 스크롤해 본다.

  사라의 소셜미디어 사용은 특별하지 않다. 요즘 사라 같은 사용자들은 찔러보기나 태그가 아니라 팔로어 수, 게시물 '좋아요'나 공유 횟수 등 누계 숫자에 익숙하다. 한때 소셜미디어 사용자들에게는 어느 사진에 태그됐을지 확인하기 위해 두려움 반 호기심 반으로 로그인하던 소중한 순간이 있었다. 이제 우리는 그 반대를 두려워한다. '좋아요'와 댓글, 공유가 없으면 옷 가게 구석에 뽀얗게 먼지를 뒤집어쓴, 아무도 원치 않은 옷처럼 가치가 없다고 여기며 다른 사람들에게 무시당하거나 얕잡아 보일까 봐 걱정한다.

  앱은 이 결핍적 모델에 효과적이다. 그래서 대다수 사람이 신중하게 보정한 뒤에만 콘텐츠를 공유한다. 그래야 숫자를 늘릴 수 있기 때문이다. 숫자는 우리가 자존감의 잔고에서 빚을 청산하기 위해 필요한 유효 증거이다. 사라의 프로필이 대표적인 사례이다. 사라의 스토리에는 흥미롭고 이국적인 여행들이 등장한다. 그녀의 담벼락은 보정한 셀피, 필터를 입힌 휴가 사진, 체육관에서 비스듬하게 찍은 사진, 꼭 껴안은 커플 사진까지 픽셀화된 완벽함의 사각형 사진으로 고동친다. 페이스북은 사라를 비롯한 수백만 명의 사용자가 다른 사람들에게 드러내고 싶어 하는 이상적인 삶을 보여주는 망원경이다.

하지만 누구의 삶도 '그렇게' 완벽하지는 않다. 우리는 혼란스러운 시간, 환희의 시간, 비극의 순간, 승진, 해고, 건강 문제, 가슴 아픈 순간을 모두 거친다. 그리고 이 드라마 사이에 존재하는 빈 공간에서 우리 삶은 그저 계속된다. 특별한 것도, 평범하지 않은 것도 없다. 그저 평범하고 단조로운 일상일 뿐이다.

그림처럼 완벽한 온라인의 삶과 다소 평범한 현실 사이의 긴장감은 소셜미디어의 에어브러시로 삶을 꾸며내고 있는 우리 모두에게 중요한 질문을 던진다. 좋아요와 공유, 멘션을 추구하면서 진정으로 만족감을 느낄 수 있을까? 픽셀이라는 프리즘을 통해 만들어진 인간관계가 오래갈 수 있을까? 불 이모티콘과 박수 이모티콘으로 자존감을 얻을 수 있을까?

우리의 딜레마를 좀더 구체적으로 설명하자면, 공급자 중심 혁명이 처음 우리 경제를 장악했을 때 소비자 문화가 시작했던 작업을 이제 소셜미디어가 마무리 지었다는 점이다. 광고판, 잡지, TV 광고는 무한히 완벽한 홀로그램 이미지를 만드는 데 능숙하지만 소셜미디어에 대응하는 것은 없다. 이 플랫폼은 우리 경제의 민낯을 폭로한다. 사용자들이 직접 화려한 콘텐츠를 만들면 알고리즘이 이를 취합한 다음 같은 사용자들에게 다시 반영해 피할 수 없는 불안감을 조성하는, 규제 없는 곰 우리 같은 모습을 있는 그대로 드러낸다. 이 알고리즘은 우리 등 뒤에서 우리의 불안감을 먹고 살며, 알림을 통해 다음번 전자 승인에 매달리게 만든다. 그리고 가장 취약한 순간에 빠밤, 하고 완벽한 해결책을 제시하는 광고가 나타난다.

20억 명 이상의 인구가 매일 페이스북이나 인스타그램을 이용한다. 그리고 모두 소셜미디어를 사용하니 누구나 의무적으로 접속해야 한다고 느낀다. 우리는 서로 비교하고, 우리의 프로필은 팔로어들에게 모방과 경쟁을 부추기며, 그들의 프로필도 우리에게 마찬가지이다. 앱을 클릭할 때마다 우리는 디지털로 강화된 완벽함이라는 숨 막히는 분위기를 만들어내는 인기투표에 참여하는 셈이다. 이런 분위기에서 사용자들은 '좋아요', 팔로우, 찬사를 아무리 많이 받아도 충분하다고 느끼지 못한다.

그리고 또다시 그 느낌을 느끼게 된다.

페이스북은 우리를 친구들과 연결해주는 혁신적인 도구를 제공한다고 주장한다. 하지만 처음부터 사용해온 사람들은 페이스북이 더 이상 순수하지 않다는 것을 안다. 사라와 비슷한 사용자들은 소셜미디어가 진화해 완전히 다른 뭔가로 바뀌고 있다는 증거로 보기에 충분하다. 소셜미디어의 알고리즘을 벗겨내 오늘날 소셜미디어의 본질을 들여다보면 그것이 광고 장치에 지나지 않는다는 점을 알 수 있다. 그리고 다른 모든 광고 장치와 마찬가지로 소셜미디어는 공급자 중심 경제가 요구하는 대로 우리를 병 하나에 밀어

넣고 격렬하게 흔든 다음 뚜껑을 열어 어질어질한 타깃 광고를 쏟아붓는다.

그럼에도 우리는 소셜미디어에 관해 이야기해야 한다. 광고 장치로서 소셜미디어는 압도적으로 강력하며, 완벽주의의 유행을 악화시킬 엄청난 잠재력을 지니고 있기 때문이다.

처음부터 우리는 한 가지를 분명히 해야 한다. 소셜미디어의 해악을 이야기할 때 우리는 주로 인스타그램이나 틱톡 같은 주요 비주얼 플랫폼을 언급한다. 특히 인스타그램은 사회적 비교를 부추기도록 만들어졌고, 후발 플랫폼들도 거의 동일한 방식으로 작동한다. 이 플랫폼들은 하이라이트 릴스, 동영상이나 스토리를 통해 선별된 삶을 노출하고, 유명인 콘텐츠를 홍보하며, 섹시하고 새로운 인플루언서를 밀어주고, 비현실적인 건강과 미용의 이상적인 모습을 시뮬레이션한다. 유출된 문건에 따르면 페이스북 전 임원은 이렇게 말했다. "사람들은 인스타그램이 경쟁이라서 하는 거야. 그게 재미있는 지점이지!" 그러자 다른 직원이 거기에 덧붙였다. "이게 인스타그램의 주된 역할 아닐까요? 상위 0.1퍼센트의 (매우 포토제닉한) 삶?"[4]

그럴지도 모르지만 이 불가능한 기준은 젊고 감수성 예민한 사용자들에게 상처를 남긴다. 엄선된 하이퍼리얼리티의 벽을 세우고 또 세우는 알고리즘을 기준으로 자신을 끊임없이 측정한다. 이런 비교는 기존 삶에 대한 불만, 자신의 자아상에 대한 불만, 완벽에 대한 욕구, 그리고 그에 따른 우울증, 불안, 자살 충동으로 이어지는 지름길이다.

페이스북의 자체 연구 결과에서도 이런 사실을 확인할 수 있다. 2021년 전직 페이스북 제품 관리자였던 프랜시스 하우건Frances Haugen은 사내 '정신건강 심층 조사'에서 다룬 결과를 〈월스트리트 저널〉에 유출했다.[5] 페이스북은 2019년과 2020년 사이 연구법의 삼대장, 즉 포커스 그룹, 설문조사, 일기 연구 등의 방법을 사용해 이 조사를 수행했다. 연구진은 인스타그램이 10대 청소년에게 미치는 영향을 우려했고, 청소년의 정신건강에 어떤 영향을 미치는지 알아보고자 했다.

연구 결과는 놀라웠다. 실제로 너무나 걱정스러운 결과라 페이스북은 이 결과물을 공개하지 않기로 결정했다. 하우건이 대단히 용기를 내어 알리지 않았다면 우리는 이 연구가 존재한다는 사실도 알 수 없었을 것이다. 유출된 슬라이드 중 한 장에는 이렇게 쓰여 있었다. "우리는 10대 소녀 세 명 중 한 명의 신체 이미지 문제를 더욱 악화시켰다." 그리고 다른 장에는 이렇게 쓰여 있었다. "10대들은 불안과 우울이 늘어나는 것이 인스타그램 탓이라고 한다. 이런 반응은 모든 집단에서 자발적이고 일관되게 나타났다."[6]

이뿐 아니라 유출된 자료에서 드러난 아주 놀라운 데이터에 따르면 인스타그램은 청소년들이 자신을 바라보는 방식을 조작한다.

한 차트에 의하면 인스타그램 사용자의 약 절반이 플랫폼으로 인해 완벽하게 보여야 한다는 압박이 증폭됐다고 느낀다. 또 다른 차트를 보면 사용자 약 40퍼센트가 플랫폼으로 인해 자신이 충분히 매력적이지 않거나, 부유하지 않거나, 인기가 없어 보여 걱정하게 됐다. 이 모든 자료 중 가장 충격적인 것은 자살 충동을 다룬 막대 그래프일 것이다. 미국 10대 청소년의 6퍼센트, 그리고 놀랍게도 영국 10대 청소년의 13퍼센트가 페이스북 조사자들에게 털어놓은 바에 따르면 자살 충동을 느끼는 이유 중 하나가 인스타그램에서 시간을 보내는 일이다.[7]

심리학자 진 트웽이Jean Twenge의 심층 연구는 페이스북의 발견을 반복해서 제시한다. 대규모 미국인 표본 세 개를 분석한 최근 연구에서 그녀는 소셜미디어 사용과 정신적 고통의 상관관계가 상당하다는 사실을 발견했다.[8] 소셜미디어를 많이 사용하는 사람들은 전혀 사용하지 않는 사람보다 우울할 가능성이 대략 두 배에서 세 배가량 높았다. 트웽이는 이 연관성이 정신건강과 '폭음, 조기 성생활, 습관성 마약 사용, 정학, 마리화나 사용, 운동 부족, 경찰의 불심검문이나 무기 소지'와의 연관성보다 크다고 말했다.

작가 도나 프레이타스Donna Freitas의 연구는 한층 더 나아간다.[9] 그녀는 젊은 소셜미디어 사용자들과의 인터뷰를 통해 사회적 비교에 에워싸인 채 다른 사람들로부터 인정받기 위해 과잉 각성되어 있는 세대를 이야기했다. 이들은 온라인에 있는 젊은이들이 어떻게 항상 행복하고, 뭔가를 성취하고, 최고의 삶을 사는 것처럼 보여야 한다고 느끼는지 들려준다. 한 청년은 프레이타스에게 이렇게 말했다. "소셜미디어는 우리가 완벽한 삶을 살고 있다는 거짓된 이미지를 제공해요. 우리는 사람들에게 좋지 않은 모습을 보여주고 싶지 않아요. 좋은 모습만 내보이면서 사람들이 '와, 나도 저렇게 살고 싶다!'라고 생각하게 하고 싶죠."

트웽이나 프레이타스 정도의 규모는 아니지만 내가 자체적으로 실시한 연구에서도 비슷한 패턴이 드러났다. 한 연구에서 우리는 10대 소녀들에게 자신을 온라인의 다른 사람들과 비교하는지 물었다.[10] 80퍼센트 이상이 그렇다고 대답했으며, 이는 충분히 심각한 결과이다. 이 소녀들의 90퍼센트는 다른 사람들보다 자신을 낮춰서 비교하고, 이런 부정적인 비교는 높은 우울증과 낮은 신체 평가와 관련 있었다. 더 심각한 문제는 여학생들에게 사회부과 완벽주의에 관해 질문한 뒤 드러났다. 결과가 어땠을까? 사회부과 완벽주의 수준이 높은 여학생은 부정적인 사회적 비교를 한 뒤 우울증이 특히 심해졌고, 신체 이미지를 현저히 낮게 평가했다.

이 연관성은 다음과 같이 전개된다. 한 10대 소녀가 인스타그램을 획획 넘겨보다 갑자기 한 인플루언서의 이미지를 본다. 그 이미지는 여러 다른 사진 가운데 고르고 골라 몇 번이나 리터치한 사진이지만 이 소녀에게 그런 건 상관없다. 소녀는 이미지에 사로잡혀 순식간에 비교하고는 곧바로 당연히 자기 자신이 더 별로라고 느낀다. 그것만으로도 심각하지만 사회부과 완벽주의 수준이 높을수록 이 비교는 우울증과 신체 이미지 문제를 더 많이 유발할 것이다. 이것이 바로 우리가 3장에서 논했던 악화된 취약성이다.

진 트웽이는 소셜미디어와 정신적 고통의 연관성이 대부분 스마트폰 때문이라고 생각한다.[11] 트웽이는 2008년 전후로 청소년 우울증과 자살이 급증하기 시작했다는 자신의 연구 결과를 포함해 여러 데이터 세트를 근거로 자신의 주장을 뒷받침한다. 우연히도 2008년은 사회부과 완벽주의가 급증한 연도이기도 하다. 이 추세를 애플이 아이폰을 처음 출시한 2007년에 대입한다면 실제로 놀라운 상관관계가 존재하게 된다.

이 상관관계는 진위 여부를 파악하기 위해 몇 가지 검사를 거쳐 분명해졌다. 결국 스마트폰은 소셜미디어의 소음으로부터 우리를 휴식하게 하지 못한다. 우리를 온종일, 매일 연결하며, 과거에는 닿지 않았던 삶의 구석구석까지 사회적 비교로 꿰뚫는다. 스마트폰을 곁에 끼고 아침에 가장 먼저 하는 일이자 밤에 가장 마지막으로 하는 일이 바로 인스타그램과 틱톡 같은 앱을 여는 것이다. 우리는 소파에 누워, 목욕하면서, 출퇴근하고 운동하는 중에도 멍하니 프로필들을 스크롤한다. 예전에는 숨 쉬고 생각하며 명상하던 시간에 이제 화면을 넘기고 비교한다.

스마트폰은 소셜미디어를 언제 어디에나 존재하게 만들었고, 트웽이에 따르면 이 편재성 탓에 이토록 해로운 존재가 됐다.

완벽하게 이해되는 이야기이다. 그런데 왜 뭔가를 놓친 것 같을까? "문제는 페이스북이야! 인스타그램이야! 틱톡이야! 스마트폰이야!" 이런 헤드라인들은 만족스럽다. 하지만 이들에게 딱 잘라 집중하는 것은 정말 편리한 일이다. 정밀 조준 폭격처럼 특정 기업들에는 손해를 입힐 수 있을 만큼 겨냥했지만 그 기업들이 세워진 인프라를 넘어뜨릴 만큼은 아니다. 소셜미디어의 폐해를 스마트폰 탓으로 돌려도 좋고, 그럴 만한 근거도 분명히 있다. 하지만 그렇게 하면 애초에 소셜미디어 기업이 알고리즘을 짠 방식을 결정한 경제적 인프라는 전혀 건드리지 못한 채 그대로 유지된다.

그래서 나는 2008년 벌어진 특정한 사건을 떠올렸다. 스마트폰과는 전혀 상관없는 그 일로 페이스북은 광고 담당 임원을 최고운영책임자(Chief Operating Officer, COO)로 임명했다.

초창기 페이스북의 전성기 시절 이 플랫폼은 아주 즐거웠지만 안타깝게도 마크 저커버그에게 큰 수익이 되지는 못했다. 그래서 페이스북은 사람들이 플랫폼에서 상호작용하게 만들 필요가 있었다. 프로필을 클릭하고, 업데이트된 내용을 훑고, 서로에게 메시지를 보내되 이 모든 활동이 피동적으로 광고를 받아들이는 동안 이뤄져야 했다. 이런 이유로 2008년 저커버그는 세계적으로 유명한 광고 경영인 셰릴 샌드버그(Sheryl Sandberg)를 페이스북에 영입했다. 샌드버그의 임무는? 사용자를 소비자로 바꾸는 것이었다.

샌드버그가 만들어낸 변화는 공급자 중심 경제가 필요로 하는 변화였다. 페이스북은 멈춰 있을 수 없었다. 어떤 대가를 치르고서라도 성장해야 했다. 그리고 그러려면 더 새롭고 수익성이 큰 수입원을 찾아 매출 흐름을 다각화해야 했다. 그래서 샌드버그는 훌륭한 COO라면 으레 하는 일을 했다. 페이스북을 광고 기업으로 바꾸고, 연령과 위치, 흥미, 성별, '좋아요', 클릭 등 방대한 개인정보를 활용해 타깃 광고를 팔기로 한 것이다.

"우리가 만들어낸 광고 모델이 자랑스럽습니다." 샌드버그는 2018년 페이스북 1분기 실적발표에서 이렇게 말했다. "사람들이 더 유용한 광고를 보고 수백만 기업이 성장할 수 있도록 보장하며, 누구나 무료로 사용할 수 있는 글로벌 서비스를 제공할 수 있게 됐습니다."[12] 진짜일 수도 있지만 샌드버그가 말한 '유용한'의 정의는 적어도 완곡어법이다. 유용한 것을 파는 광고는 거의 없으며, 대부분은 재량껏 아무 물건이나 판다. 광고주가 만들어놓은 결점들을 그 광고로 감출 수 있다고 설득당할 뿐, 우리에게는 그 광고가 필요하지 않다.

페이스북이 판매하는 광고 역시 다르지 않다. 이를 유용하다고 말하는 것은 마치 우리 집이 불길에 휩싸여 타들어 가는데 방화범이 호스를 건네줬다고 고마워하는 것과 같다. 그리고 샌드버그의 감시하에 회사는 인스타그램이 불을 지피기에 특히 좋은 위치에 있다는 것을 깨달았다. 전 세계적인 도달률과 거대하고 민감한 사용자층을 갖춘 인스타그램은 젊은이들을 불러들여 모델과 피트니스 블로거와 라이프 스타일 코치와 인플루언서들이 쌓아 올린 벽에 대고 자신의 삶을 비교하게 만든다.

젊은이들이 자기 정도면 충분하다고 느끼기 위해 분투하는 것은 당연하다. 아날로그 광고의 오래된 전략처럼 소셜미디어 기업은 불안감을 조성할 수 있다. 우리가 무엇을 가지지 못했고 어떻게 보이지 못하는가는 타깃 광고의 먹잇감이다. 그리고 수년에 걸쳐 소셜미디어 기업들은 우리가 클릭할 가능성이 높은 광고 유형을 매우 정확하게 예측하는 알고리즘을 연마해왔다. 실제로 그 정확도는 매우 높아서 소셜미디어 기업이 우리 대화를 엿듣고 있는 게 아닌가 하는 공포가 널리 퍼져 있을 정도이다. 샌드버그에게 이런 종류의 기술에 대한 투자는 영감을 주는 전략적 결정이었으며, 그 덕분에 페이스북(지금의 메타)은 2009년 이후 광고 매출이 기하급수적으로 늘어 오늘날 1,150억 달러에 이르렀다.[13]

페이스북 혹은 메타는 이런 사업 모델의 일부, 즉 수익성 좋은 부분을 완곡어법으로 포장하기 좋아한다. 하지만 〈디 오스트레일리안〉The Australian이 한 기밀문서를 입수하면서 이 비밀이 드러나고 있다.[14] 문서에 따르면, 페이스북은 광고주들에게 가장 취약한 상태에 있는 젊은 사용자 수백만 명을 타기팅할 기회를 제공할 수 있다. 이를테면 '스트레스', '패배감', '버거움', '불안', '불안정', '어리석음', '멍청함', '무가치함', '실패' 같은 것들을 느낄 때 말이다. 페이스북의 알고리즘은 심지어 젊은이들이 '자신감을 높여야 할

때' 같은 순간도 콕 짚어낼 수 있다.[15]

페이스북은 이 문서의 존재를 인정했으나 "사람들을 정서적 상태에 기반해 공략할 수 있는 도구"를 제공했다는 사실은 부인했다. 하지만 2021년 '페어플레이'Fairplay, '글로벌 액션 플랜'Global Action Plan, '리셋 오스트레일리아'Reset Australia 가 실시한 조사에 따르면 페이스북은 여전히 광고를 위해 10대 청소년들을 모니터링하고 타깃으로 삼았다.[16] 이 단체는 발견한 내용을 간략하게 소개하는 공개서한에서 다음과 같이 썼다. "페이스북은 여전히 젊은이들에게서 수집한 방대한 데이터를 사용하고 있다."[17] 그리고 이렇게 덧붙였다. "이 관행은 특히 걱정스럽다. 체중 감량 광고는 10대들의 섭식장애를 부추기며, 10대 청소년의 감정이 특히나 취약할 때 이를 조장한다는 의미일 수 있기 때문이다."

주범은 인스타그램이지만 다른 플랫폼들도 유사한 사업 모델을 기반으로 다른 길을 모색하고 있다. 예를 들어 일부 틱톡 인플루언서들은 ADHD, 불안, 우울 같은 정신건강 체크리스트를 공유한다.[18] 이런 추세는 젊은이들에게 정신건강 문제를 자가진단하는 법을 가르치는 약탈적인 기업들의 수익을 높인다. 그런 다음 기업에서는 비싼 치료법을 해결책으로 판매한다.

물론 스마트폰을 콕 짚어 "저게 소셜미디어가 10대들한테 해로운 이유야!"라고 말할 수도 있다. 하지만 이런 주장은 왜 페이스북이 자체적인 조사의 심각한 결과에 귀 기울이지 않으며, 업계 전체가 이 모든 해악의 증거에도 변화에 그토록 격렬하게 저항하는지 이해하는 데 도움이 되지 않는다. 이를 이해하려면 내부자들의 이야기를 들어봐야 한다. 한 페이스북 연구자에 따르면, 조직의 누구도 연구 결과에 대해 행동을 취하고 싶어 하지 않는다. 필요한 변화가 "직원들의 보너스와 직결되기" 때문이다.[19] 우리가 왜 지금 이 자리에 있는지를 이보다 간결하게 설명해줄 말은 없을 것 같다.

그래서 말인데 나는 저커버그나 샌드버그, 아니면 소셜미디어 알고리즘이 무엇을 타깃으로 삼거나 삼지 않을지에 영향을 미칠 수 있는 누군가에게 화가 나지 않는다. 이들은 자신의 일을 하며 삶을 살아가고 있을 뿐이다. 우리가 소셜미디어로 지역사회 구성원들과 연결되는 일은 인간적으로 대단한 가치를 지닌다. 하지만 사람들이 유대감과 안정을 느끼는 데 필요한 수준을 넘어 성장해야 하는 경제 안에서 살아가려 한다면 기업 경영자들이 궁극적으로 사용자들의 삶을 진정으로 향상시키는 뭔가를 제공하는 일보다 기업의 이익을 우선시한다 해도 우리는 분노할 수 없다. 이는 우선순위의 문제이며, 우리가 특권을 주기로 선택한 우선순위의 유형이다.

이런 현실에 직면하게 될 때, 질문은 확실해진다. 왜 페이스북의 사업 모델은 이 경제의 다른 모든 기업과 달라야 하는가? 왜 페이스북은 우리에게 관심을 가져야 하는가? 페이스북과 인스타그램, 틱톡, 그리고 비슷한 유형의 다른 플랫폼은 모두 허공에서 뚝 떨어진 것이 아니다. 이 기업들은 공급자 중심 경제의 손에 선택됐으며, 이 경제는 아날로그 광고에서 마지막 수익 한 푼까지 쥐어짜면서 우리를 계속 소비하게 만들기 위해 더 크고 더 세계적이며 더 마음대로 조작할 수 있는 도구가 필요했다.

현대 사회가 완벽에 집착하는 이유 가운데 대다수는 소셜미디어 앱이 어디에나 존재하기 때문이다. 그렇다고 해서 당장 내일 앱을 없애면 완벽에 대한 집착도 사라질 것이라 결론짓는다면 실수이다. 우리의 꾸준한 관심과 소비가 필요한 경제는 사람들이 계속 자기 자신을 의심하고 더 많은 것을 원하게 만들 또 다른 방법을 찾아낼 테니까. 증상만 치료해서는 병을 치유할 수 없다.

여기서 문제는 도대체 어떻게 하면 약탈적인 요소들을 피해가며 소셜미디어를 탐색할 수 있는가이다.

대답하기에 까다로운 문제이다. 안전장치가 가장 잘 마련된 탈출 경로는 단연코 가장 어려운 길이기 때문이다. 즉, 소셜미디어를 거부하는 것이다. 연구에 의하면 소셜미디어를 기반으로 한 스마트폰 사용을 하루에 한 시간만 줄여도 우울과 불안 증상은 눈에 띄게 감소하고 행복과 건강이 증진된다.[20] 왜일까? 디지털 사용을 절제하면 절약한 시간을 다른 활동에 할애해 삶을 더욱 활기 있게 만들기 때문이다.

소셜미디어가 건강에 좋지 않다는 말은 아니다. 다만 커뮤니티,

관심사 공유, 오프라인의 인간관계를 촉진하는 데 도움이 되는 올바른 목적으로 적당히 사용해야 한다는 이야기이다.

그러니 할 수 있는 한 앱에서 보내는 시간을 오프라인에서 보내는 시간으로 바꿔보자. 집 밖으로 나가 자연과 아이디어, 예술, 사회적인 명분과 정치적인 명분같이 생기를 안겨주는 힘에 몸을 맡겨보자. 삶, 이 외로운 행성, 그리고 그 안에서 살아가는 모든 위대한 사람과 식물, 생명체의 경이로움을 경배하자. 광고 기업이나 포토제닉한 인플루언서들보다 분명 훨씬 매력적일 것이다.

실제로 현실 세계의 경이로움에 푹 빠진 시간, 다시 말해 현실 속에서 숨 쉬고, 귀 기울이고, 배우고 돌보는 시간은 우리가 보정하고 조작해서 만드는 시간보다 훨씬 즐거울 수밖에 없다. 우리가 순식간에 인류와 하나 되게 해주며, 자기 자신과 환경에 더 가까워지도록 이끈다. 또 주변의 모든 것을 카메라 렌즈로만 보지 않도록 막아준다. 우리와 우리 환경이 대립하지 않을 때, 우리가 동등한 위치에 있을 때, 우리가 하는(하지 않은) 행동과 우리가 카메라로 담은(담지 않은) 것을 들여다보려는 충동은 빠르게 사라진다. 현실에 두 발을 단단히 붙인 채 인생이 보여주는 무한한 기적에 진심으로 감사하게 된다.

가끔은 휴대전화를 내려놓고 현실 세계에서 온전히 나 자신과 내 감정에 집중해보는 것도 괜찮다.

다른 사람들과 외부의 세상에서 보내는 오프라인의 시간은 신체와 정신의 건강에 수많은 혜택을 안긴다. 연구에 따르면 특히 새로운 장소 같은 외부를 돌아다닐 때 더 행복해질 수 있다. 한 예로, 심리학자 캐서린 하틀리Catherine Hartley는 최근 연구에서 사람들이 언제든 새로운 곳을 탐색하는 정도가 향후 행복한 정도와 상관관계가 있다는 사실을 발견했다(그 반대 경우는 성립하지 않는다).[21] 어느 광범위한 검토 연구에 따르면 자연 속에서 활동할 경우 "집중력 개선, 스트레스 감소, 기분 향상, 정신과 질환 발병 위험성 감소, 공감과 협력 강화"와 같은 이점도 얻을 수 있다.[22]

하지만 가장 중요한 것은 완벽주의를 극복하려면 오프라인에서의 시간이 필수적이라는 점이다. 실제 사람들과 실제 감각을 누리는 현실 세계는 소셜미디어의 초현실성과 얼굴 없는 팔로어들의 잔인한 무관심에서 벗어나 우리가 중요한 존재라는 사실을 상기해주는 장소로 가득하기 때문이다.

2015년 인스타그램 인플루언서 에세나 오닐Essena O'Neill은 산업 전반에 충격을 줬다. 오닐은 자신의 날씬하고 탄탄한 몸매와 밝은 표정을 담은 사진이 모두 기업의 후원과 검토를 거쳐 '좋아요'와 공유 횟수를 극대화하기 위해 보정된 결과물이라고 설명하면서 넌더리를 내며 플랫폼을 떠났다. 떠나기 직전 오닐은 자기 사진을 올리고 팔로어들에게 짧은 편지를 남겼다. 편지에서 그녀는 인플루언서로 살아가는 일은 불안으로 들끓는 경험이라고 설명했다. 새벽에 눈뜨면 집에서 멀리 떨어진 곳에서 몇 시간 동안 포즈를 취해야 했으며, 그렇게 해서 남는 것은 수백 장 가운데 공유할 만한 사진 한두 장뿐이었다. 어떤 사진을 찍으면서도 그녀는 행복하지 않았다. 모두 가식이었다.

편지와 함께 오닐은 유튜브에도 영상을 올렸다.[23] 웹캠을 바라보는 얼굴이 피곤하고 눈에 띄게 화나 있었다. 한동안 양심의 가책에 시달린 것으로 보였다. 오닐은 이렇게 말했다. "소셜미디어는 사업이에요. 그게 사업이 아니라고 생각한다면 착각입니다." 렌즈를 똑바로 들여다보며 그녀는 시청자들에게 대놓고 말했다. "여러분이 팔로우하는 누군가에게 팔로어가 엄청나게 많다면 그 사람은 제품을 홍보하고 있는 거예요. 돈을 받고 있다고요."

그러고는 이렇게 덧붙였다. "제가 하는 모든 일은 편집되고 억지로 꾸민 거였어요. 가치를 더 많이 얻고, 조회 수를 더 올리려고요."

이 영상을 지켜보는 것이 쉽지는 않았다. 특히 오닐이 정신적인 피해를 언급하는 순간이 그랬다. 그녀는 이렇게 설명했다. "저는 저라는 존재를 숫자로 정의하도록 내버려뒀어요. 저 자신을 기분 좋게 느낄 때는 팔로어와 '좋아요', 찬사와 조회 수가 늘어날 때뿐이었어요." 그러고 나서 그녀는 순식간에 사라졌다. 관심은 별 의미 없고 전혀 중요하지 않았던 것처럼. 오닐은 자기 소셜미디어의 숫자들이 얼마나 높이 치솟든 "결코 충분하지 않았"다고 눈물을 훔치며 말했다. 그녀는 어린 시절 꿈꿔온 모습을 이뤘지만 곧 불가능한 기대라는 악몽에 사로잡혀 있다는 점을 깨달았다. "제가 우울하거나 불안했다고 말하고 싶지는 않지만 모든 증상을 수십억 배로 겪은 건 분명해요."

"숫자로 자기 자신을 정의하도록 내버려둔다면 순수하지 않은, 진짜가 아닌 뭔가로 자신을 정의하도록 내버려두는 거예요." 오닐은 어린 시절 "내가 온라인에 있는 저 완벽한 사람이면 좋겠다고 소망하며" 자랐다면서 성년이 되자 "소셜미디어에서 내 삶을 증명하고 그런 사람이 될 수 있을 만큼 나 자신을 완벽하게 다듬으며" 시간을 보냈다고 털어놓았다. 소모적인 생활이었다. "제가 매일 하는 일은 전부 온라인의 그 완벽한 사람이 되기 위한 거였어요. 제가 먹는 음식을 멋지게 담아 촬영하고, 영상을 공들여 편집해서 유튜브에 올렸죠. 제가 중요하고, 아름답고, 멋진 사람이라는 걸 세상에 증명하려고 뭐든지 했어요."

그녀는 이렇게 물었다. "'좋아요'와 칭찬을 받으려고 사진을 찍으면서 사는 게 인생인가요? 그건 인생이 아니에요. 그리고 여러분을 행복하게 만들어주지도 않아요."

모든 젊은이가 소셜미디어를 오닐처럼 사용하지는 않지만 소셜미디어는 우리를 몹시 불안하게 만들기에 충분하다. 초등학생의 3분의 1, 고등학생의 절반 가까이가 모든 방면에서 완벽하게 보여야 한다는 강박을 느끼는 이유로 소셜미디어를 꼽았다.[24] 그리고 최근 한 여론조사에 따르면, 놀랍게도 젊은 미국인 90퍼센트가 기회가 된다면 인플루언서가 되고 싶다고 답했다.[25] 온라인 인지도에 대한 갈망은 우리가 오닐의 이야기에 신중하게 귀 기울여야 하는 이유이다. 오닐은 소셜미디어의 디지털 인증 토큰을 자존감의 지지대로 사용하면 끔찍한 결과를 불러올 수 있다고 말한다. 특히 스타 인플루언서가 된 사람들에게 더욱 그렇다.

사라가 오닐을 팔로우했었는지는 모르겠다. 하지만 사라는 분명 과거 오닐의 삶이 지녔던 디지털 특징을 그대로 가지고 있다. 온갖 필터와 보정을 거쳐 최고의 삶을 살고 있는 포토샵 이미지 속에는 이제 익숙한 이야기가 담긴 프로필이 있다. 소셜미디어가 현실을 어떻게 과장했는지, '좋아요'와 멘션, 공유를 위한 경쟁이 어떻게 우리를 미화하고 감추도록 강제했는지, 우리 삶이 전 세계로 어떻게 공유되고 재공유되는지, 모든 사진 속 완벽함이 어떻게 결국에는 우리가 그저 인간이라는 사실을 인정할 수 없게 만드는지에 관한 이야기이다.

사라의 프로필을 방문할 때마다, 그리고 아주 많은 사람이 표시한 '좋아요'를 볼 때마다 나는 에세나 오닐을 떠올린다. 그리고 카렌 호나이도 떠올린다. 나는 호나이가 소셜미디어로 무엇을 할 수 있었을지 궁금하다. 의심할 여지도 없이 호나이는 할 말이 정말 많았을 것이다. 호나이가 아끼는 의자에 앉아 담배를 피우고 레드와인이 담긴 커다란 잔을 어루만지며 쓴웃음을 짓는 모습을 상상해본다. 1950년대에 그녀가 주장했던 문화적 모순에서 지금 이 순간까지를 쭉 뻗은 직선으로 연결해보자. 호나이는 소셜미디어가 등장할 거라고 예견한 듯하다. 초창기 공격적인 소비자 문화가 결국 이렇게 변하리라고 알고 있었던 것처럼 말이다.

그럼에도 불구하고 호나이는 분명 소셜미디어의 절대적인 힘에 감탄했을 것이다. 소셜미디어가 우리에게 절대로 충분하지 않다는 오랜 딜레마를 선사하면서, 그 딜레마를 사상 초유의 수준으로 올려놨다고 말했을 것이다. 중독되도록 설계된 플랫폼은 우리가 불가능한 완벽의 기준에 맞춰 자신을 측정하도록 부추긴다. 그리고 가능한 한 가장 교묘한 방법으로 우리가 광고주의 손에 놀아나게 만든다.

카렌 호나이가 오늘날까지 살아 있었다면 우리는 이 순간을 그리 기이하게 느끼지 않았을 것이다. 그녀는 소셜미디어 플랫폼이 우리가 상상하는 불완전함을 어떻게 제물로 삼는지, 어떻게 우리 자신에게 의문을 품게 만드는지, 어떻게 내적인 갈등을 일으켜 우리를 냉소적으로 갈라놓는지 가르쳐줬을 것이다. 또한 우리가 소셜미디어 안에서 충분하지 않다고 느끼는 이유와 소셜미디어 밖에서 충분하지 않다고 느끼는 이유가 같다고 가르쳐주며 외로움을 덜어줬을 것이다. 우리 경제는 병적으로 경쟁과 성장에 의존하고 있으며, 모든 채널의 사회적 설득, 즉 광고는 우리의 불만을 바탕으로 경쟁과 성장을 이끌어낸다.

이를 뒷받침할 증거는 아주 많으며, 지난 두 장에서 이를 어느 정도 제시했다. 하지만 여기서 멈춰서는 안 된다. 완벽주의가, 특히 사회부과 완벽주의가 왜 이렇게 빠르게 부상하고 있는지 진정으로 알고 싶다면 우리는 광고보다 넓은 시야로 바라봐야 한다. 공급자 중심 경제는 우리가 무엇을 가졌고, 어떻게 보이는지에 대해 의문을 품으라고 요구할 뿐 아니라 사회적 서열에서 현재 자리를 차지할 만큼 잘하고 있는지 의심하라고 강조하기 때문이다.

09

그저 아직 얻지 못했을 뿐
능력주의의 작동법과 소외된 자들의 눈물

"완벽주의는 능력주의의 전형적인 고질병이다."
— 마이클 샌델 Michael Sandel [1]

내 고향에서는 아이들이 학문적인 엘리트로 성공하는 일이 드물었다. 아니, 어떤 엘리트로든 마찬가지이다. 영국 정부의 사회적 유동성 위원회 Social Mobility Commission 에 따르면, 영국 전체에서 웰링버러보다 사회적 유동성이 낮은 지자체는 단 한 곳뿐이다.[2] 정책 입안자들은 내 고향을 '냉각점'이라고 불렀다. 아마도 "여기서 태어났다고? 행운을 비네!"라는 말을 정중하게 표현한 것 같다.

굳이 거창하게 설명하지 않아도 이 말이 무슨 뜻인지 알 것이다. 나와 함께 학교를 다닌 친구 대부분은 학업에 특별히 야망이 없었다. 나도 마찬가지였다. 우리가 똑똑하지 않다거나 재능이 없어서가 아니라 직접 보고 들은 증거가 있기 때문이었다. 조립식 건물로 된 학교는 제대로 관리되지 않았고, 지친 교사들은 멍하게 앉아 있는 학생들에게 수업 내내 그저 교과서만 읽게 했으며, 부모들은 아이들의 공부나 숙제를 도울 만한 시간이나 에너지가 없었다.

그 무엇도 우리에게 공부할 열의를 불어넣지 못했다. 학교 동창 가운데 일부만 대학에 갔고, 대부분은 곧바로 구직활동에 뛰어들었다. 추측해보건대 고등학교 동창 200명 중 석사 학위를 가진 친구는 한두 명 정도일 것이다.

이쯤에서 진짜 전문 지식은 인생이라는 학교에서 얻는다는 말이 나올 것이다. 클럽 라이프에서 새벽까지 파티를 즐기고 아침 8시에 계산대에서 일을 시작한다거나, 배수관에 구멍을 뚫고 이를 시멘트풀로 막는다거나, 비계 위에 엉덩방아를 찧은 뒤 '으아아악' 하는 누군가의 비명에 귀청이 떨어진다거나 하는 일은 먼지 쌓인 교과서에서 배울 수 없는 내용이며, 턱수염 기른 교수의 고매한 생각에서 나올 수 없는 것들이다. 사라와 케빈, 이언, 아니면 나와 학교를 같이 다닌 아무에게나 왜 학위를 따지 않았는지 물어보면 의심할 여지 없이 이런 이유를 읊을 것이다.

나는 이 친구들에게 마음 깊이 동의한다. 우리 노동자들은 고학력자에게 태생적으로 반감을 느낀다. 현대 사회의 도덕적 판단은 상위에 있는 사람은 그 지위를 누릴 자격이 있고, 정상에 있는 사람은 대체로 교육을 잘 받았다는 것이다. 우리보다 나은 사람들이 우리에게는 그저 더 많은 교육이 필요하다고 말할 때마다 그들이 실제로 하는 말은 '당신의 어려움은 우리의 실패가 아니라 당신의 문제'라는 것이다. 버락 오바마는 언젠가 뉴욕의 한 고등학교에서 학생들에게 이렇게 말했다. "좋은 교육을 받지 않는다면 최저임금 받는 직업도 찾기 어려워질 겁니다."[3]

영국의 진보적인 매력남 토니 블레어도 비슷한 메시지를 전했다. "교육, 교육, 교육입니다!" 블레어와 오바마 모두에게 공평하게 말하자면, 둘은 꽤 두둑한 투자로 이 발언을 뒷받침했다. 블레어의 위대한 교육 추진책이 공부를 계속하게 만드는 다양한 인센티브 형태로 나타나기 전까지 나는 대학 진학을 한 번도 고려해보지 않았다. 이제 이 인센티브들은 가장 의심스러운 '긴축'이라는 형식으로 다른 사회적 지원책들과 함께 깎여나가고 없으니 나는 행운아였다고 말할 수 있을 것 같다. 당시 성적도 형편없고 대학 학자금이나 부모님 지원이 없었는데도 가장 가까운 곳에 있는 교육대학에 등록할 수 있었으니 말이다.

그것만으로 나는 정말 기뻤다.

지금이라면 똑같이 선택할 수 있을지 잘 모르겠다. 사실 내가 1990년대나 2000년대에 태어났다면 지금처럼 성공하지 못했으리라 확신한다. 오늘날 소득분포 하위 20퍼센트에 속하는 가정에서 대학 졸업률은 2퍼센트도 되지 않으며, 이 비율은 상위 20퍼센트로 올라가면서 같이 상승한다.[4] 당연하면서도 엄청난 도약이지만 이보다 적게 올라가는 일은 드물다. 최근 연구에서 노동자 계층 졸업생 열 명 가운데 한 명만이 사회 계층 사다리에서 20퍼센트 이상 올라갈 수 있다고 밝혀졌다.[5] 이 통계는 전체 졸업생 사이에서 더 광범위하게 나타나는 하향 이동성 추세와 함께, 같은 수준의 삶을 유지하기 위해 부모 세대보다 더 오래 공부하고 더 열심히 일하며 더 많이 벌어야 하는 젊은이들의 현실과 맞물려 있다.

아메리칸드림의 땅에서 가난한 미국인들은 사회적 사다리를 오를 때 선진국 가운데 가장 낮은 상향 이동률을 보인다.

미국의 경제학자 마이클 카Michael Carr와 에밀리 위머스Emily Wiemers는 《애틀랜틱》Atlantic에 이렇게 말했다. "교육적인 배경에 관계없이, 어디까지 도달하지를 결정하는 데 어디에서 시작하는지가 점점 더 중요해지고 있어요." 미국 인구조사국의 소득 및 프로그램 참여 설문조사에서 나온 데이터를 바탕으로 카와 위머스는 최근 몇 년간 젊은이들의 사회적 이동이 전반적으로 역전되고 있다는 점을 보여줬다. "시작한 곳에서 끝날 확률은 높아졌고, 시작한 곳에서 올라갈 확률은 낮아졌어요."[6] 카가 말했다.

우리는 학교에서 열심히 공부하라는 말을 많이 듣는다. 하지만 2023년에 왜 학사 학위가 고등학교 졸업장처럼 느껴지는지에 대해서는 거의 듣지 못했다. 혹은 러셀 그룹과 아이비리그 외에는 왜 교육이 부지런히 공부하는 젊은이들에게 점차 내어줄 것이 없어지는지, 또 졸업하고 나면 왜 일자리가 없거나 그나마 구한 일자리도 불안정하고 급여가 낮은지에 대해 듣지 못했다. 혼란스러운 발견이다. 교육은 위대한 사회적 평준화 장치이자 위풍당당한 크루즈 여객선으로, 티켓을 사면 계급의 바다를 안전하게 건너게 해줄 것이라고 말하는 지배적인 논리 때문에 더욱 혼란스럽다.

과거에는 달랐을지도 모른다. 어쩌면 교육은 고난에서 벗어날 수 있는 탈출구였을 것이다. 내가 아는 것은 오늘날 교육열 저변에 깔린 지배적인 논리가 냉혹한 현실에 맞서기 점점 더 어려워지고 있다는 사실이다. 소득 분배가 어떻게 이뤄지고 있든 특히 우리처럼 한쪽으로 심하게 쏠린 사회에서는 상위 1퍼센트만 존재할 수 있으며, 대부분은 그 안에 들어갈 수 없다. 따라서 전반적으로 임금을 올릴 수 없다면, 그리고 미국인의 평균 실질 임금이 40년 전과 거의 동일한 구매력을 가지고 있다면[7] 학자금 대출을 짊어진 대학 졸업생들을 휘저으며 할 수 있는 일은 이들을 찌그러진 중산층에 쑤셔 넣고 이들이 누릴 수 있는 학사 프리미엄의 몫을 점점 더 얄팍하게 나누는 것이다.

나는 대학 졸업반 때에야 이 사실을 깨달았다. 집주인이 몇 년 만에 두 번째로 월세를 올리자 부담이 되었다. 나는 당혹스러운 심정으로 취업 사이트를 뒤져보며 신입사원 채용 기준을 읽었다. 그리고 빚이 점점 늘어나는 광경을 공포에 질린 채 지켜보며 구직활동을 계속했다.

어느 순간 퍼뜩 이런 생각이 들었다. '내 소박한 삶의 수준만 유지하려고 해도 세상 열심히 일해야 하겠구나.' 그리고 또 다른 사실도 깨달았다. 내가 사회적 사다리를 오르고 싶다면 훨씬 더 똑똑하고 훨씬 더 많은 특권을 누리는 사람들보다 높이 올라가야 하는 데서 끝이 아니었다. 쏟아져 나오는 졸업생 숫자를 감당할 수 없는 경제도 뛰어넘어야 했다. 인생은 하나의 커다란 경주였고, 나는 이미 패배한 기분이었다.

이런 기분을 함께 나눌 만한 마음 맞는 친구가 있었다면 그런 장애물이 되지 않았을지도 모른다. 하지만 경쟁 세계에서 살아가며, 현대 대학이라는 초경쟁의 원형극장 안에서 출신이 나를 결정짓길 원치 않으면서도 다른 사람들보다 대체적으로 열등하다고 느끼던 나는 그저 '평균보다 조금 나은' 수준을 목표 삼고 내 미래가 안정되기를 절박하게 바랄 수밖에 없었다. 심리학자들은 이 한 가지 목표에 매진하는 성실함을 '정체성 상실Identity Foreclosure'이라 부른다. 정체성 상실은 외부의 엄격한 압박이 부여하는 협소한 목표들에 완전히 집착할 때 일어난다. 내가 학문의 매트릭스 안에서 정체성을 상실해가는 동안 내 자존감 전체는 내가 목표를 위해 얼마나 필사적으로 노력할 수 있는지에 얽매이게 됐다.

이것은 사람의 진을 완전히 빼놓는 삶의 방식이다. 하지만 순풍이 불어오면 훨씬 더 멀리 나아갈 수 있다. 우수한 성적으로 학사학위를 취득한 이후 나는 스포츠 심리학으로 석사 논문을 썼고, 리즈

대학교 박사과정에 입학했다. 그곳에서 나는 근면함의 흐름에 따라 자신을 계속 정당화했다. 인생에서 내가 소위 운전석에 앉아 있지 않았던 시기였다. 나는 나를 완벽한 학생으로 만들기 위해 빠르게 달려가는 자동차의 승객이었다.

나는 방어적이었고, 혼란스러웠다. 내가 누구인지, 내가 정말로 뭘 원하는지 몰랐다. 도대체 왜 여기에 있지? 여전히 무일푼에 늦되고, 자동차 앞유리에 둥글게 만 손을 대고 그 안을 들여다보면서 번쩍이는 시동 버튼에 신나하는 웰링버러 출신의 꼬마인가? 아니면 구조방정식 모델링 세미나에 참석하기 시작한, 카디건을 입고 깊은 생각에 빠져 있는 지식인인가? 나는 내가 되고자 했던 모습이 아니라는 걸 뼛속 깊이 알고 있었지만 과도한 성취와 증명된 성공을 추앙하는 이 해롭도록 경쟁적인 문화에서 살아남으려면 "해냈다"라고 말하기 위해 그 사실을 감춰야만 한다는 점도 알았다.

인생의 그 시기에 충분히 잘하지 못한다는 죄책감과 수치심은 내 목을 죄는 듯했다. 나는 깨어 있는 시간 내내 읽고 쓰고 연구하기 위해 뭐든지 하려 했다. 박사 과정을 시작하자마자 연구실에 가장 먼저 출근해 가장 늦게 퇴근했다. 보통 일주일에 80시간 일했고 모든 사람에게 이 사실을 알렸다. 아침 일찍 상사에게 이목을 끄는 이메일을 보냈고, 마지막 편지는 밤에 보냈다. 크리스마스에 논문 수천 단어를 쓰고 그 사실을 자랑스러워했다.

탁월해야 한다는 집착적인 욕구에 휘감겨 나는 파괴의 흔적을 남겼다. 사람들을 멀리하고, 자주 짜증 냈으며, 다른 학생들의 성공과 실패를 과도하게 의식했다. 스스로 부과한 압박을 바탕으로 한 이 사회적 단절은 내 정신과 신체건강을 소리 없이 망가뜨렸다. 그 피해는 낮은 수준의 우울증으로 이어졌고, 이후 일반적인 공황으로 폭발했다.

휴화산이 갑자기 폭발하듯, 내 안에 잠자고 있던 완벽주의가 마침내 폭발할 때가 된 것이었다. 명문대학이라는 수준 높은 온상에서 살아남으려 노력하는 동안 두통과 삶의 스트레스, 어딜 가든 나를 따라다니는 무기력한 열등감은 배경처럼 함께했고, 결국 나는 의문할 여지도 없이 충분히 훈련된 정식 완벽주의자가 됐다.

그리고 어떤 식으로든 그 대가들을 안고 남은 삶을 보낼 것이다.

과열된 성장에 의지하는 경제 체제에 사는 우리는 언제 어디서든 과소비하고 과로해야 한다. 7장에서 살펴본 바와 같이 이런 강요의 최종 결과는 모든 평면 TV, 스마트폰, 광고판, 포스터를 통해 인생은 커다란 파티이고, 필요한 제품은 모두 준비되어 있으며, 언제나 업그레이드되고 지금보다 완벽해질 수 있다고 끊임없이 듣게 된다. 마치 문화적 집중 공세처럼 말이다.

내가 언급하지 않은 것이 하나 있다. 파티 초대장 뒷면에 아주 작은 글씨로 중요한 조항이 쓰여 있다는 점이다. '공짜는 없습니다.' 잔액은 반드시 지불해야 한다. 그렇다, 우리는 제한 없이 영구히 모든 것을 가질 수 있다. 하지만 젠장, 그 전에 우선 '해내야' 하고 그 대가를 지불할 수 있는 권리를 확보해야 한다.

성실함, 경쟁, 개인의 행위 주체성 등은 공급자 중심 경제가 의존하고 있는 근본적인 신념 체계이다. 이론에 따르면, 이런 신념이 널리 퍼질 경우 경제 활동이 활발해지고, 더 좋고 저렴한 제품과 서비스가 지속적으로 공급된다. 이 말은 도덕적으로도 옳다. 커다란 파도에서 서핑을 즐기느냐 익사하느냐는 개인에게 달렸기 때문이다. 가난하고, 운도 좋지 못하며, 지칠 대로 지쳤거나 기운이 없다면 그건 그 사람 잘못이고, 그 사람이 책임져야 할 문제이다. 모두 자기 자신을 책임져야 하고, 원하는 것을 가질 수 있으며, 되고 싶은 사람이 될 수 있는 자유가 있다. 충분히 열심히 노력하기만 하면 된다.

요즘 일부 사람들은 젊은이들이 현대 사회의 근면 조항을 잘 모른다고 생각한다. 더 정확히 말하면 부모와 교사, 교수들이 젊은이들의 응석을 받아주고 아주 사소한 불편이나 불쾌함도 없애주려고 하기 때문에 그 조항을 깨닫지 못한다고 여긴다. 이런 신념에는 근거가 있다. 기말고사가 다가와 스트레스에 지친 학생들에게 압박이 더해지면 학부모들은 내게 메일을 보내 마감 기한을 마지막으로 한 번만 더 연장해달라고 부탁한다. 희한한 일이다.

하지만 이런 일이 아주 만연한 것은 아니다. 경험상 이런 요청은 실제로 드문 편이다. 대부분 젊은이는 열심히 일해야 한다는 사실을 잘 알고 있다. 성공과 실패, 즉 상류층과 하류층을 능력이라는 도덕적 구조로 포장하는 문화 속에서 살고 있으니 그 점을 잘 알 수밖에 없다.

능력주의라 부르는 이 체제에서 우리는 항상 자신이 가치 있는 사람이라고 증명해야 한다. 그 규칙은 상당히 명확하며, 어린 시절부터 무자비하게 주입된다. 열심히 노력하고, 자격증과 명문대 학위, 수료증, 증명서 등을 모아 구직시장에서 최대한 높은 값에 팔아라. 자격의 가치가 높을수록 돈을 더 많이 벌 수 있고, 돈을 더 많이 벌수록 내 지위를 드러내기 위해 더 빛나는 새 물건을 살 수 있다.

가장 훌륭하고 가장 밝게 빛나는 전리품을 손에 넣는 데 누가 토를 달겠는가? 나처럼 부유하고 교육을 많이 받은 전문가들에게 능력주의는 상당히 옳고 정당하며, 지금 우리가 누리고 있는 것처럼 온갖 매력적인 보상과 화려한 지위를 보장해준다고 느껴진다. 그러나 모든 사람이 승자가 되는 것은 아니다. 사실, 사회 계층은 꼭대기로 갈수록 좁아지므로 대부분 사람은 패배할 수밖에 없다. 그리고 완곡하게 표현해 '뒤에 남은' 사람들에게 능력주의가 미치는 영향은 상당히 다르다. 이들은 해가 갈수록 급여가 삭감되거나, 빚에 허덕이거나, 임차권을 잃거나, 최저임금으로 생계를 유지하는 등 여러 불이익을 받는다.

철학자 알랭 드 보통Alain de Botton은 능력주의가 "투쟁의 상처에

수치심이라는 모욕을 더한다."라고 썼다.[8]

하지만 여기서 중요한 것은 수치심이 진짜가 아니라는 점이다. 그 모든 수치심은 가짜를 좇는 과정에서 소환된다. 능력주의는 사회적 유동성의 수단이라기보다는 부유층과 나머지 계급 사이의 기괴한 격차를 무마함으로써 전면적인 계급 반란을 막는 중성화제, 즉 사회적 진정제에 지나지 않는다.

능력주의가 작동하는 방식은 다음과 같다. 엘리트는 부와 지위 덕에 승자의 시상대에 올라 서로의 얼굴에 샴페인을 뿌려댄다. 이들은 더 많이 가지고 더 많이 벌 '자격이 있기' 때문이다. 마찬가지로 인과응보식으로 수비하며 자기들에게 유리하도록 부와 권력의 저울에 볼링공을 올려놓으면서 아무 역할도 하지 않는 척한다. 우리는 능력주의 속에서 살고 있으며 엘리트는 최상위 테이블을 차지한다. 이들은 자식들을 바로 옆자리에 앉히고 똑같은 포상금으로 잔치를 벌이는 동안 자격이 없는 다수가 부스러기를 차지하기 위해 서로 싸우도록 만들 수도 있다.

국제구호단체 옥스팜Oxfam에 따르면, 엘리트층 부의 3분의 1이 상속받은 재산에서 나오고, 또 다른 3분의 1은 정부와의 관계에서 생겨난다. 그리고 나머지 대부분은 원자재와 금융상품, 부동산 등의 자산에서 걷어낸 수익에서 나온다.[9] 문자 그대로 돈이 돈을 낳는다.

우리 입장에서 자격이 없는 다수는 특권을 '장점'이라고 감싸주는 신조를 그대로 받아들일 것이다. 일시적으로 돈이 없는 우리 내면의 억만장자들을 부추기는 대서사만 제공해주면 된다. 우리는 노력하면 최고 자리에 앉을 수 있는 능력주의 사회에 살고 있으며, 우리는 고된 노력을 언젠가 보상받으리라 믿는다. 응석받이도 아니고 일하기를 싫어하지도 않는다. 우리가 불평하고 있다면 그건 아마도 협잡을 알아내고 있기 때문일 것이다. 조작된 경제에 그렇게 많은 것을 투자하고도 왜 돌아오는 것이 점점 더 줄어드는지 궁금해하고 있기 때문일 것이다.

머지않아 능력주의는 반박할 수 있는 실제 증거가 부족해질 것이고, 점점 더 많은 사람이 능력주의가 불평등의 연막이라는 사실을 깨닫기 시작할 것이다. 실제로 브렉시트, 트럼프, 르펜Le Pen, 멜로니Meloni 등 서구에 퍼져가는 사회적 불안의 파장은 이미 그런 일이 벌어지고 있음을 시사한다.

하지만 사회적 불안보다 더 시급한 문제는 능력주의가 우리 심리에 미치는 막대한 피해이다. 이 피해는 특히 부유층을 포함해 모든 사람에게 영향을 미친다. 어떻게 자수성가할 수 있었는지에 대한 위안의 이야기들은 당연히 각성할 이야깃거리를 던져주기 위해 만들어진다. 하지만 그 이야기는 사람들이 신분 상승의 기회를 보고 경험할 수 있을 때만 만족스러운 결론에 도달할 수 있다. 그런 상황에 놓이기 어려운, 이제 막 깨어나고 있는 신세대에게는 자신이 핵심이라는 사실에 눈뜨게 하는 잔인한 농담일 뿐이다.

살면서 기억하는 한 처음으로 젊은이들은 바닥을 향해 이동하고 있다. 무거운 무게에 짓눌려 경제는 붕괴 직전의 위기에 처했고, 정부는 이들을 돌보지 않으며, 기회는 줄어들고 의무만 늘어난다. 특히 부채가 그렇다. 이런 배경에서 능력주의는 심각한 역효과를 낳는다. 사회적 사다리를 자유롭게 오를 수 있게 하는 대신, 점점 더 달성하기 불가능한 이상적인 삶의 기준을 추구하며 끊임없이 노력하는 숨 막히는 상태에 가둬놓기 때문이다.

완벽주의와 능력주의의 관계를 들여다보기 전에 한 가지를 분명히 해야겠다. 광고가 만들어주는 완벽주의적 환상에 상당히 강하게 사로잡혀 있는데도 사라와 이언, 케빈처럼 나와 함께 자란 사람들은 대체로 능력주의의 압박으로 인해 심각한 상처를 입지는 않았다. 이들에게 학위를 취득할 만한 금전적 여력이 없었다는 사실을 업신여기는 특정 유형의 전문가들 때문에 간접적으로 상처를 받았을 수는 있다. 하지만 열정적인 학계 분류기의 관점에서 본다면 이들은 능력주의의 유독한 경쟁이 더욱 공격적으로 과열되어도 별로 영향 받지 않았을 것이다. 능력주의로부터 가장 많이 영향받는 사람은 주로 중상위 계급 출신의 교육을 잘 받고 부유한 자손들이다.

자라난 노동계급 사회에서 벗어나자마자 능력주의의 압박을 전적으로 경험했기 때문에 나는 이 사실을 잘 안다. 서른 살에 웰링버러를 떠나 LSE London School of Economics에 도착하는 여정에서 적당히 성공한 교수였던 나는 비로소 자격 있는 중산층으로서 회비를 완납한 정회원이 됐다. 그리고 이 전초기지에서 목격한 것들에서 충격을 받았다. 내가 가르치는 젊은이들은 대부분 부유한 가정 출신으로, 탁월해야 한다는 견딜 수 없는 압박을 경험하고 있었다. 이 압박은 거의 요람에서 나오자마자 시작됐다. 이 학생들은 나를 만날 무렵 능력주의가 자연선택과 비슷하다고 진심으로 믿었으며, 그 믿음은 명문대학에 입학하고 최고 중의 최고들과 섞이면서 더욱 강화됐다.

그러나 '해냈다'는 그저 이들이 하는 일의 전부일 뿐이다. 2018년 미국의 자선단체 로버트 우드 존슨 재단 Robert Wood Johnson Foundation은 청년들의 행복감을 조사했다.[10] 정신질환의 급증을 배경으로 이들은 젊은이들의 건강과 행복을 지속적으로 저해하는 가장 시급한 요인이 무엇인지 파악하고자 했다. 빈곤, 트라우마, 차별과 같이 우리가 불이익과 연관 짓는 전형적인 요인들이 항상 등장했다. 하지만 연구자들이 반복해서 발견한 또 다른 위험이 있었다. 이번에는 혜택을 더 많이 받은 젊은이들을 괴롭히는 위험이었다.

그 위험이 뭘까? 바로 탁월해야 한다는 지나친 압박이었다.

교육을 받는 젊은 사람들에게 이는 물론 학교에서 탁월해야 한다는 압박을 의미한다. 미국의 대도시 학교에서는 유아원부터 12학년 말까지 100건 이상의 시험을 치른다.[11] 그리고 그것만으로는 압박이 충분하지 않을까 봐 일부 학교 관리자들은 학생과 부모가 비교할 수 있도록 시험 결과를 온라인에 게시하고 공개적으로 열람할 수 있도록 한다.[12] 독이 되는 경쟁에 관해 이야기해보자. 교문을 통과하는 순간부터 청소년들은 끊임없는 평가의 압박에 노출되고, 이는 성과 불안, 경쟁, 그리고 자존감 측정 기준에 대한 일반적인 의존 등으로 이어진다.

성적을 올리기 위해 교사들은 학생들에게 매일 밤 두 시간에서 네 시간을 들여야 하는 숙제를 내주기도 한다. 미국 일부 지역에서는 다섯 시간짜리 숙제도 낸다고 한다.[13] 교사들은 (1) 학생들이 필요로 한다 (2) 부모들이 원한다 (3) 학교는 대학 진학률로 평가받는다는 이유로 이 과제량을 결정한다. 교사가 학생들을 밀어붙이지 않으면 이들은 명문대학에 합격하지 못할 수 있고, 이는 본인들뿐 아니라 학교에도 나쁜 일이다.

오늘날 이 위험은 그 어느 때보다 높아졌다. 지난 20년 동안 명문대학 평균 입학률은 전체 지원자 중 30퍼센트에서 7퍼센트 미만으로 급감했다.[14] 고등학생 약 75퍼센트와 중학생 약 절반이 학업으로 자주 또는 항상 스트레스를 받는다고 응답했다. 3분의 2 이상은 자주 또는 항상 원하는 대학에 들어가지 못할까 봐 걱정한다고 응답했다.[15]

이 스트레스는 미국 심리학자 수니야 루타르Suniya Luthar가 실시한 연구에서도 드러난다. 루타르의 설문조사에 따르면 학업의 압박은 정서적 고통을 유발하며, 이 고통은 명문대 입시를 가장 적극적으로 준비하는 부유한 10대들 사이에서 가장 심각하게 나타났다.[16] 이 10대들은 혜택을 덜 받은 또래보다 약물이나 알코올 남용 비율이 높고, 우울증과 불안증을 겪는 비율이 동년배의 최대 세 배에 달한다는 사실도 관찰됐다. 사회학자 대니얼 마코비츠Daniel Markovits는 이 학생들이 겪는 곤경을 명확하게 설명한다. "한때 귀족 자녀들이 특권을 누렸다면 이제 능력주의에 빠진 아이들은 미래를 계산한다. 야망, 희망, 걱정이 만들어내는 익숙한 리듬 속에서 연출된 자기 표현 의식에 따라 미래를 계획하고 다듬는다."[17]

사회부과 완벽주의는 이 능력주의의 문제들을 상징적으로 보여 준다. 끝없는 평가와 시험, 그리고 아주 공개적인 선별, 분류, 서열화 과정을 통해 젊은이들은 능력주의에 내재된 과한 압박이 그저 자연스러운 질서라고 이해하도록 배운다. 좋든 싫든 다른 사람들과 자신을 끊임없이 비교하고 벤치마킹해야 하며, 항상 더 많이 공부해야 하고, 더 높은 목표를 설정해야 하며, 더 높은 성적을 받아야 한다는 점을 이해해야 한다. 이 탁월함의 문화는 노력의 결과에 의존하게 만들고, 궁극적으로 전 과목 1등급, 무조건 1등급이라는 아주 엄격하고 협소한 관점으로 자기 자신을 정의하게 한다.

최근 세대가 점점 더 완벽을 기준으로 자신을 벤치마킹하고 있다는 연구 결과도 이 의견을 뒷받침한다. 한 예로, 2017년 캐나다 청소년을 대상으로 한 설문조사에 따르면 초등학생 55퍼센트와 고등학생 62퍼센트가 학업에서 완벽해야 한다고 답했다.[18] 캐나다 심리학자 트레이시 바양쿠르Tracey Vaillancourt가 실시한 또 다른 연구는 한 걸음 더 나아갔다. 바양쿠르가 6년 동안 고등학교 학생들의 완벽주의를 추적한 결과, 약 3분의 2가 적어도 중간 수준의 자기지향 및 사회부과 완벽주의를 가지고 있었다. 이 수준도 충분히 높지만 바양쿠르의 데이터에 따르면 학생들이 대학 선택의 중요한 단계로 나아갈수록 수치는 더욱 높아지는 것으로 나타났다.[19]

이 데이터에서 우리가 얻어야 할 결론은 학교 시스템이 학생들에게 완벽한 점수가 바람직할 뿐 아니라 대학에 들어가고 싶다면 절대적으로 필요하다고 가르친다는 점이다.

이 놀라운 젊은이들이 대학에서 나를 만날 때쯤 이들은 학교 분류기에서 살아남은 셈이다. 하지만 어리둥절하고 상처 입은 승자의 모습으로 나타난다. 이들은 팽팽하게 감긴 스프링처럼 긴장감으로 진동하고, 실패에 대한 뿌리 깊은 두려움은 이들의 다양한 패션만큼 눈에 그대로 드러난다. 잠시나마 휴식하기를 바랐던 이들은 크게 실망하게 된다. 앞선 학창 시절에 견뎌내야 했던 모든 채점, 선별, 순위 매기기, 경쟁, 비교는 대학 캠퍼스에 들어섰다고 해서 마법처럼 사라지지 않는다. 단계적으로 심해질 뿐이다.

미국 철학자 마이클 샌델은 《공정하다는 착각》에 이렇게 썼다. "입학사정정책에 따라 성취제일주의자들을 길러내고 보상하지만,

명문대학들은 이를 완화해주기 위해 하는 일이 거의 없다."[20] 오히려 학교에서는 이를 긍정적으로 내세운다. 학생 단체와 학교 행정처, 단과대학, 심지어 교수들도 낮은 합격률을 자랑한다. 우리 대학 학부 안내서에서는 이를 사실적으로 광고하고 있다. "LSE는 매우 경쟁적인 기관이다. 2021년에는 약 1,700명을 선발하는 데 2만 6,000명이 지원했다. 이렇게 치열한 경쟁으로 인해 안타깝게도 많은 지원자에게 실망을 안겨줘야 한다."

의도하지 않았을지라도 이런 자만심은 새어나가 흥미로운 캠퍼스 문화를 만들어낸다. 학생들은 방문을 꼭 닫고 미친 듯이 공부하면서, 아무런 노력 없이 해내고 있다는 인상을 주고 싶다는 충동을 느낀다. LSE에만 국한된 이야기가 아니다. 다른 명문대학의 교수와 카운슬러, 혹은 대학 행정관에게 물어도 똑같은 이야기를 할 것이다. 예를 들어, 듀크 대학교의 최근 연구에 따르면 학생들이 '무심하게 완벽'해야 한다는 압박을 느낀다는 점이 발견됐다. 다시 말해 똑똑하고, 날씬하고, 멋지고, 매력적이며, 인기도 많아야 한다. 그것도 땀 한 방울 흘리지 않고 말이다.[21] 스탠퍼드에서는 이런 모습을 '오리 증후군'이라고 부른다. 오리는 언제나 물 위를 우아하게 미끄러지지만 수면 아래로는 미친 듯이 발을 젓고 있기 때문이다.

이 모든 미친 물장구의 원인은 거의 언제나 성적에 대한 불안이다. 이 걱정은 치열한 학교 시험의 유물이지만 대학에서 더욱 심해진다. 대학의 경쟁자 풀은 그저 함께 자란 사람들과는 다르다. 이들은 학업 성취도 분포에서 가장 위쪽에 몰려 있는 엘리트 과잉 성취자들이다. 모두 뛰어나고, 모두 시험을 잘 본다. 그리고 여기에는 탈출구가 없기 때문에 일반적인 특출함의 분위기는 객관적으로 높은 점수조차도 단연코 실망스러울 수 있는 압력밥솥 같은 분위기를 만들어낸다.

조그 행성에서 지구에 온 외계인이 완벽주의자들을 대량으로 찍어낼 어음 교환소를 설계하라는 임무를 받는다면 현대의 대학보다 뛰어난 곳을 설계하느라 고생할 것이다. 우리가 5장에서 살펴본 데이터는 대학생들이 완벽해야 한다는 사회적 압박을 어느 정도 느끼고 있는지를 정확히 보여준다. 하지만 이를 확인하기 위해 데이터가 꼭 필요한 건 아니다. 학생들은 완벽주의에서 비롯한 고민을 온몸으로 뿜어내고 있다. 내 학생 중 일부는 불안감에 사로잡혀 혼자서는 성적표를 열어볼 엄두도 내지 못한다. 나쁜 학점 하나가 완벽한 미래에 대한 꿈을 망가뜨릴 수 있기 때문이다.

내가 알기로 명문대학들은 학생들이 느끼는 엄청난 압박감을 제대로 관리하지 못하고 있다. 많은 교육 기관이 가장 뜨거운 중심부에 맹렬하게 물을 붓고 있지만 그것만으로는 불을 끌 수 없다. 최근 UCLA에서 신입생을 대상으로 실시한 설문조사에 따르면 부담감을 느끼는 학생 비율이 1980년대 중반 이후 60퍼센트 이상 급증했다.[22] 미국대학보건협회 American College Health Association 의 또 다른 조사에 따르면 압도적인 불안을 느끼는 대학생 비율은 2011년 50퍼센트에서 5년 뒤 62퍼센트로 증가했다.[23]

영국에서도 비슷한 문제가 있다. 영국 정신건강재단Mental Health Foundation의 최근 연구에 따르면 18세에서 24세 사이의 청년 중 무려 74퍼센트가 외부 환경의 압박에 대처할 수 없을 정도로 압도감을 느낀다.[24] 미국과 마찬가지로 영국 대학에서도 중퇴하는 학생이 늘어나고 있다.[25] 그리고 단순히 휴학하고 싶은 학생들은 (비용 부담은 말할 것도 없고) 복학을 불필요하게 어렵게 만드는 정책들로 스트레스가 심해지고 있다. 완벽주의는 현대 대학의 원칙과 관례에 내재해 있을 뿐 아니라 예외주의, 실패에 대한 두려움, 유해한 경쟁 문화가 깊숙이 뿌리내린 대학 문화를 헤쳐나가야 하는 학생들의 마음속에도 새겨져 있다.

젊은이들에게 부담을 내려놓고 성적은 잊고 자기계발과 성장에 집중하라고 말해주고 싶다. 이런 조언은 실제로 유용하다. 하지만 우수한 학점이 인생의 기회를 좌우할 정도로 중요한 교육 시스템 안에서 젊은이들에게 조금만 내려놓으라고 말하는 건 신체 중요 부위에 속구를 맞은 사람에게 욕설은 삼가라고 말하는 것과 같다. 달리 할 수 있는 일이 없다. 학생들은 (성공은 둘째치고) 그저 현상을 유지하기 위해 더 많이 긴장하고 끊임없이 노력해야 한다. 이들에게 필요한 것은 더 많은 근성, 회복탄력성, 성장의 사고방식을 가지고 탁월해야 한다는 버거운 압박감을 극복하는 방법에 대한 가르침이 아니다. 이들에게 필요한 것은 완전히 다른 규칙에 따라 교육받는 것이다.

그리고 내가 방금 언급한 모든 것에도 불구하고 이 규칙들은 절대적으로 능력주의에 뿌리내리고 있어야 한다. 다양하고 활기차며 번성하는 사회에는 모든 젊은이가 기술과 재능, 독창성을 꽃피울 수 있는 길이 필요하다. 하지만 우리 사회는 그런 걸 얻지 못했다. 우리가 얻은 것은 부유층을 위한 다원주의적 '헝거게임'$_{\text{Hunger Game}}$이자, 다른 모든 사람을 위해 뒤에서 굴러가고 있는 거대한 아메리칸드림™표 트로이의 목마이다. 우리는 가짜 능력주의가 아닌 진정한 능력주의를 채택할 수 있다. 그 안에서 모든 어린이는 좋은 교육을 받을 자유를 가지며, 인생에서 의미 있는 길을 스스로 선택할 수 있다.

이 진일보한 원칙하에서 학교 교육은 시장에 우리를 내놓기 위해 분류하고, 선별하고, 순위를 매기는 대신 출발점에 상관없이 우리 모두에게 스스로 선택한 존엄하고 책임감 있는 삶을 살 수 있는 도구를 제공할 것이다. 이를 위해서는 모든 학교에 적절한 자원을 제공해야 하고, 교사들이 전반적으로 우수한 수준의 교육을 제공할 수 있도록 공정하게 급여를 지급해야 한다. 특히 어린 시절에는 발달, 탐구, 학습에 초점을 맞춰야 하며, 시험에 대한 부담을 줄여 성적, 집단, 순위처럼 아이들이 자신을 바라보는 방식에 영향을 줄 수 있는 탁월함의 구체적인 정의를 피해야 한다.

핀란드는 이런 학교 교육의 모범을 보여준다. 핀란드 아이들은 7세가 되어서야 공식적으로 학습을 시작한다. 그 전까지는 유치원에서 그저 놀고, 탐구하고, 창작하는 일만 허용된다. 핀란드 고등학생들이 교실에서 보내는 시간은 미국 고등학생들의 절반이다. 매 시간 15분씩 쉬는 시간이 주어지고 읽기, 수학, 과학 국제학력평가PISA를 제외하고는 표준화된 시험을 치르지 않는다. 그런데도 여전히 모든 지표에서 미국 학생들보다 뛰어난 성과를 보인다.[26]

핀란드는 학교 교육이 완벽주의의 온상이 될 필요가 없다는 점을 보여주는 증거이다. 가장 필수적인 시험을 제외한 모든 것을 제거하고도 아이들이 사회에 의미 있게 기여하는 데 필요한 기술을 갖추게 할 수 있다.

성과와 수치가 아니라 학습과 발달에 초점을 맞추는 이런 구조적 변화는 대학에도 적용되어야 한다. 현대의 대학은 입학금, 학생 출석률, 학점(형성평가와 총괄평가), 학생 대 교직원 비율, 강의 점수, 학생 만족도, 학생 경비, 연구 성과, 연구 품질, 영향력, 다양성 등 모든 것을 측정한다. 최근에는 졸업생이 받을 수 있는 연봉을 기준으로 대학 순위를 매기는 경향도 나타나고 있다. 이제 그만 멈춰야 한다. 대학은 리그 순위를 두고 다투는 축구팀이 아니다. 대학은 교육기관이다. 지식을 창조하고, 전달하고, 공유하기 위해 존재한다. 그리고 이런 지식에 대한 접근은 유럽에서와 같이 기본적인 권리,

즉 무료여야 한다.

또 접근성은 훨씬 더 키우고 부담은 훨씬 더 낮춰야 한다. '명문' 학교와 대학에서도 입학 경쟁이 완화되어야 하고, 입학에 대한 부담이 줄어들어야 한다. 등록을 확대할 때, 교육기관은 강의실 인원이 늘어남에 따라 학생 수가 줄어드는 일이 없도록 수용 인원을 늘려야 한다. 재정적으로 비용이 많이 든다는 이야기로 들릴 수도 있다. 하지만 이런 확장을 낭비가 아니라 투자로 바라보는 것이 중요하다. 교육 기회를 확대하기 위한 지출은 장기적으로 볼 때 교육을 잘 받은 사람들이 사회에 기여한다는 면에서 그 이상의 가치를 창출할 수 있다.

실제로 사회 계층의 모든 단계에서 교육을 많이 받은 인구가 많을수록 사회는 번영한다. 철학자, 화학자, 화가, 엔지니어, 건축가, 컴퓨터 프로그래머, 교사 등 예술, 과학, 사상, 소명 면에서 뛰어난 다양성을 지닌 사람이 많은 사회일수록 그 사회의 태피스트리는 더욱 밝게 빛난다. 교육을 시장화하거나, 소홀히 하거나, 더 심하게는 돈을 지불할 수 있는 사람들에게만 제공하면 모든 사람이 고통받는다. 여러 의미에서 고등교육은 궁극적인 사회 평준화 장치이다. 우리가 이를 올바르게 관리해야만 운 좋게 '해낼' 수 있던 학생들에게 상급학교로 진학할수록 탁월해야 한다는 압박이 심해지지 않는 폭넓은 능력주의를 실현할 수 있다.

다시 말해, 특출하거나 부유하지 않아도 특별히 대우받을 수 있도록 교육 부문 전체를 뿌리부터 바꿔야 한다. 교육기관이 안정적이고 적절한 자금을 지원받을 때 모든 학생은 자신의 삶을 통제하고 자신이 내린 결정의 결과에 대해 통제권을 갖게 된다. 이 통제권은 인생에서 의미를 찾고 자신에게 진실하며 타인과 사회 전체에 가장 유용한 방식으로 재능을 개발할 수 있는 기반을 제공한다. 간단히 말해, 진정한 능력주의 교육은 젊은이들에게 완벽하기를 요구하지 않는다. 다만 진정으로 자신이 결정할 수 있는 목표를 향해 앞으로 나아갈 수 있는 열정과 자유로운 호기심만 있으면 된다.

  탁월해야 한다는 압박감에 시달리는 학생들을 볼 때마다 나는 과거의 나를 본다. 학생들이 조심스레 숨기고 있는 광란의 물장구를 본다. 나도 그랬기 때문이다. 평균보다 높은 점수를 얻기 위해 아우성치는 요구 사항들을 느낀다. 나도 그랬기 때문이다. 다른 사람을 짓밟고 올라가 더 나은 미래를 확보하려는 그 절실한 시도에도 공감할 수 있다. 나를 움직인 동기도 똑같았기 때문이다. 내 연구실 문을 두드리는 모든 학생에게 나는 공감하며 귀 기울인다. 하지만 공감만으로는 부족하다.

  젊은이들은 탁월해야 한다는 압박감을 쏟아붓는 학교를 졸업한다. 그리고 대학에 들어오면 치열한 경쟁과 엄격한 예외주의 문화로 이 압박감은 더욱 강해진다. 이를 누군가는 완벽주의, 자아상 관련 장애, 정신적 고통을 불러오는 최악의 폭풍이라 말한다.[27, 28, 29]

나는 상황이 더 심각하다고 본다. 폭풍이라는 비유는 우리가 다가오는 위험을 볼 수 있거나 적어도 그 눈 안에 있다는 걸 알 수 있을 때 사용한다. 능력주의는 다르다. 우리 문화에 만연하고 언제 어디에나 존재하는 강화물이며, 그 파괴력은 대개 고통을 겪는 사람들에게 보이지 않게 감춰져 있다. 그리고 능력주의에 가장 고통받는 사람들이 능력주의를 가장 열렬히 신봉하기도 한다.

대통령이나 총리가 능력주의에 대해 이야기하는 모습을 상상해 보자. 언론인, 정치 평론가, 경제학자들은 능력주의를 찬양한다. 경영인과 스포츠 스타들은 능력주의 덕분에 성공했다고 말한다. 영화와 TV 시리즈가 이를 주제로 제작되기도 한다. 컵케이크 가장자리 같은 교외 지역 부모들은 능력주의를 상징하는 컵에 물을 마시며, 이 컵 하나 때문에 그토록 열정적으로 짐을 꾸려 아이들을 대학으로 보낸다.

능력주의라는 민간전승 신화가 지금까지 이어진 것은 모든 계층에 어느 정도 퍼져 있기 때문이다. 능력주의는 기본적으로 우리가 자유를 사랑하는 개인들의 집합이며, 인생의 출발점이 어디든 노력하기만 하면 제2의 제프 베이조스Jeff Bezos나 리처드 브랜슨Richard Branson이 될 수 있다고 암시하는 대서사시이다. 불평등 따위는 없고, 오직 개인들이 서로 경쟁하며, 어떤 사람은 더 열심히 노력해 다른 사람들보다 좋은 성과를 거둔다.

마음속 깊이 우리는 이것이 사실이 아니라고 알고 있다. 하지만 게임이 조작됐다고 인정하며 불경죄를 저지를 수는 없다. 큰 틀에서 보면 요즘 세대의 근면 성실은 오늘날 그리 중요하지 않을 수 있다. 젊고 가난하며 상속받을 재산도 없다면 전혀 문제가 되지 않는다. 그리고 이런 현실을 인정할 수도 없다. 그랬다가는 능력주의를 계속 옹호해온 체제와 영향력 있는 인물들에게 형편없어 보일 수 있기 때문이다.

따라서 능력주의의 이미지를 지키기 위해 내 고등학교 동창인 코너와 조지가 인생에서 동등한 기회를 누리고 있다고 계속 거짓말해야 한다. 코너로 말하자면 도시에서 가장 위험한 지역에서 알코올 중독인 싱글맘과 함께 보조금을 절반쯤 지원받은 집에서 산다. 반면 조지는 값비싼 교육을 받으면서, 돈으로 누릴 수 있는 모든 이점을 누리고, 최고 성적을 받기 위해 저녁과 주말마다 과외를 한다.

우리는 이 가식을 상당히 잘 유지하고 있다. 현대 사회에서 기회의 격차가 커지고 사회적 유동성의 모든 척도가 반대 방향을 가리키고 있는데도 여전히 고된 노력이 성공을 결정짓는다고 믿는 사람들의 비율은 2008년 금융위기 이후 10퍼센트 이상 늘었다.[30]

우리 노력에 비해 생활 수준이 악화되는 데 분노하지 않는다는 이야기가 아니다. 다만 우리는 체제로 인한 좌절을 우리 자신에 대한 좌절로 돌리도록 길들여졌고, 진짜 원인인 불평등은 능력주의의 신화 뒤에 여전히 안전하게 감춰져 있다.

능력주의는 위험하다. 정확하게는 폭풍이 아니기 때문에 위험하다. 능력주의는 신기루이며, 우리는 신나서 눈을 동그랗게 뜨고 손뼉을 치며 그곳을 향해 저돌적으로 달려간다.

중요한 만큼 마지막으로 주의해야 할 점이 있다. 능력주의가 사회 중상류층에 속하는 사람들에게 가장 무겁게 완벽주의의 부담을 지운다는 이야기는 당연히 종합적으로 그렇다는 것이다. 이들은 명문대학 입학 인원의 대다수를 차지한다(정확하게는 약 95퍼센트). 완벽해져야 한다는 능력주의의 압박에서 진정으로 벗어날 수 있는 사람은 거의 없다. 하지만 그렇다고 해서 가난한 지역사회 사람들이 영향을 받지 않는다는 뜻은 아니다. 실제로 러셀 그룹 연간 입학생 가운데 약 5퍼센트는 빈곤층 출신이다(그중 2퍼센트는 옥스퍼드와 케임브리지로 간다).[31] 적은 숫자이지만 이 재능 있는 영혼들은 신성한 캠퍼스에 도착해 다른 모든 학생과 함께 능력주의의 난제에 도전하게 된다.

하지만 이들은 엄청난 위험에 노출되어 있다. 다른 학생들과 똑같이 힘든 경쟁을 해야 하지만 끌어올 자원은 훨씬 적고 극복해야 할 장애물은 훨씬 많다. 이 모든 일을 성공적으로 헤쳐나간다 해도 여전히 힘겨운 과업이 남아 있다. 같은 직업을 얻었을 때 노동계급 출신은 동년배들보다 평균적으로 약 16퍼센트 적은 임금을 받기 때문이다. 시간이 흐르면서 과도한 노력과 여전한 패배감에 심리적으로 큰 타격을 입는다. 물론 완벽주의에 시달리는 나 자신의 어려움은 24시간 내내 내게 불리하게 작용하는 사회적, 경제적 힘에 대한 보상으로 과도하게 성취하고자 하는 욕구에서 비롯된 것이 사실이다.[32]

그리고 이런 이야기도 있다. 가난한 아이들에 비하면 나는 상대적으로 특권을 누리고 있다. 나는 밀레니얼 세대이다. 내가 Z세대 일원이었다면 내 재정적 미래는 더욱 불확실해 보였을 것이다. 딜로이트Deloitte의 〈글로벌 2022 Z세대와 밀레니얼 세대 조사〉Global 2022 Gen Z and Millennial Survey에 따르면 Z세대 3분의 1은 다른 것보다 생활비를 가장 많이 걱정하며, 그중 45퍼센트는 매달 급여로 겨우 생활하고, 4분의 1 이상은 자신이 편안히 은퇴할 수 있을지 의구한다.[33] 우울한 수치이다. 하지만 우리 경제의 현황을 살펴보면 비관론은 근거가 없다는 점을 알 수 있다.

나는 또한 백인 이성애자 남성이며, 영국과 아일랜드 시민권자로 생명에 지장을 주는 질병이나 장애가 없다. 그 어떤 것도 나를 특별하게 만들어주지 않는다. 나는 나를 방해하는 사람이나 상황 없이 희생하고 과도하게 노력할 수 있을 만큼 아주 운이 좋았다. 소외 계층, 장애인, 가난한 환경에서 태어난 여성의 경우 이들이 건너야 하는 격차는 여전히 더 크고, 그 사이에는 차별, 돌봄 의무, 고정관념의 위협 등 온갖 종류의 장애물이 산재해 있다.

이처럼 조작된 능력주의는 모든 사람의 삶을 불확실하고 불안정하게 만든다. 하지만 가장 뒤늦게 경쟁을 시작한 사람들에게 더욱 불확실하고 불안정하다.

나는 다음과 같이 요약하고 싶다. 1990년대 초반 교육을 받은 전문가들이 자유주의 정당을 장악하고 능력주의의 얼굴을 한 불평등이라는 뚜렷한 브랜드가 본격적으로 부각되기 시작했을 때, 이 체제가 '뒤처진' 사람들에게 불행과 절망을 초래할 것이라는 사실은 조용히 묵인됐다. 그들은 똑똑하지 않거나 게으르거나 그 둘 모두에 해당하는 하류층이었고, 그들의 고난은 그들의 부족함이나 게으름이 반영된 부끄러운 결과였다.

우연히 소외 계층이거나 소수자 출신이었던 이들은 엘리트가 될 만한 운이 없었고, 엘리트들은 동정 어린 눈물을 뚝뚝 흘렸다. 하지만 그 눈물은 구조적 불평등을 해결하기 위해 진정으로 의미 있는 일로 이어지지 않았다. 그건 둥그렇게 둘렀던 기회의 담벼락을 낮추고, 다른 사람들이 국가의 부를 나눠 갖도록 허용하며, 그렇게 함으로써 능력주의라는 사기극에서 자신의 역할을 암묵적으로 인정한다는 의미가 되기 때문이었다. 그들은 그렇게 하는 대신 빈곤하게 태어난 영재들에게 장학금을 조금 던져주고 그것을 공평한 경쟁의 장이라 불렀다.

그래서 지금 부유한 아이들 군단과 소수의 가난한 어린이들은 현대의 위대한 능력주의 사회에서 엘리트 자리를 놓고 다투고 있다. 이런 상황을 승리한 능력주의자들의 엄청난 자기 고양Self-Serving적 상황이라 부르고 싶다. 당연히 몹시 자기 고양적인 상황이다.

하지만 이들은 능력주의가 궁극적으로 자신과 자기 자손들에게도 불행과 절망을 초래하리라고 미처 예상하지 못했으며, 그런 현실이 다가오고 있다는 것도 보지 못했다.

이 체제에서는 누구도 승리하지 못한다. 공정한 사회에서 살아갈 때와 비교했을 때 진정한 능력주의 아래서 살아가는 모든 사람은 패배할 수밖에 없다.

이 점을 지적할 용기를 가진 젊은이들은 자주 '연약한 눈송이 Fragile Snowflakes'라고 비난받는다. 언론인, 정치인, 심지어 교수들까지 줄지어 이들에게 응석받이라거나 제멋대로라거나 게으르다고 꼬리표를 붙인다. 이는 솔직히 더 잘 알아야 하는 사람들이 저지른 잔인하고 솔직하지 못한 비방이다. 능력주의의 멍에 아래서 힘겹게 나아가는 학생과 젊은 노동자들은 눈송이가 아니다. 이들은 용감하지만 전쟁의 상처를 입은, 초경쟁 사회의 생존자이다. 초경쟁 사회는 불필요하게 잔인한 선별 기계를 갖추고 이들이 터져나갈 때까지 압박한다.

조만간 우리는 이 사실을 직시해야 할 것이다. 능력주의가 학교와 대학, 그리고 광범위한 경제 안에 구축해놓은 불가능한 기대치가 젊은이들을 압도하고 완벽주의의 촉수에 속수무책으로 넘어가게 만들고 있다는 사실을 인지해야 한다. 그리고 스스로 이렇게 물어야 할 것이다. 우리 아이들에게 얼마나 더 이런 과정을 겪게 할 것인가?

교육 시스템은 실제로 능력주의의 복음이 젊은이들에게 전달되는 가장 영향력 있는 통로이다. 하지만 유일한 통로는 아니다. 부모들도 좋은 소식을 전달한다. 그리고 이는 우리가 아직 논의하지 않은 또 다른 문제로 이어진다. 이 모든 과정에서 부모의 역할은 정확히 무엇인가?

10

집에서 일어나는 일
부모의 애착과 사랑의 힘

> "처음에 아이는 사회를 직접 만나지 않는다. 부모라는 중개인을 통해 만난다. 성격 형성과 교육 방법에 있어 부모는 사회의 심리적 대리인이 된다."
> ─ 에리히 프롬 Erich Fromm [1]

FBI는 조사명을 '작전명 바시티 블루스 Operation Varsity Blues'라고 붙였다. 여러 해 동안 전미 대륙을 뒤진 끝에 FBI는 연예인과 CEO, 금융 전문가, 변호사 등 미국의 슈퍼 엘리트로 구성된 정교한 네트워크를 폭로했다. 이 네트워크는 자녀들을 아이비리그 대학에 입학시키기 위해 공모했다. 캘리포니아 기업가 윌리엄 릭 싱어 William Rick Singer는 이 잘못된 돈벌이의 지휘자였다. 부유한 부모들은 자녀들의 명문대 입학을 보장받기 위해 싱어에게 수만 달러에서 수백만 달러에 이르는 돈을 건넸다.

싱어의 계획은 정교했다. 우선 자선단체를 설립해 고객들이 지불한 돈을 숨겼고, 두 건의 사기 행위로 보증금을 챙겼다. 하나는 대학 입학 시험을 치르기 위해 대리 응시자에게 직접 돈을 지불하는 일이었고, 다른 하나는 고객의 자녀들을 학교 대표팀에 넣기 위해 대학 행정관과 스포츠 코치에게 돈을 주고 친분을 쌓는 일이었다. 능력주의의 불평등이 만연한 사회에 걸맞는 완벽한 계략이었다. 싱어가 반복적으로 저지른 사기 행위로 기존 슈퍼리치의 자녀들은 아이비리그에 입학했고, 다른 사람들 눈에는 그들의 힘으로 해낸 일처럼 보이게 했다.

2019년 싱어의 범행 규모를 밝혀내기 시작하면서 FBI는 예외 없이 부모들에게로 관심을 옮겼다. 이들의 행동은 자녀의 아이비리그 진학 가능성을 걱정하며 몹시 불안해하던 대중을 분개하게 만들었다. 기자들은 문제가 되는 부모들에게 카메라를 들이밀었다. 넷플릭스는 이 사건의 전 과정을 시리즈로 제작해 상을 받기도 했다. "그들은 범죄자다!" 신문 헤드라인들이 울부짖었다. 뉴스 앵커들은 이렇게 물었다. "그게 아니면 뭐라고 부를 수 있겠습니까?"

분명 그 헤드라인들은 정당했다. 하지만 다시 한번, 이들이 이 문제에 얼마나 편리하게 집중했는지 눈여겨보자. 모두 범인을 지목하는 데 혈안이 되어 애초에 싱어의 서비스가 성행할 수 있었던 이유는 간과됐다. 능력주의의 압박이 모든 관점을 어떻게 왜곡했는지 '바시티 블루스'보다 잘 보여주는 사례는 찾기 어려워 보인다.

이 스캔들은 여러 사회적인 균열을 부각시켰지만 그중 가장 생생하게 드러난 것은 돈과 능력에만 집착하는 일방적인 경제에서 부모의 과한 입김이 얼마나 심각한지일 것이다.

선구적인 아동 발달 이론가 주디스 해리스가 부모는 중요하지 않다고 이야기했을 때, 이는 부모가 전혀 중요하지 않다는 뜻이 아니었다. 우리가 중요하다고 생각하는 방식대로는 중요하지 않다는 의미였다. 부모가 전달하는 가치관은 자녀가 자라서 어떤 유형의 사람이 되는 데 강력하게 영향을 미칠 수 있지만 그렇다고 해서 그 가치관이 애초에 부모의 것이라는 의미는 아니다. 부모는 자녀를 양육하는 방식을 통해 사회의 지배적인 가치를 전수하는 매개체 역할을 하는, 사회의 심리적인 대리인에 가깝다.

그리고 능력주의 문화의 심리적 대리인이 누구인지는 뻔히 추측할 수 있다. 바로 헬리콥터 부모이다. 헬리콥터 부모는 특히 교육 문제에서 자녀들의 삶에 과하게 관여하는 어머니와 아버지이다. 이들은 불안하고 짜증스러우며 독단적인 방식으로 지시하고 다시 지시하며, 밀고 당긴다. 아이들이 개인적인 흥미를 추구할 기회를 거의 또는 전혀 주지 않는다. 헬리콥터 부모는 양육하면서 거의 지칠 줄 모른다. 이들의 목표는 무엇일까? 극도로 경쟁적인 능력주의 사회에서 아이의 성공을 보장하는 것이다.

헬리콥터 부모의 증가는 여러 방식으로 증명될 수 있다. 이 중 가장 눈에 띄는 징후는 부모의 우선순위와 가치관 변화일 것이다. 한 예로, 1995년부터 2011년 사이 미국 부모들이 아이들에게 바라는 가치 중 근면성을 중시하는 비율은 거의 40퍼센트 증가했다. 그 노력이 어디에 집중되어야 하는지는 분명하다. 바로 교육이다. 1970년대 중반 이후 부모가 자녀와 함께 학교 공부를 하는 데 보내는 시간은 일주일에 무려 다섯 시간이나 증가했다.[2]

학교 교육에 시간을 더 많이 들일수록 다른 활동은 줄어들 수밖에 없다. 미국 어린이들이 부모와 함께 노는 시간은 1980년대 초반 이후 25퍼센트 감소했다.[3] 그리고 1990년대 초반부터 미국 부모들은 주당 아홉 시간 이상을 놀이에서 시험 공부나 숙제 등 놀이가 아닌 활동으로 바꿨다.[4] 안테나를 조금만 제대로 세워도 어떤 활동은 부모가 시간을 할애할 가치가 있는 반면(학업), 어떤 활동은 그렇지 않다는 기본 메시지가 아이들에게 전달되고 있다(놀이).

교육에 대한 압박이 급격히 증가하는 격동기에 가치관이 이처럼 변한 건 당연한 일이다. 최근 미국 대학생 1만여 명을 대상으로 코로나19 팬데믹 당시 실시한 설문조사에 따르면, 젊은이들은 팬데믹 이전보다 학업에 대해 스트레스를 훨씬 많이 받는다고 답했다. 학생들은 성적, 공부량, 시간 관리, 수면 부족, 대학에 대한 두려움 등을 스트레스 원인으로 꼽았다. 하지만 젊은이들이 꼽은 가장 큰 원인은 성취에 대한 부모의 기대였다. 젊은 층의 57퍼센트는 팬데믹 기간 동안 부모의 기대치가 낮아지지 않았다고 답했고, 34퍼센

트는 오히려 높아졌다고 답했다.[5]

경제학자 개리 레미Garey Ramey 와 밸러리 레미Valerie Ramey는 이런 과잉 양육이 더 광범위한 러그 랫 레이스Rug Rat Race(어린아이에게 지나친 학업 성취를 강요하는 일—옮긴이)의 일부라고 생각한다. 부모들은 사회적 압박에 대응하기 위해 근면함의 채찍을 휘두르고, 교육적 성과에 집착하며, 더 심하게 감시한다. 점점 더 많은 걱정꾼이 불안에 떨며 공포 문화를 조성하고 있다. 바시티 블루스 스캔들은 부유한 부모들이 이미 유리한 위치에 있는 자녀들을 위해 범죄까지 저지를 정도로 통제 불능 상태에 빠진 반향실 효과(반향실에서 소리가 울리듯 비슷한 사고와 정보가 반복되면서 기존 신념이 더욱 강화되는 일— 옮긴이)의 정점일지 모른다.

이 유령이 모든 곳에서 나타나는 건 아니다. 스웨덴이나 노르웨이처럼 불평등 수준이 낮고 사회적 이동성이 높은 국가에서는 싱어의 서비스를 찾는 이가 많지 않을 것이다. 이들 국가의 부모들을 인터뷰한 결과에 따르면 노력을 중요한 자질로 꼽은 비율은 15퍼센트 미만이었다. 이 부모들은 차라리 자녀가 자신의 길을 개척하도록 내버려두고자 한다. 실제로 미국, 캐나다, 영국의 부모들과 달리 스웨덴과 노르웨이 부모들은 자녀가 자신만의 생각, 감정, 관심사를 발전시키고, 상상력을 발휘하며, 나름의 적합한 방식으로 자신을 표현할 수 있는 시간을 준다.[6]

미국, 캐나다, 영국 같은 국가에서는 헬리콥터 부모가 평범해 보이지만 사실 이는 매우 특정한 경제적 조건에서만 상당수 발견할 수 있다. 그 조건 아래서는 왜 그토록 광적으로 양육해야만 하는지 전적으로 이해할 수 있다. 정신이 올바른 영국인이나 미국인 부모라면 자녀가 당장의 현실에 안주하며 자라길 바라지 않을 것이다. 학업 압박이 가중되고, 명문대학 진학률이 급감하고, 불평등의 격차로 점점 더 많은 젊은이가 뒤처지고 있는 상황에서는 더더욱 그러지 않을 것이다. 이런 압박감 속에서 헬리콥터 양육은 선택이 아니라 필수이다. 엄마와 아버지는 학교에서 반드시 성공해야 한다고 단언하며 불안하게 서성인다. 그러고 싶어서도 아니고 그게 아이들에게 건전하다고 생각해서도 아니다. 다만 이들의 더 선한 본능을 능력주의 사회에서 배운 본능으로 억제해야 하기 때문이다.

그렇다면 이 모든 헬리콥터 양육의 결과는 무엇일까? 완벽주의도 그중 하나일까?

아이들은 부모와의 애착이 필요하고 이를 추구한다. 하지만 헬리콥터 부모는 몇 가지 이유로 의도치 않게 애착 형성을 더 어렵게 만든다. 우선 헬리콥터 부모는 실패의 결과에 대해 지나치게 걱정하며, 자녀가 편안하게 달성할 수 있는 수준보다 어렵고 더 성숙한 기준을 설정하는 경향이 있다. 이런 양육 방식은 자녀에게 실수해서는 안 된다는 메시지를 미묘하게 전달하면서 부모에게서 온전하고 무조건적으로 인정받기에는 불충분하다고 느끼게 한다.

물론 모든 부모가 그렇다는 것은 아니다. 하지만 전체적으로 볼 때 부모의 기대치가 너무 높아져 젊은이들이 이를 완벽해야 한다는 요구로 해석하고 있다는 점은 분명하다. 어떻게 아느냐고? 2022년 앤디 힐과 내가《사이콜로지컬 불리틴》에 발표한 논문에서 여러 연구로 기록했기 때문이다.[7] 첫 번째 연구에서 우리는 부모의 과도한 기대, 즉 자녀가 충족할 수 없는 기대와 사회부과 완벽주의의 상관관계를 수집해 둘 사이에 연관이 있는지 살펴봤다. 두 번째 연구에서는 부모의 과도한 기대에 대한 미국, 캐나다, 영국 대학생들의 인식이 시간이 지남에 따라 증가하고 있는지 알아보기 위해 30년 분량에 해당하는 미국, 캐나다, 영국 대학생들의 인식을 조사했다.

그 결과 부모의 기대치가 사회부과 완벽주의와 실제로 상관관계가 있으며, 그 관계가 매우 강하다는 점을 발견했다. 사회부과 완벽주의 분산의 거의 절반을 부모의 기대로 설명할 수 있을 정도였다. 그 정도는 덜하지만 자기지향 완벽주의와 타인지향 완벽주의와도 연관 있었다.

그 후 우리는 부모의 기대에 대한 대학생들의 인식을 조사한 30년 치 데이터를 5장에서 완벽주의를 다룬 것과 똑같은 방식으로 묶었다. 그러자 부모의 기대가 급격히 증가하는 모습이 보였다. 증가 정도는 다음 표에서 확인할 수 있다. 측정 척도의 원단위로 보면 거의 9퍼센트 증가했다. 그렇다고 모든 게 드러나는 건 아니다.

데이터 수집 연도에 따라 표시된 대학생 부모의 과도한 기대 점수

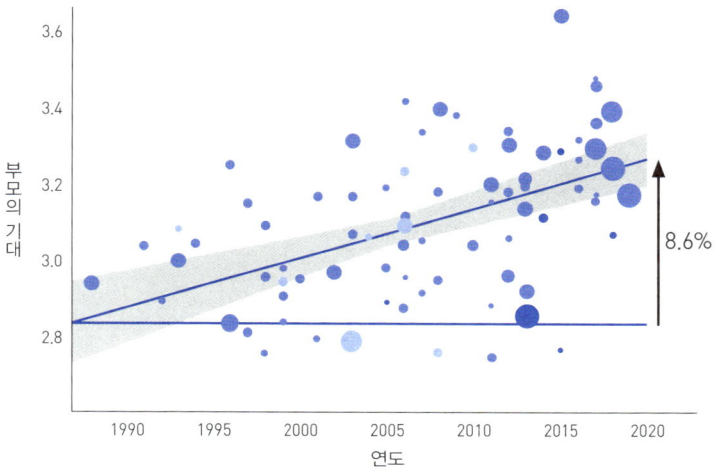

짙은 청색은 미국, 연한 청색은 캐나다, 청색은 영국의 데이터점이다. 데이터점은 각 연구에서 데이터를 준 학생들의 숫자와 비례하며(학생이 많을수록 원도 커진다). 부모의 기대와 시간의 관계 사이를 추세선이 가로지른다(추세선 양옆에 회색으로 색칠된 영역은 예측 오차이다).

출생 코호트 상대단위로 보면 무려 40퍼센트나 증가했기 때문이다. 이는 1989년 기준 70퍼센트에 해당하는 수준으로, 기본적으로 오늘날 평균적인 대학생들 부모의 기대치가 매우 높다는 것을 의미한다.

따라서 부모의 기대치가 높아지는 것이 젊은이들 사이에서 사회부과 완벽주의가 증가하는 이유 중 하나일 가능성이 높아 보인다. 그 이유에 대해 좀더 자세히 설명해보겠다. 광고, 소셜미디어, 학업, 대학 진학 압박보다 부모는 완벽주의에 가장 근원적이고 직접적으로 영향을 미치는 대리인이다. 아이들은 아주 어릴 때부터 부모의 기대는 물론 그 기대가 완벽주의적인지 여부를 인식한다. 자라면서 높고 과도한 기대에 반복적으로 노출되면 필연적으로 이를 완벽해야 한다는 요구로 해석할 수밖에 없다.

그러나 과도한 기대의 문제는 단순히 부모의 기준을 내면화하는 것보다 더 깊숙이 자리한다. 어린 시절은 취약한 시기이다. 아이가 세상을 이해하기 위해 내딛는 걸음 하나하나에는 비판받거나 거절당할 수 있다는 위험이 따른다. 아무리 아낌없이 사랑받고 자란 아이라도 언젠가 뭔가가 잘못되면 고통에 노출된다. 기대가 높다고 해서 근본적으로 잘못된 것은 아니다. 문제는 기대가 가차 없고, 지나치게 높으며, 이를 충족시키려는 아이들의 능력을 극한까지 몰고 갈 때이다.

이런 양육 방식에서 부모의 기준, 나아가 부모의 인정은 항상 아이가 도달할 수 있는 범위를 벗어난다. 자녀가 올 A 성적처럼 특별한 성취를 이룬다면 부모는 기뻐할 것이다. 하지만 문화적으로 능력주의의 압박이 존재하는 한 부모는 완전히 인정하기를 미루고 자녀에게 계속 나아가라고, '더 잘해야 한다'고 독려해야 한다.

아이에게는 가혹한 일이다. 아무리 열심히 노력해도 충분하지 않기 때문이다. 아이는 이룬 결과 자체를 인정받지 못하고, 계속 더 높은 목표를 달성한다는 조건을 충족할 경우 인정하겠다고 약속받는다. 이런 면에서 헬리콥터 부모는 실패를 두려워하며 자녀를 계속 긴장하게 만들고, 파악하기 어려운 부모의 인정에 의존하는 문제를 만들어내기도 한다. 아이들은 당연한 실패에도 수치심을 느낀다. 실패하면 부모(를 포함한 모든 사람)에게 인정받을 가치가 없다는 뜻이기 때문이다. 수치심은 과도한 기대가 사회부과 완벽주의와 밀접하게 연관된 주된 이유이기도 하다.

이 시점에서 중요한 이야기를 덧붙이고 싶다. 자녀가 고의로 잘못 행동했을 때처럼 아주 특정한 상황에서 잠시 인정을 보류하는 일이 항상 나쁜 것은 아니다. 지나치게 제멋대로에 뻔뻔한 아이들은 수치심에 사로잡힌 아이들만큼이나 끔찍하다. 하지만 절대 충족할 수 없을 정도로 높은 기준을 아이들에게 요구하는 부모들은 '건강한' 양육의 일환으로 잠깐씩 인정을 미루는 일을 일삼는다. 선을 지키기는 까다롭다. 적게, 간헐적으로, 개별적으로 실망하는 일은 괜찮으며, 문제 삼기에는 지나치게 무해한 경우가 대부분이다. 하지만 이런 실망이 지속적으로 꾸준히 표출되고 누적되면 아이는 완벽주의에 빠지게 된다.

부모의 내면에도 아이가 살고 있다는 사실을 기억해야 한다. 다른 사람들과 마찬가지로 우리도 돈과 능력에 집착하는 사회의 감시 아래 초조하게 살아가고 있다. 헬리콥터 양육은 부모가 나쁜 상황을 헤쳐나가기 위해 최선을 다하는 일이다. 부모가 아이를 완벽주의자로 키우려는 기반을 닦고 있다면, 그건 그저 외부적인 요인으로 인해 아무런 악의 없이 무심코 행하는 것이다.

지금 벌어지고 있는 일을 축소해서 이야기하려는 것은 아니다. 이런 현상은 여기서 멈추지도 않을 것이다. 완벽주의는 말 그대로 가족 안에서 처음에는 유전자를 통해, 다음에는 양육 전략을 통해 생겨난다. 젊은이들이 완벽주의자가 될수록 자녀를 더 완벽주의적으로 키우게 되고, 그 자녀 역시 자기 자녀를 더 완벽주의적으로 키우게 되므로 이는 심각한 문제를 불러온다. 이렇게 계속된다. 우리는 여기서 무슨 일이 벌어지고 있는지 인식해야 한다. 그리고 세대 간 악순환의 고리를 끊기 위해 할 수 있는 일은 무엇이든 해야 한다.

우리가 이 고리를 끊을 수 있을까? 이 시대 이 순간 우리 문화에서는 답하기 어려운 질문이다. 하지만 연구에서 작은 실마리를 찾을 수 있다. 한 가지는 지속적인 친밀함과 보호의 원천을 제공하는 것이다. 세상은 험난한 곳이며 아이들은 감수성 예민한 존재이다. 아이들은 광고와 대중문화, 소셜미디어, 또래 친구들로부터 잘못된 압박에 시달린다. 때때로 이런 압박에 불가피하게 굴복한다면 잘못에 대해 알려주고 필요한 경우 벌주되 아이들 말에 귀 기울여야 한다. 항상 경청하자. 툭 터놓고 대화하고, 아이들의 감정을 알아차리며, 공감과 이해를 갖추고 대하자. 연구에 따르면 이런 따뜻하고 다정한 양육 방식이 청소년의 완벽주의와 완벽주의적 성향에 역상관관계가 있는 것으로 나타났다.[8]

다정한 양육은 또한 애정 표현을 보류하지 않는다. 그러니 아이를 무조건으로 사랑하자. 그저 계속 사랑하자. 언제나 사랑하자. 부모가 성과나 순종과는 상관없이 자기를 사랑하고 아낀다고 말하는 아이들은 자기지향 완벽주의와 사회부과 완벽주의 수준이 낮았다.[9] 또 자기표현에 대한 걱정은 물론 주변 사람으로부터 자신의 불완전함을 감출 가능성도 낮은 것으로 나타났다.[10] 지금 당장 아이에게 가서 다른 사람이나 상황에 대해 자신을 정당화할 필요 없다고 말해도 된다는 뜻이다. 이들은 이 세상에 존재한다는 이유만으로 당신의 사랑과 애정을 받을 가치가 있는 소중한 존재이다.

이는 또한 문화가 가르쳐주지 않는 실패의 교훈을 아이들에게 가르친다는 의미이기도 하다. 좌절과 실패를 배움의 기회로 삼아 인생에는 결과가 있고, 우리는 모두 때때로 실패하며, 실패는 두려워할 것이 아니라고 아이들에게 가르쳐주자. 아이들이 힘들 수 있는 불편한 상황을 피하지 않되 인정 어린 태도로 대하자. 적어도 잠시 동안은 불편함을 감수하게 하자. 완벽한 사람은 없으며 때로는 특별한 이유 없이 계획한 대로 일이 진행되지 않을 수 있고, 그래도 괜찮다는 사실을 상기시켜주자. 다음 기회는 항상 있다. 자녀가 실망감에 짓눌리는 대신 그 감정을 극복하도록 지원하자. 도와주되 문제를 해결하려고 하지 말자.

아이의 기발함과 재능에 기뻐하자. 군중의 열정이 아니라 자신만의 열정을 따르라고 격려하자. 앞으로 많이 벌어질 일이지만, 물질적인 욕구를 충족시켜주는 일을 피하자. 그 대신 독서와 악기 연주, 스포츠 경기처럼 살아 있는 경험에 에너지를 쏟게 하자. 아이들이 새로운 것들을 시도하며 자신이 선택한 열정을 바탕으로 자신만의 인생을 발견하도록 내버려두자. 학교나 전공 과목처럼 인생의 중요한 결정에 아이 의견을 반영하게 하는 일도 이에 포함된다. 허용하자.

기대도 좋고 야심 찬 목표도 좋지만 아이와 함께 무엇보다 현실적인 목표를 세워보자. 아이가 목표를 달성했다면 잔뜩 흥분해 요란하게 박수를 보내는 대신 아이를 안아주고, 축하하며, 점수가 아니라 노력을 칭찬하자. 목표에 미치지 못했더라도 안아주고, 노력을 칭찬하며, 점수나 학점 같은 평가의 척도를 적절한 맥락으로 표현해주자. 시험이나 과제는 그저 배움을 위한 수백 가지 방법 중 하나일 뿐이라고 계속 상기시키자. 이렇게 한다고 해서 아이의 지성에 흠이 생기는 것도 아니고, 아이 인생의 기회를 망치는 것도 아니며, 교사가 평가하거나 부모가 자랑스러워하는 정도가 결정되는 것도 아니다. 세상에는 완벽해야 한다는 압박이 이미 충분하므로 아이들이 실패를 넓은 관점에서 보고, 좌절에 빠졌을 때 자기감정을 편안하게 털어놓을 수 있는 편안한 가정 환경을 만드는 데 가능한 모든 노력을 기울이자.

그리고 마지막으로 부모가 모범을 보이자. 자신이 실패한 모습을 보여주면서 아이에게 실패는 굴욕적인 일이 아니라 인간적인 일이라고 알려주자. 자신의 실패에 대해 자녀와 터놓고 대화하자. 아이의 실패를 자유롭게 이야기하게 하자. 부정적인 감정은 당연하다는 사실을 가르쳐주자. 항상 곁에서 아이들을 응원하자. 아이들이 살아갈 지구와 생태계에 관심을 기울이자. 주변 환경과 주변 사람들에게 친절해지자. 교사의 권위를 존중하자. 교사가 정당한 이유로 아이를 비판해야 했다면 교사 편에서 그 의견을 지지하자. 교사를 만날 때마다 아이가 성장할 수 있도록 헌신해줘서 고맙다고 전하자.

아이는 당신을 우상처럼 우러러본다. 불완전한 인간으로서 누릴 수 있는 기쁨을 받아들이며 자라는 일이 왜 중요한지 보여주자. 용기와 신념, 연민을 가지고 아이들이 어려움에 직면할 때 대처하길 바라는 방식대로 자신의 어려움에 대처하자. 이 모든 것을 실천한다면 아이들에게 활기차고 충만한 삶을 사는 데 완벽함은 필요조건이 아니라고 가르쳐줄 수 있을 것이다.

지난주 릭 싱어의 부정 입학 사기 사건을 다룬 넷플릭스 시리즈 〈작전명 바시티 블루스〉Operation Varsity Blues를 다시 봤다. 진정한 할리우드 스타일로 위험과 긴장감이 넘치는, 세련되고 극적인 촬영 방식이 돋보이는 작품이다. 어두컴컴한 집에 앉아 컴퓨터 화면을 골똘히 들여다보며 전화기를 귀에 대고 음모를 꾸미는 싱어의 음울한 장면들은 전화기 너머에 있는 부유한 고객들의 장면과 뒤섞인다. 고객들은 언제나 외국 어딘가의 베란다에 서서 넓게 펼쳐진 황홀한 풍경을 내려다보며, 어떻게 하면 아이를 활달한 수구 유망주로 보이게 할 수 있는지에 대해 자세히 설명하는 싱어의 말에 귀 기울인다.

환상적인 각본이다. 하지만 왠지 모르게 모든 게 다소 단순하게 표현됐다는 인상을 지울 수 없다. 감독은 시청자들의 시선을 사건에 단단히 고정시키지만 우리가 알게 되는 건 사실뿐이다. 그건 정교한 사기였다. 싱어와 부유한 고객들은 비난받을 만한 행동을 했다. 그들은 재판을 받았고, 일부는 교도소로 갔다. 끝이다.

유죄를 판결받은 가족들은 사실 엄청난 사기에 연루됐다. 그리고 그들은 특권을 누리지 못하는 아이들에게서 명문대 입학 기회를 효과적으로 빼앗았다는 점에서 파멸해야 마땅하다. 하지만 〈작전명 바시티 블루스〉는 싱어의 사기 행각이 애초에 존재할 수밖에 없었던 이유에 관해 더 불편한 이야기를 내놓는 데 실패했다. 그 이야기를 하려면 영화 제작자들은 카메라 줌을 뒤로 당기고 우리 경제와 그 경제가 창조해낸 사회에 관해 맹렬히 질문해야 했을 것이다.

물론 양육 문제에만 국한해 더 깊이 있는 질문을 던지지 못했다는 뜻은 아니다. 8장에서 살펴봤듯 소셜미디어에도 이와 똑같은 걸림돌이 존재한다. 현대 문화는 편안한 답을 찾으면서 약탈적인 광고, 중독성 있는 소셜미디어 플랫폼, 학교와 대학에서의 압박, 강압적인 부모 등 수많은 사회적 병폐를 서로 연결되지 않은 흥미로운 우연으로 보는 경향이 있다. 마치 아무도 부르지 않았는데 마법처럼 '펑' 하고 연기 속에서 나타난 것처럼 간주한다.

하지만 진실은 그렇지 않다. 충분히 들여다보면 모든 것이 연결되어 있다는 점을 알 수 있다.

직관적으로 알 수 있는 것은 아니다. 우리는 세상을 복잡한 전체가 아닌 개별적인 부분의 관점으로 생각하도록 배웠기 때문이다. 실제로 우리는 자기 자신을 '개인'으로 생각하라고 배웠다. 그래서 자연스레 사물 간에 작동하는 복잡한 관계를 간과하게 됐다. 부모는 아이들에게 언제나 더 잘하고, 노력하고, 완벽주의적인 기준에 맞추라고 강요한다. 자발적으로 노파심을 갖고 아이들을 끼고돌아서가 아니다. 이들은 사회의 심리적 대리인으로서 아이들을 몰아붙인다. 케빈과 이언이 경제가 소비하라는 대로 소비하는 것처럼, 소셜미디어 기업이 경제가 요구하는 대로 알고리즘을 짜는 것처럼 부모들은 경제가 양육하라고 요구하는 대로 아이를 키운다.

물론 〈작전명 바시티 블루스〉의 줄거리가 이런 식이었다면 전적으로 액션 드라마가 되지는 못했을 것이다. 하지만 우리가 문제의 근원을 훨씬 더 가까이에서 바라볼 순 있었을 것이다.

카렌 호나이는 아마도 완벽주의 같은 신경증을 고통받는 사람들 탓으로 돌리려는 우리의 충동을 집어낸 최초의 학자일 것이다. 그녀는 우리가 그런 신경증이 번성하는 사회적, 문화적 조건들을 따져보길 바랐다. 우리가 따라가지 못했을 뿐, 그녀 말이 옳았다. 헬리콥터 양육은 자연스럽거나 고정화된 양육 방식이 아니다. 성장에 집착하고 돈과 능력에 눈먼 경제가 보여주는 전형적인 양육 방식일 뿐이다. 다시 말해, 이는 문화적 현상이다. 광고, 소셜미디어, 학교와 대학에서 탁월해야 한다는 과도한 압박감처럼 헬리콥터 양육 역시 사회부과 완벽주의가 급증하는 데 기여하고 있다.

  이 이야기는 아직 끝나지 않았다. 완벽에 대한 집착을 한층 더 높이는 현대 문화의 마지막 영역이 남았기 때문이다. 젊든 나이 들었든, 부유하든 가난하든 간에 우리 대부분이 매일 마주하는 영역, 바로 일이다. 이제 우리 정신 전체를 빠르게 감염시키고 있는 현대의 고된 직업과 끊임없는 경쟁 문화에 대해 이야기해보자.

11

죽도록 일하기, 그리고 일의 기쁨과 슬픔
우리가 직장에서 그토록 불안한 이유

"그 근원에는 자립에 대한 미국인들의 집착이 있다. 죽도록 일하는 게 잘못된 경제 체제의 증거라고 우기는 것보단 죽도록 일하는 개인을 추앙하는 게 더 받아들이기 쉬우니까."
— 지아 톨렌티노Jia Tolentino [1]

배스에 살 때 내가 즐겨 찾던 카페가 있다. 개조된 조지 왕조풍 맨션 1층에 있는 이 카페는 배스에서 가장 유명한 로열 크레센트에서 엎어지면 코 닿을 정도로 가깝지만 사람들이 다니지 않는 한적한 구석에 자리한 아늑한 공간이다. 석조 계단을 따라 내려가면 장식용 깃발이 걸린 지하가 나오고, 그곳은 알록달록한 그림과 복원한 가구로 가득하다. 고백하건대 도시에서 가장 세련된 장소도 아니고 수익도 거의 나지 않는 이곳은 엠마의 안식처이자 왕국이었다.

엠마는 2018년 말 빈 공간을 임대해 카페를 열었다. 1년 전, 그녀는 광고 디렉터를 그만두고 10년 동안 일하고 살았던 런던을 떠났다. 합리적인 결정이었다. 그녀는 지쳤고, 새로운 도전이 필요했으며, 런던의 집값은 무섭게 치솟았다. 두둑한 연봉과 함께 무한 경쟁의 현장으로 돌아오라는 제안을 자주 받았으나 거절했다. 압박과 밤샘 작업과 까다로운 고객들의 당황스러운 요청을 더는 원치 않았다. 엠마에게 카페는 통장 잔고 이상의 의미가 있었다. 안식과 회복의 공간이었다.

오늘날 이렇게 특별한 페이스 변화는 흔치 않아 보인다. 누군가가 갑자기 가속페달에서 발을 떼고 느린 차선으로 굳건히 옮겨간다면 그 결정을 속으로 의심하며 바라보는 경향이 있다. 특히 런던이나 뉴욕처럼 "어떻게 지내세요?"라는 질문에 "너무 바쁘죠."라고 말해야 세련된 대답처럼 들리는 과열된 대도시에서 제자리에 가만히 머문다는 건 쇠퇴의 신호가 될 수 있다. 이런 곳에서는 앞으로 나아가지 않고, 스스로 뭔가를 만들어내지 못하면 미끄러운 커리어 사다리에 오르지 못한다. 솔직히 말해 출세하고 싶지 않은 사람이 어디 있을까?

나는 배스로 이사하고 엠마를 알게 됐다. 어느 날 아침 여느 때처럼 커피를 사러 간 길에 배스의 운 나쁜 관광객에 대해 농담을 던지자 엠마는 요란하게 웃었다. 몇 달이 지나고 카페는 내 아지트가 됐다. 카페가 조용할 때면 엠마는 내게 어떻게 지내느냐고 물었고, 나도 엠마에게 똑같이 질문했다. 우리는 우정을 쌓으며 천천히 서로에 대해 조금씩 알아가기 시작했다. 그렇게 엠마의 과거 삶에 대해 알게 됐다. 최근 나는 엠마에게 근황을 확인하며 이 책에 그녀의 경험을 공유해도 괜찮을지 물었다.

엠마의 경력은 화려하다. 20대 초반, 젊고 에너지 넘쳤던 엠마는 졸업하고 대도시로 나가 사회생활을 시작하고 짜릿한 커리어를 만들어가길 열렬히 바랐다. "졸업했을 때 정말 신났어. 워릭 대학교에서 영문학으로 수석 졸업하고는 곧 마케팅 광고나 소셜미디어, 브랜드 콘텐츠 담당 같은 일을 하고 싶다고 깨달았어. 프리랜서가 확실한 시작점이었지."

하지만 불꽃은 곧 사그라졌다. 프리랜서는 자유를 약속했지만 실제로는 스트레스와 고립감을 안겨줬다. 엠마는 기업 고문들의 자서전을 쓰거나 지루한 기업 서사를 쓰는 일처럼 자극 없는 업무의 구렁텅이에 자주 빠져들었다. 그녀는 이렇게 회상했다. "능력도 부족하고 나를 알아주는 사람도 없다고 느꼈어. 그리고 런던은 외로운 곳이었지." 사람들은 그녀의 목소리에 피드백을 주기는커녕 반응을 보일 의무도 없었다. 그녀는 작업 내용을 합의해봐야 대부분 시간 낭비였다고 불평했다. "돈 내는 사람 변덕에 맞춰서 이렇게든 저렇게든 배를 몰고 가야 하는 거야." 그리고 불가능한 요구를 충족시켜줄 수 없다면? "그냥 형편없는 평점과 혹독한 리뷰를 받는 거지."

사람을 의기소침하게 만드는 시간들이었다. 오래지 않아 엠마는 모든 경험을 쥐어짜 이력서를 쓰고 좀더 안정적인 일자리에 지원했다. 여러 번 거절당한 끝에 그녀는 마침내 런던 웨스트엔드에 있는 작지만 잘나가는 PR 회사에서 신입사원으로 일하게 됐다. "정말이지 이직은 불안정한 긱Gig(정규직이 아닌 임시직으로 운영되는 경제 체제— 옮긴이) 노동의 탈출구였어. 때가 된 거였어. 인생을 내 손으로 통제할 수 있어야 했거든." 그녀가 말했다.

그런데도 위험 요소는 여전히 존재했다. 신입 마케팅 직원의 임금은 악명 높을 정도로 낮고, 계약은 대체로 불안정했다. "정식 고용 기간은 2년이었지만 상사는 내가 언제든 해고될 수 있다고 처음부터 확실히 밝혔어."

하지만 위험은 결실을 맺었다. 엠마는 입사하고 2년 동안 회사 안에서 자신의 입지를 넓히려고 노력했고, 여러 유명 고객사로부터 좋은 평판을 쌓았다. 물론 희생이 없지는 않았다. "나는 끊임없이 일했어. 거의 매일 밤늦게까지 근무하고, 당연히 주말에도 출근했지. 중요한 파티나 이벤트에는 항상 참여했고." 그녀는 아무 일도 하지 않을 때면 자신이 게으르고 비겁한 사람처럼 느껴졌다고 회상했다. "말하기 부끄럽지만 가족이나 친구와 여행할 때 온전히 그 자리에 집중하지 못하기도 했어. 계속 '일해야 하는데' 하는 생각만 했지."

이런 식으로 한계를 넘어서는 일은 개인의 선택으로 보이기도 한다. 어떤 면에서 우리는 자유국가에서 살고 있고, 따라서 자기 의지대로 무리하게 일을 하거나 하지 않을 수 있다고 생각한다. 하지만 이것이 그리 간단한 문제가 아니라는 걸 안다. 물론 자잘한 무보수 노동은 거절할 수도 있지만 그 거절이 계속되면 그 사실을 주목받을 것이다. 자리에 머물면서 누군가가 자신을 필요로 할 때 자기 상황을 양보하지 않고 잔업을 계속 거부한다면 현대 직장에서는 빈축을 살 것이다. 미국의 사업가 일론 머스크는 트위터에 이렇게 올리기도 했다. "일주일에 40시간 일하면서 세상을 바꾼 사람은 아무도 없다." "80시간 정도는 지속적으로 일하고, 때로는 100시간까지 일해야 한다."[2]

엠마는 과로한 일상을 몇 년 더 이어갔다. 여러 직장을 전전하다 잠시 프리랜서로 돌아가기도 했다가 마침내 한 광고회사의 부장급 자리에 안착했다. 그때쯤 엠마는 이 업계에서 자기가 상상했던 것보다 훨씬 더 많은 것을 이뤘다. 하지만 인내심은 점점 바닥을 드러냈고, 점차 비관적으로 변해가기까지 했다.

"나는 내 일을 일종의 라이프 스타일처럼 여기고, 영적인 차원을 부여하면서 내 소명이라고 믿기 시작했어." 하지만 엠마의 일은 그녀를 사랑하지 않았다. 그리고 곧 업계의 피상적인 특성들이 그녀를 갉아먹기 시작했다. "의미 없는 문구이긴 하지만 동경이라는 게 요즘 모든 회사가 정말 중요하게 생각하는 부분이야. 재미있거나 복잡하거나 생각에 빠지게 만드는 게 아니라 그냥 반짝이나 좀 뿌린 다음에 동경의 대상으로 만드는 거지. 그런데 문제가 있어. 어떻게 그걸 계속할 거야? 어떻게 반짝이는 캠페인을 잇달아 내놓을 거야? 사람들이 어느 순간 냉소적으로 변하지 않고 계속 신화적인 이상형을 좇도록 납득시키면서 말이야." 그녀는 설명을 이었다. "내가 출세하고 있다고 막연하게 느끼기는 했지만 진정으로 발전하고 있다고 느낀 적은 없어." 새로운 경제의 산업 대부분이 그렇듯 광고는 성공의 척도가 모호한 것으로 악명 높다. 엠마는 그 기준이 '애매모호하다'면서, 가끔은 사후에 기준이 만들어지기도 한다고 했다. "불확실한 건 모두 무서워. 특히 한시적으로 계약을 맺고, 비용이 발생하고, 내년에도 계속 일할 수 있을지 알 수 없는 상황에서는 더 그렇지."

엠마는 세상에서 자기 자리를 찾을 수 있을 거라 확신하며 런던으로 왔지만 지치고 멍하고 어느 때보다 불확실한 상태로 런던을 떠났다. 그녀는 자기를 가장 갉아먹은 것은 만성적인 불안감이라고 말했다. "계속되는 실적 압박을 견뎌낼 만큼 광고계에서 입지를 확고하게 다졌다는 생각은 들지 않았어. 확신이 있다거나 내가 하고 있는 일에 믿음이 있는지도 알 수 없었어. 더 젊은 사람들이, 나보다 갈망하는 게 많고 필요하다면 얼마든지 희생할 의지가 있는 사람들이 계속 치고 올라오고 있었거든. 나는 그 사람들처럼 나를 내세울 수 없었고, 틀에 박힌 일상이 지겨워지기 시작했어. 솔직히 말하자면 완전히 지쳐서 탈진한 상태였지."

카페는 엠마의 도피처였다. 나른한 배스에서 동네 엄마들과 근처 대학의 지친 교수들에게 케이크와 카푸치노를 내어주며 그녀는 마침내 천직을 찾았다. 그녀에게 뭔가를 되돌려주고, 안정감을 주며, 수정처럼 명료한 목적 의식을 주는 일이었다.

공급자 중심 경제는 가장 짧은 시간 동안 최대한 많은 돈을 벌기 위해 많은 인적 자원과 천연자원을 고갈시킨다. 수십 년 동안 이런 규칙에 따라 살면서 수십 년 전 사람들이 상상할 수 없을 정도로 엄청난 수준의 부를 누리고 있는 것은 분명한 사실이다. 하지만 엠마가 발견한 것처럼 우리가 그 부를 누릴 수 없다는 것도 사실이다. 심지어 음미할 수도 없다. 이 경제가 계속 성장하는 데 필요한 과로를 중단해야만 가능한 일이기 때문이다. 우리가 속도를 늦추고, 더 많이 쉬고, 덜 노력한다면 그 휴식의 결과는 다른 노동자들에게 별도로 주어질 것이다.

즉, 경제 체제는 다소 순환적인 방식으로 그저 우리를 계속 일하게 만들기 위해 끝없이 작동해야 한다는 의미이다. 어떻게 그럴 수 있을까? 답은 물론 불안정성이다.

현대 노동 사회에서 어른이 된다는 것은 불안정해진다는 뜻이다. 얼마를 벌든, 더 정확하게는 얼마나 열심히 일하든 일은 결코 끝나지 않는다. 그저 계속 진행되거나 형태가 바뀌거나 새로운 것으로 대체될 뿐이다. 노동의 결실에서 지속적인 만족감을 느끼는 경우는 드물며, 안정감을 느끼는 경우는 훨씬 적다. 그저 지금 생활 수준을 유지하기 위해 급여를 받고 일하며, 또 몸을 갈아 일하고 돈을 조금 더 벌고, 몸을 갈아 일하고 돈을 더 많이 번다. 모든 것은 영원히 계속될 듯 보인다.

    이런 불안감에 대한 엠마의 경험은 특별하지 않으며, 그에 대한 감정적 반응도 마찬가지이다. 오늘날 일에 대해 이야기할 때 우리는 종종 얼마나 많이 일하는지, 얼마나 끔찍하게 소진됐는지 말한다. 사실이다. 추가 업무, 본업, 부업, 업무 시간에 못 한 일을 따라잡으려고 보내는 시간까지 합치면 주 40시간을 성실히 일하고 있다고 시사하는 급여 데이터를 조롱하게 된다.[3] 실제로 근무한 시간을 보면 주당 평균 노동 시간은 48시간에 달하며, 무려 노동자 19퍼센트가 주당 60시간을 훨씬 초과해 일한다는 진실이 드러난다.[4]

    이런 놀라운 수치 뒤에는 다른 이유가 있다. 과거에는 업무 자체가 지치고 때때로 힘들더라도 기본적인 업무 리듬과 루틴이 단순했다. 하지만 이제는 다르다. 일하는 패턴이 완전히 바뀌었고, 그렇다고 일 자체가 덜 힘들어진 것도 아니다. 엠마의 이야기는 일의 규칙이 급진적으로 다시 쓰이고 있는 새로운 경제의 맥락에서 이런 전환이 가져오는 심리적 피해를 보여주는 증거이다.

    빠르게 성장하는 환경에 조직들이 유연해지고 적응하면서 안정적인 주거 공간과 규칙적인 업무 시간 같은 과거의 안전성은 무너지고 그 자리에 완전히 다른 우선순위가 자리하고 있다. 우리 부모님 세대가 헌신적이고, 전문 기술을 갈고닦고, 조직에 충성하는 직원들에게 보상하는 회사에서 일했다면 현대의 회사는 불안정성과 변화에 대처할 수 있는 기민하고 유연한 모험가들, 그리고 한시적이고 단편적인 계약에도 기꺼이 몸을 던지는 사람들에게 보상한다.

기꺼이라고 말했지만 우리에게 선택권이 있는 것은 아니다. 과거의 노동자 보호장치가 폐기되면서 기업은 마음대로 직원을 고용하고 해고할 수 있게 됐고, 사실상 고용을 임시적인 형태로 만들었다. 2005년부터 2015년까지 미국 경제에 추가된 신규 일자리 대부분은 어떤 면에서는 임시적인 형태이며, 개인사업자와 프리랜서, 계약직 직원 수가 가장 크게 늘었다.[5] 이 새롭고 유연한 노동시장의 메시지를 해석하자면 이렇게 말할 수 있다. "너무 편안해하지 마." "당신은 일회용이야."라고도 말할 수 있겠다.

단기간 고용되고 안정성도 없이 커리어가 낯선 개념이 될 수도 있는 새로운 세대가 등장하고 있다. 이들은 자신을 조직의 사다리를 오르는 인재가 아니라 고용 거래 시장에서 가장 높은 가격에 교환될 수 있는 임대 가능한 자산으로 본다. 이런 규칙에 따라 노동자의 정체성은 소비자 정체성과 마찬가지로 가변적이고 끊임없이 브랜드화되어야 한다. 허슬링hustling (본래 '거칠게 떠밀다', '재촉하다'라는 의미이나 최근 '원하는 목표를 달성할 때까지 전력을 다해 맹렬히 도전한다'라는 의미로도 쓰인다.—옮긴이)은 우리 자신을 바라보는 상식적인 논리를 뒷받침하는 논리이다(그게 아니면 뭐가 있을까?). 이는 우버에서 임시직으로 일하거나 매킨지에서 컨설팅하는 일만큼이나 학벌 경쟁과 인스타그램 기반 사기를 관통하는 논리이기도 하다.

미국 대선후보 힐러리 클린턴Hillary Clinton 은 노스캐롤라이나주에서 청중들에게 이렇게 말했다. "평생 괜찮은 월급을 주는 안정적인 일자리를 유지할 수 있을 거라 기대했던 기존 직업 모델은 오래전에 사라졌습니다." 클린턴 말이 절대적으로 옳다. 그녀가 말하는 기술이나 직업에 대한 평범한 헌신, 내 할아버지 같은 사람들이 정직하게 생계를 꾸려나가던 모습 같은 것들은 확실히 구식으로 보인다. 클린턴은 이렇게 덧붙였다. "20대와 30대 국민들은 완전히 다른 경제 환경에서 성인이 됐습니다."[6]

이 달라진 경제에서 중요한 것은 어떤 일을 얼마나 깊이 있게 숙달하느냐가 아니라 얼마나 빨리 마치고 다음 일로 넘어갈 수 있느냐이다. 물론 일이지만 일을 위한 일이다. 인류학자 데이비드 그레이버David Graeber 는 이를 '무의미한 일자리Make-Work'라 불렀다.[7] 인내심과 숙달 대신 바쁘게 서두르는 상태가 끊임없고 공허하게 이어지는 상태를 말한다. 최근 래퍼 피프티 센트50Cent 가 나이키 캠페인에 쓴 가사에 따르면 우리는 "일어나, 몸을 갈아 넣고"Rise and Grind "더 바쁘게 일해"Hustle Harder야 하며, 패스트패션계의 거물 몰리 매 헤이그Molly Mae Hague의 말처럼 "하루 24시간"을 모두 다 사용해야 한다. 이 문화는 우리에게 무엇을 하든 멈추지만 않으면 된다고 말한다. 게으름을 피우거나, 속도를 늦추거나, 심하게는 그저 무엇을 위해 이렇게 끝없이 몸을 갈아 넣는지 생각할 시간을 갖는 것만으로도 뒤처질 수 있기 때문이다.

이런 압박감 속에서 일과 삶의 균형은 당연히 엉망이 된다. 일을 다른 모든 것으로부터 분리하기도 점차 어려워진다. 엠마의 이야기가 보여주듯, 지금 이 시간이 수익성에 어떤 해악을 미칠지 끊임없이 걱정하고 있다면 여가 시간을 즐기거나 특별한 이유 없이 흘려보내기 어렵다. 2016년 업무 습관에 관한 한 연구에 따르면, 많은 직장인이 여행과 휴가를 자주 포기한다고 답했다. 고용주에게 "완전한 헌신"을 보여주고 싶고, "언제든 대체 가능한 사람"으로 여겨질까 봐 두려운 데다 휴식하는 데 "죄책감을 느끼기" 때문이었다.[8]

충분히 일하지 않는다는 죄책감에서 그 누구도 자유롭지 못하다. 사다리를 타고 높이 올라갈수록 그 죄책감은 더 강해진다. 사람들이 기억하는 한, 사회에서 가장 부유한 사람들은 일하는 시간의 양을 요란스레 미덕으로 만든다. 그러기를 원해서가 아니다(물론 우리는 그런 걸 좋아하는 사람들 중 한 명이 누군지 알고 있다). 사회적 지위를 유지하기에 충분한 돈을 벌려면 법과 금융, 의료계처럼 아주 좁은 엘리트 직업군에서 눈물이 쏙 빠질 만큼 긴 시간을 일해야 하기 때문이다. 예를 들어, 런던 로펌의 주니어급 변호사는 하루 평균 열네 시간 일한다.[9] 그리고 월스트리트 은행원들은 오전 9시에 출근해 다음 날 오전 5시에 퇴근하는 이른바 '뱅커 나인 투 파이브 Banker nine-to-five'로 일하고 있다.[10]

노동 수요가 늘수록 기대치도 높아진다. 예를 들어, 연간 평가에서 만족스러운 점수를 얻어도 즉시 그 점수가 전혀 만족스럽지 않다고 깨닫게 된다. 심지어 요즘 일부 기업에서는 가차 없는 기준을 내세우는 일이 유행처럼 번지고 있다. 영국에서 가장 잘나가는 핀테크 기업 레볼루트Revolut는 자사 웹사이트에 기업의 "기준이 아주 높습니다."The Bar is Very High라고 취업 희망자들에게 경고하며, 직원이 "완벽함"에 미치지 못하면 "아프더라도" "친절하게가 아니라 정확하게" 평가받을 것이라고 덧붙였다.[11]

물론 레볼루트 같은 핀테크 기업은 직원들에게 완벽주의를 요구하는 일에 대해 대부분 기업보다 훨씬 개방적으로 알리고 있을 것이다. 하지만 그렇다고 해서 대학을 비롯해 다른 직장에도 이런 요구가 똑같이 확산되어 있지 않다는 의미는 아니다. 내 동료들이 증언하듯, 대학에서 승진하려면 학생 평가를 5점 만점에 4점 이상 꾸준히 받아야 한다. 4점에 가까운 점수를 받았다면 다음 해에도 계속 강의할 수 있다. 3점을 받은 사람은 곧바로 추가 교육을 받을 수 있다. 3점에 못 미치면 근신에서 살아남기 위해 노벨상을 받아야 할 수도 있다.

내가 대학교수를 예로 든 까닭은 이들이 한때 돈을 벌어야 한다는 압박에서 어느 정도 분리되어 있었기 때문이다. 하지만 더는 그렇지 않다. 대학은 생존하기 위해 공급자 중심 경제를 수용하면서 사기업의 이미지로 학교를 개편하기 시작했다. 이런 개편은 특히 젊은 교수들을 힘들게 한다. 이들은 새로운 행정에 맞춰 가장 탄력적으로 자신을 변화시켜야 하며, 생산성 혹은 연구역량평가Research Excellence Framework의 표현처럼 '성과Output'를 보여주면서 자신의 불안정한 위치를 영원히 정당화해야 한다.

경쟁은 맹렬하다. 예전에는 논문 한두 편만 발표해도 교수 자리를 유지할 수 있었다면 지금은 네 편을 발표하고도 최종 후보에 오르면 운이 좋다고 본다. 그리고 세미나 참석, 저녁 강의, 콘퍼런스, 네트워크 행사, 지도, 그 외 무보수 행정 잡무 등 '선택적인' 추가 업무도 잊지 말자. 이런 일에서 빠질 수도 있다. 하지만 그랬다가는 불합격 편지를 줄줄이 받으며, 수많은 지원자 가운데서 돋보이려면 이런 활동들이 필수적이었다는 사실을 깨닫게 될 것이다.

사실 교수직은 자리가 너무 부족해 이 추가 업무들을 모두 수행하더라도 한 학교에 자리 잡기 어려울 수 있다. 마음을 편히 먹고 기회가 있는 곳이면 어디로든 움직여야 한다. 그렇게 나는 불안정한 일이 만들어내는 은밀한 피해를 또 하나 발견하게 됐다. 바로 '유동성'이다. 요즘 교수직을 갓 시작하려는 사람들에게 묻는 질문은 "이 일을 얼마나 원합니까?"가 아니다. "인생을 얼마나 보류

할 수 있습니까? 정착하지도 않고, 자리 잡지도 않고, 공동체도 찾지 않고, 장기적으로 연애도 하지 않으며, 아이도 없어야 해요. 일을 위해 그럴 준비가 됐습니까?" 적당히 성공한 교수가 되기 위한 험난한 길에서 나는 인생 대부분을 보류해야 했다. 2013년 이후 나는 세 개 대륙 일곱 도시에서 일곱 가지 직업을 가졌고, 2년에 한 번씩 이사했다. 이 이야기가 극단적으로 들릴 수도 있지만 교수들에게는 그리 드문 일이 아니다.

다른 산업에서도 그리 드문 일이 아닌 건 마찬가지이다. 성인은 평균적으로 직장 생활을 하는 동안 약 열두 번 정도 이직하며, 그중 상당 시간을 긱 이코노미라는 가장 불안한 분야에서 보낸다.[12] 곤란한 문제이다. 하늘 높은 줄 모르고 치솟는 월세나 집값, 부채, 일반적인 생활비, 노력의 결과를 일방적으로 분배하는 불평등한 경제 속에서 하루하루 버티는 게 어떤 기분인지는 말할 것도 없다. 이 허슬 문화에서 혜택을 받는 건 건강과 행복은 물론 자신이 가진 모든 것을 바쳐 일하는 사람들이 아니다. 영국 노동 인구의 4분의 1에 해당하는 800만 명의 젊은 근로자는 평균 실질 임금이 꾸준히 상승하는 경제에서 일해본 적이 없다.[13] 하지만 기업 이익이 급증하는 곳에서는 일한 적 있다.[14]

공급자 중심 경제는 분명 성장의 놀라운 수단이다. 하지만 이 모든 성장이 어디로 가는지는 명백하지 않고(기업과 주주들에게로 간다), 다른 모두가 치러야 할 대가도 확실하지 않다(정체된 임금, 쇠퇴하는 생활 수준, 엄청난 불안정 등이다). 이런 식으로 생각해보자. 성장하지 않으면 쇠락할 수밖에 없는 현대의 기업들은 가능한 한 사회보장제도와 의료보험, 지속적이고 신뢰할 수 있는 일정과 같은 책임 비용 부담 없이 직원들의 생산성을 높이는 쪽이 이상적일 것이다. 따라서 예전처럼 직원들을 고용하는 대신 이제 계약을 맺고 직원들이 추가적인 임금 인상 없이 이 책임 비용을 떠맡도록 한다. 이 모든 것은 우리가 신나고 새로운 허슬러 계층의 일원이라고 말하는 촌극 덕이다.

여기서 내가 우려하는 바는 안정성이 근로자에게서 회사로 은밀하게 옮겨갔다는 부당함이 아니다. 그보다는 이들의 심리적인 결과와 완벽주의가 최우선이 된 이유가 더 큰 문제이다.

불안정은 처음에는 자유처럼 느껴질 수 있다. 겉에서 보면 분명 꿈의 직장처럼 보인다. 인생의 주도권을 쥐고 언제 어디서든 원하는 곳에서 일할 수 있고, 강압적인 상사의 요구에 얽매이지 않고 운명을 스스로 개척할 수 있기 때문이다. 이것이 엠마가 처음 커리어를 시작하면서 신났던 점들이다. 위험을 감수하고 새로운 기술을 배우면서 지명을 넓혀갈 수 있으리라 기대했다. 하지만 허니문 기간이 지나고 뼈저린 깨달음이 찾아왔다. 불안정은 한 번으로 끝나는 것이 아니었다. 날이 갈수록 그녀는 제대로 하지 못했다는 새로운 불안감을 안고 처음부터 다시 시작해야 했다. 그리고 엄청난 성과를 기대하지만 보장해주는 것은 별로 없는 기업의 세계로 뛰어들면서 일상의 압박이 계속 밀려들었다.

불안정은 정의 그대로 우리가 잘하고 있고, 변화를 만들어가고 있으며, 다음 주나 다음 달 아니면 다음 해에 해고되지 않으리라는 확신이 부족하다는 뜻이다. 이런 확신이 없으면 삶은 매우 불안정하게 느껴질 수 있다. 우리는 버려질까 봐 끊임없이 두려워하고, 검증과 긍정적인 피드백을 받으려고 과하게 조심하며, 자신을 너무 많이 드러내는 일을 경계하게 된다. 수치심은 특히 우리가 실수할 때 자주 찾아온다('어떻게 이렇게 멍청할 수 있지?'). 그리고 일하지 않는 동안 엄청난 죄책감을 느끼면서 고된 일상을 벗어나 삶을 즐기기 어렵다.

이런 감정에서 벗어나려고 우리는 항상 더 많이 일한다. 주변 사람들 눈에 이상적인 일꾼으로 비치면 불안감 속에서 일하느라 억눌린 정서를 회복할 수 있다. 하지만 잠시뿐이다. 곧 상향된 목표, 예상하지 못한 장애물, 전 세계적인 팬데믹 등 속도를 더욱 빠르게 만드는 뭔가가 나타나기 때문이다. 테트리스 게임에서 단계를 높여가듯 일단 새로운 페이스에 도달하면 그 속도는 다시 한번 빨라진다.

그렇게 계속되고, 또 계속된다.

경제적 생존은 말할 것도 없고 노동 정체성이 이 숨 가쁜 추격전에 달려 있는 상황에서 우리는 쉴 수 없다. 미국 성인의 80퍼센트가 스스로 '열심히 일한다'고 평가하며, 게으르다고 답한 사람은 3퍼센트뿐이었다.[15] 그건 괜찮다. 우리는 열심히 일하고 있으니까. 하지만 여기서 의문은 누가 이득을 보느냐는 것이다. 우리 자신일까, 아니면 우리와 계약을 맺은 회사일까? 우리가 아무리 열심히 일해도 불안정하다는 건 결코 충분히 보장받을 수 없다는 사실을 뜻한다. 이 경제에서는 우리가 이룬 성과가 아니라 이를 향한 끊임없는 노력이 중요하다. 어쩌면 우리의 성취는 전혀 중요하지 않을 수도 있다.

다시 말해, 우리는 너덜너덜해지도록, 혹은 그 이상으로 일할 때만 가치를 인정해주는 경제 체제의 상식을 내재화하고 말았다.

직장이라는 신성한 제단에서 자신을 더 많이 희생할수록 완벽주의는 직장 생활의 필수 요소로 굳어질 것이다. 그리고 이미 젊은 이들의 유행어에서 그 모습이 보이고 있다. 밈 문화의 모든 유행어 중 "될 때까지 그런 척해라."Fake it till you make it만큼 현대 직장에서 완벽주의가 보편화됐음을 완벽하게 표현한 문장은 없을 것이다. 이를 번역하자면 "나는 이 일을 해낼 수 있을지 스스로 확신이 없고 극도로 불안하지만 어쨌든 완벽하게 해낼 것처럼 행동할 거야."라는 뜻이다. 불안감은 우리가 충분히 열심히 일하고 있는지 끝없이 의심하고 두려워하면서 성공을 위해 끊임없이 노력하지만 결코 충분히 발전했다고 믿지 못하게 하는, 그 누구도 이길 수 없는 가식의 게임을 계속하게 한다.

불안정한 일은 이 완벽주의를 선택이 아닌 필수로 우리 안에 새겨 넣는다. 우리는 성공은 둘째치고 대처하는 데 필요한 지능과 기술, 순수한 신체 에너지가 없다고 진심으로 믿는다. 이런 불안감은 엠마를 오랫동안 사로잡았고, 결국 그녀는 불안을 떨치고 다른 일을 하기로 마음먹었다. 그녀에게는 올바른 결정이었다. 하지만 자원이 적고 대안은 더 적은 많은 사람이 유일하게 선택할 수 있는 것은 다른 사람들과 함께 계속 몸을 갈아 넣으며 일하고 결국 그것이 최선이라고 믿는 일뿐이다.

매년 엠마 같은 젊은이 수백만 명이 노동시장에 진입한다. 이들의 완벽주의는 이미 높은 수준이며, 고용 불안은 그 수위를 더욱 높였다. 데이터가 없어 증명할 수는 없지만 분명 그렇게 보인다. 18세에서 29세 사이 청년 40퍼센트는 일과 삶의 균형, 그리고 직장에서의 스트레스 수준을 자주 또는 거의 항상 걱정한다.[16] 사무직 종사자들은 일반적으로 자신의 직장 생활을 10점 만점에 6점으로 평가한다.[17] 그리고 노동 인구의 절반 이상이 지치고 완전히 번아웃됐다고 말한다.[18]

코로나19 팬데믹은 이런 오랜 추세를 더욱 악화시켰다. 미국심리학회의 '일과 행복 조사'Work and Well-being Survey에서 미국 근로자들은 2020년과 2021년 높은 수준의 번아웃을 보였다. 열 명 중 여덟 명이 일과 관련한 스트레스를 보고했고, 3분의 1은 일에 어떤 흥미나 노력도 보이지 않는다고 답했다. 또 다른 3분의 1은 인지적 피로와 정서적 고갈을 보고했다. 그리고 거의 절반이 신체적 피로를 보고했는데, 이는 2019년보다 거의 40퍼센트 증가한 수치이다.[19] 미국뿐 아니다. 2022년 13개국 직장인 1만 5,000명을 대상으로 한 조사에서 네 명 중 한 명은 번아웃 증상을 보고했다.[20]

이처럼 번아웃에 시달리는 직원이 늘어나면서 온라인에서는 소위 '조용한 퇴사Quiet Quitting'를 장려하는 운동이 등장했다.[21] 이 표현은 소셜미디어에서 수백만 번 공유됐고, 자기 업무를 넘어서는 일은 하지 않는 행위를 전적으로 경축한다. 이 움직임은 현대 직장에서 스트레스와 긴장에 대응하는 태도가 변하고 있다는 점을 시사한다. 특히 불안정하고 보상이 확실하지 않은데 건강과 행복을 희생하면서까지 더 열심히 일하는 건 자신에게 불필요하게 가혹한 업무 방식이라는 사실을 깨닫고 있는 듯하다.

물론 견딜 수 없는 수준의 불안감이 이 파업 시위를 일으킨 유일한 원인은 아니다. 하지만 상당히 큰 원인일 수는 있다. 최근 미국에서 실시된 여론조사에 따르면 자기 직업이 안전하다고 느끼는 노동자는 5분의 1에 지나지 않았다.[22] 실제로 요즘 일자리가 너무 불안정하다 보니 놀랍게도 급여를 받는 직장인 30퍼센트가 불안정한 일자리 중 가장 불안정한 프리랜서가 오히려 더 안정적일 거라고 답했다. 2021년에만 왜 3,800만 명의 미국인이 직장을 떠났는지 이 답변이 어느 정도 설명해준다.[23] 이들 중 30퍼센트는 엠마처럼 자기 사업을 시작했고, 나머지 대다수는 프리랜서로 전환했다. 현재 전환 속도라면 2027년에는 미국 노동자 대부분이 자영업자가 될 것이다.[24]

우리는 자신을 위해 일할 때 더 안정감을 느낄까? 이 질문에 대한 답은 별로 중요하지 않다. 한 임시직에서 다른 임시직으로 빠르게 넘어간 경력으로 가득한 새로운 세대에게 안정이라는 개념은 어차피 낯설기 때문이다. 불안정성이 직장 생활의 피할 수 없는 면이라면 우리 모두 알고 있듯 내 환경을 완전히 장악하고 소유하는 것이 당연하다. '대퇴사Great Resignation' 또는 '조용한 퇴사'가 주는 교훈이 있다면 사람들이 불안정한 일자리에 대안이 없다고 결론 내리고 있다는 사실이다. 그러니 자기 자신을 위해 몸을 갈아 넣거나 아예 일하기를 거부한다.

그렇다면 이제 완벽주의가 필요 없는 방식으로 직장을 탐색할 때가 됐는지도 모른다. 이 경제에서 그 길을 개척하기는 쉽지 않을 테니 자기 자신을 믿어야 한다. 여유를 가질 수 있다고 믿고, 일이 잘 풀릴 때 행복할 수 있다고 믿고, 집에 가서 가족을 만나고, 친구를 만나며, 사무실 밖에서 걱정이나 죄책감 없이 좋아하는 일을 하면서 시간을 보낼 수 있다고 믿어야 한다.

완벽주의자에게는 하나하나 놀라운 일일 것이다. 하지만 충분히 괜찮은 것에 익숙해질수록 상황을 흘려보낼 때라고 더 쉽게 받아들일 수 있을 것이다. 연구에 따르면 일과 삶의 균형을 유지하는 직원은 번아웃된 직원보다 생산성이 훨씬 높았다.[25] 속도를 늦추기로 한 결정에 긍정적인 피드백을 받을 때마다 자신감이 커지고, 더 일해야 한다는 속삭임과 불안감에 흔들리지 않고 스스로 휴식할 여유를 허용하게 될 것이다.

당신이 관리자라면 조직에 들어오는 젊은 직원들이 완벽주의를 지향하는 경우가 늘어라리라는 사실을 인식하자. 이들은 당신이 완벽을 추구하리라고 예상할 것이다. 그러니 첫날부터 그렇지 않다고 알려주자. 직원들이 비난이나 평가를 두려워하지 않고 실패해도 편안해할 수 있도록 조직문화에 심리적인 안전감을 갖추자. 건전한 위험 감수를 장려하고, 사람들이 자기 생각을 말할 수 있도록 하며, 창의성을 장려하고 보상하자. 세상에 바보 같은 질문은 없다는 점을 동료들에게 알려주고, 내쳐질까 두려워하지 말고 자기 의견을 표현할 수 있도록 독려하자.

하지만 완벽주의적인 직원들이 새로운 환경에 곧바로 적응하리라고 기대하지는 말자. 완벽주의자들은 어쨌든 위험을 회피하는 경향이 있다. 인내심을 가지자. 이들에게 시간을 주고 응원을 보내자. 점차 편안해지면 능력을 드러내기 시작할 것이다. 이 능력을 최대한으로 활용하자. 완벽주의자들은 깊이 생각하고, 세부 사항에 귀 기울이며, 그렇게 할 수 있는 분위기만 갖춰진다면 복잡한 문제도 잘 해결할 수 있다. 마침 이들이 꾸물거리면서 일을 망치거나 어려움을 겪고 있다면 연민을 가지고 개입하자. 충분하면 충분하다고 알려주자. 계속 알려주자.

　일을 마무리하는 것이 일을 완벽하게 해내는 것보다 훨씬 훌륭하기 때문이다.

　최근 엠마의 카페에 깜짝 방문했다. 카페는 여전히 독특한 매력을 풍겼지만 놀라울 정도로 조용했다. 이 업계에서는 전 세계적 팬데믹의 폐해가 생계비 위기로 이어졌다. "발길이 뚝 끊겼어." 엠마가 말했다. "관광객은 예전만큼 오지 않고, 사람들은 재택근무를 더 많이 하는 것 같아. 동네 사람들 외출도 줄었어." 엠마는 돈 때문에 카페를 열지 않았기 때문에 팬데믹 전에도 수익은 크지 않았다. 하지만 이제 거의 돈을 벌지 못했다. "내 인건비도 내 통장에서 충당하고 있는데 얼마나 더 버틸 수 있을지 모르겠어."
　"광고계로 돌아갈 거야?" 나는 물었다.
　"아마도." 그녀는 대답했다. "하지만 이제 나는 떨어져나간 쭉정이 같아. 다시 돌아갈 수 있을지도 잘 모르겠어."
　엠마는 업계로 돌아갈 것이며, 마음속 깊이 그 점을 알고 있을 것이다. 엄청나게 성공했던 이 여성이 자신을 의심하는 모습만 봐도 그 사실을 알 수 있다.
　엠마는 틀에 박힌 일상에서 자유로워지고 싶어 카페를 열었다. 하지만 이곳에서도 자신이 통제할 수 없는 상황에 무관심할 수는 없었다. 요즘은 무슨 일을 해도 불안정하다. 모든 일이 불안정하고 흔들리는 기반 위에 세워져 있기 때문에 크고 작은 좌절, 장애물, 갈등, 질병, 경제적 충격에 취약하다. 그리고 팬데믹은 의심할 여지 없이 현대 경제에서 새롭게 출발한 이들에게 대참사를 안겨줬다.

엠마의 이야기, 그리고 급강하는 일의 안정성을 다룬 더 넓은 이야기를 전하면서 내 목표는 일자리가 얼마나 형편없어졌는지 곱씹거나 이 세대가 얼마나 어려움을 겪고 있는지 한탄하려는 것이 아니었다. 나는 상황이 어떻게 연결되어 있는지 강조하고 싶었다. 그 누구도 마법의 지팡이를 휘두르며 일자리가 반드시 불안정하고, 임시적이며, 한시적이고, 고용주의 의무에서 완전히 자유로워져야 한다고 명령하지 않았다. 우리 경제가 최대한 짧은 시간 안에 최대한 크게 성장해야 한다는 대원칙에 따라 그렇게 만든 것이다.

이제 우리 모두 느끼는, 좀처럼 사라지지 않는 굳건한 불안을 생각해보면 모든 것이 실제로 연결되어 있다는 사실을 알 것이다. 우리가 직장에서 그토록 불안한 이유는 학교와 대학, 헬리콥터 부모가 우리를 한계점까지 밀어붙이거나 약탈적인 광고주들이 우리에게 부족하다고 느끼게 만드는 이유와 같다. 우리는 만족을 느끼기에 충분한 정도보다 훨씬 더 성장해야 하는 경제 사회에 살고 있다. 완벽주의는 부수적인 피해일 뿐이다. 우리 경제의 병적인 의존성에 대한 대가는 우리 개개인의 불안감으로 치러야 한다.

이 점을 염두에 두고 우리는 도대체 무엇을 할 수 있을까?

제4부

어쩌면 더 행복하게 사는 법

12

자신을 받아들인다는 것은
만족을 모르는 세상에서 '나 정도면 괜찮아'의 힘

> "있는 그대로 드러낼 수 있다면 지금 내 모습은 그걸로 충분하다."
> — 칼 로저스Carl Rogers [1]

폴 휴잇이 의사로서 완벽주의자들과 부딪히며 겪은 가장 어려운 문제는 치료가 아니었다. 치료가 필요하다고 인정하게 만드는 일이 문제였다. "완벽주의에서 가장 큰 문제는 완벽주의자들이 완벽주의가 문제의 근원이라는 사실을 보려 하지 않는다는 거예요." 그는 최근 내게 거의 모든 완벽주의자에 대해 이렇게 말했다. "고도의 능력과 최대화, 역량 같은 가면 뒤에 고통을 숨기는 데 놀라울 정도로 능숙해요."

완벽주의에서 벗어나고 있는 내게 폴의 말이 고통스러울 정도로 정곡을 찔렀다. 절대 충분하지 않다는 덫에 걸렸을 때, 유일하게 중요한 방법은 완벽해지는 것이라 확신할 때 우리는 완벽주의가 문제라고 생각하지 않는다. 오히려 그 반대이다. 완벽주의가 세상에서 나를 떠받쳐주는 유일한 존재라고 생각하는 동안 주변 모든 것은 불길에 휩싸이고 만다.

사회 역시 완벽주의를 문제의 일부로 인식하지 않는다. 발끝으로 가까스로 서서 다른 사람보다 윗자리를 차지하며, 더 크고 더 좋은 것을 끊임없이 손에 쥐려 하는 이 모든 행동을 두고 사회는 그것이 보상이며 대부분 사람이 살아가는 방식의 청사진이라고 말한다. 이 행동들이 만들어내는 문제가 있다면 완벽주의가 앞으로 발전해나갈 수 있는 방식이자 영광의 휘장이며 우리가 가장 사랑하는 결점이라고 말하는 통념의 무게 뒤에 숨는다는 점이다.

하지만 완벽주의는 영광의 휘장이 아니며 이 세상에서 당신을 떠받쳐주지도 않는다. 이 책이 그동안 설명하려 애써왔듯 그 근원에서 완벽주의는 결핍적인 사고에 대한 반응이다. 그 결핍적인 사고가 지나치게 극단적이다 보니 우리는 평생 수치심의 그늘에 산다. 우리가 가지지 못한 것, 우리가 보이지 못하는 모습, 그리고 우리가 하지 못한 일들에 대한 수치심은 성공의 상징이 아니다. 우리를 생생하게 인간으로 만들어주는 바로 그 존재, 즉 우리의 결점에 대한 혐오일 뿐이다.

이 사실을 아는 것만으로도 조금은 위로가 되길, 행동을 촉구할 수 있길, 그리고 문제를 인식하고 다른 방향으로 첫걸음을 내디딜 수 있는 추동력이 되길 희망한다. 곧 이 과정을 이야기해보려 한다. 하지만 그 전에 완벽주의가 어디서 왔는지 살펴봤던 내용들을 잠시 되돌아보고자 한다. 여기에서도 인식의 자산에 불과한 것들을 통해 위안을 얻을 기회가 있기 때문이다.

우리의 개인주의적인 문화에서 완벽주의를 개인적인 특성이 아닌 다른 것으로 상상하기란 어렵다. 하지만 내 연구는 흥미로운 발견을 바탕으로 등장했다. 나는 완벽주의가 모든 사람에게 생겨나고 있다는 사실을 발견했다. 그리고 우리 환경이 완벽을 요구한다는 신념인 사회부과 완벽주의는 가장 빠르게 부상하고 있다. 이 두 가지 사실은 우리 내면이 아니라 우리 사회 내부에서 뭔가가 잘못되고 있다고 지적한다. 내가 주장한 바는 그 뭔가가 바로 더 많고, 더 크고, 더 좋은 것에 영원히 집착하는 문화에서 생겨난 과도한 노동과 과도한 소비에 대한 압박이라는 점이다.

그런 집착에서 생겨난 모든 특성은 우리 내면에 너무 깊숙이 박혀 있어서, 우리 성격 안에 그런 특성이 존재하는 것을 당연하고 자연스러우며 심지어는 바람직하다고까지 생각한다. 그중에서도 완벽주의는 가장 우위를 점하고 있다. 우리는 영혼의 스톡홀름 증후군(인질이 납치범에게 동조되고 감화되는 심리 현상―옮긴이)에 시달리면서 이 경제 서식지에 섞여들었고, 불만족의 필연성을 받아들이도록 서식지를 세운 사람들과 공모했다. 이 증후군은 아마도 공급자 중심 혁명의 가장 놀랍고도 오싹한 유물일 것이다. 바로 지금 벌어지는 일은 정상도 아니고 자연스럽지도 않기 때문이다. 여기에는 대안이 있었고, 여전히 대안이 있다. 그리고 다음 장에서 그 일부를 이야기하려 한다.

지금은 먼저 유전자와 초기 인생 경험을 제외하면 완벽주의는 우리 자신의 선택이 아니라 더 넓은 문화의 압력으로 탄생한다는 개념을 되짚어보자. 나는 이 견해가 어딘가 허무주의적이라고 생각한다. 완벽주의는 스스로 고칠 수 있는 개인적인 능력 밖에 존재한다는 의미이기 때문이다. 그럼에도 완벽주의가 본질적으로 우리의 문제이며 '홀로 해결해야 할 문제'라고 말하는 대안보다는 훨씬 희망적인 생각이라고 주장한다.

많은 이가 틀림없이 반대할 것이다. 이들은 '체제'에 책임을 돌리는 것은 우리가 스스로 변화할 수 있다는 희망을 거의 완전히 지워버리는 행위로 읽힐 수 있다고 말할 것이다. 하지만 내가 지우고자 하는 것은 헛된 희망이다. 이 문화 안에서 조금만 긍정적으로 생각하면 충분하지 않다는 고정된 인식을 극복할 수 있다는 말로는 부족하다. 완벽주의는 단순히 지각이 아니기 때문이다. 완벽주의는 논리적이고 합리적인 감정으로, 그 강도로 치면 완벽주의를 탄생시킨 가혹한 조건과 동등하다. 모든 인생 꿀팁, 마음챙김, 자기돌봄의 끝에서 불안감을 먹이로 삼는 경제가 여전히 그 자리에 남아 있는 걸 발견할 때 우리는 더 크게 절망할 뿐이다.

완벽주의에서 벗어나려는 최선의 노력이 그로부터 벗어나지 못하는 개인의 무능력 탓에 더 힘겨워진다는 사실을 깨달으면 몹시 괴로워질 수 있다. 이해한다. 하지만 완벽주의에서 벗어나기 위한 최선의 노력이 자신이 충분하지 않다는 핵심적인 믿음을 내면화시켜야 하는 경제 상황 때문에 더 힘들어진다는 건 완전히 다른 이야기이다. 이렇게 말하는 게 직관에 반하는 듯 보이지만 그 다른 이야기는 절망보다는 안심을 안겨준다고 진심으로 믿는다.

왜일까?

자신에게 불리하게 작용하는 힘의 크기를 가늠해보면 완벽해지려는 필요는 어떤 방식, 형태로든 자기 잘못이 아니라는 걸 깨닫게 되기 때문이다. 당신은 존재 그대로 충분하다. 당신을 소비하고 둘러싼 문화가 당신이 이해할 수 없는 존재 속에서 숨 쉬고 진정으로 받아들이지 못하게 만들 뿐이다.

이 사실을 깨달을 수 있다면, 깜짝 놀랄 만큼 멋진 자신을 소중히 여기고 사랑할 수 있다면, 당신이 갖춰야 한다고 느끼는 모든 것이 그저 문화로 인해 길들여진 개념이며 그 개념들이 순전히 경제를 배불리기 위해 존재한다는 사실을 안다면, 그리고 적어도 지금은 그 구조적인 제약으로 자신을 완전히 바꿀 수 있는 능력이 제한된다는 사실을 안다면 당신은 이 세상이 던지는 최악의 공격도 받아칠 수 있을 것이다. 그것이 진짜 희망의 모습이다. 이 희망은 정직하다. 이 희망은 실제 모습 그대로 세상과 맞선다. 그리고 변해야 할 사람은 당신이 아니라 세상이라는 사실을 먼저 일깨우지 않고 개인의 변화에 대한 거짓 약속으로 사람들을 현혹하지 않을 것이다.

우리는 완벽주의의 악순환을 끊을 수 있다. 하지만 먼저 우리가 통제할 수 있는 것들에는 한계가 있다는 사실을 인식하고 받아들이도록 하는 지식으로 무장해야 한다. 우리 꿈은 자주, 아무런 경고도 없이 산산이 부서지고, 상황은 우리가 계획하지 않았던 방향으로 펼쳐질 수 있다. 비결은 우리 경제가 바라는 대로 후회와 자기혐오의 늪에 빠지는 것이 아니라(누군가가 쇼핑 요법을 말했던가?) 무슨 일이 있어도 시간은 여전히 흐르고 우리는 계속 존재한다는 사실을 알고 조작할 수 없는 현실 속에서 만족스럽게 살아가려고 노력하는 것이다.

바로 이 이유로 나는 이 책의 많은 부분을 우리가 완벽에 집착하는 근본적인 원인을 밝히는 데 할애했다. 흔히 말하듯 아는 것이 힘이다. 그리고 우리가 허락한다면 지식은 놀라운 치유의 원천이 될 수 있다. 이 모든 것이 내가 재활하면서 여러 차례 연습했던 지점으로 나를 데려간다. 바로 수용이다. 움직이고, 숨 쉬고, 존재하는 단순한 행위만으로 우리는 소중하다는 것, 즉 우리는 충분하다는 사실을 받아들이자. 그리고 우리의 잘못 없이도 문화는 계속해서 불안을 주입하려 할 것이라는 사실을 받아들이자. 그걸로도 괜찮다. 우리는 우리가 해야 하는 방식으로 반응할 필요가 없고, 끊임없이 상황을 개선할 필요도 없으며, 완벽해야 할 필요도 없이 그 현실을 받아들일 수 있다.

수용은 포기가 아니며, 우리를 둘러싼 부당함을 그저 받아들이는 일도 아니다. 상황이 바뀌기를 원하고 그 변화를 선동하면서도 여전히 있는 그대로의 세상을 만날 수 있다. 그것이 우리의 도전 과제이다. 이제 문화적 고정관념의 가장 기본적인 요소인 '성장'에서 시작해 수용의 행위를 더 자세히 살펴보자.

이 책을 쓰기 전에 내가 심리적 성장이라는 개념에 상당히 매료되어 있었다는 사실을 고백해야겠다. 성장의 사고방식은 완벽주의를 특징짓는 경직된 행동과 비합리적인 신념을 교정해줄 강력한 전략으로 보였다. 결국 성장이란 과정, 도전, 학습, 발전 등 통제할 수 있는 모든 좋은 것과 관련되기 때문이다. 항상 좌절을 극복하거나 더 잘 실패해야 한다는 이 사고방식은 더 충만하고 본질적으로 만족스러운 삶의 토대를 제공한다.

하지만 그 후 나는 이 책을 썼다. 그리고 성장에 관해 더 많이 생각할수록 이 사고방식이 보이는 것과는 전혀 다르다고 느끼게 됐다. 우선 나는 아무리 건강한 것이라 해도 어떤 것에 집착하고 싶지 않다. 그 강박관념의 경직성은 바로잡아야 할 상황들만큼이나 방해가 되기 때문이다. 하지만 그보다 중요한 것은 성장하려는 노력과 완벽하려는 노력이 맞서 싸우게 하는 일이 요점에서 벗어난 다는 점이다. 성장만이 전부인 경제가 탄생한 배경과 마찬가지로 성장만이 전부인 사고방식은 우리를 성장하게만 할 수 있다. 즉, 흔들리거나, 좌절하거나, 장애물에 부딪히거나, 단순히 실수했을 때 우리는 실패라는 아주 평범한 경험을 성장을 의미하는 다른 뭔가로 바꿔야만 한다.

버락 오바마는 2009년 미국 초등학생들을 대상으로 한 연설에서 이런 유명한 말을 했다. "실패가 여러분을 규정하게 내버려둬서는 안 됩니다. 실패가 여러분을 가르치게 해야 합니다."[2]

현명한 조언처럼 들린다. 하지만 자세히 들여다보면 그 본질적인 메시지는 명확하게 비인간적인 점을 옹호하고 있다. 왜냐하면 실패와 부족함을 단순히 인간이라는 존재의 의미를 일깨워주는 즐거운 경험으로 받아들이면 안 된다는 뜻이 담겨 있기 때문이다. 허나 실은 정반대이다. 오바마의 연설처럼 "잘 실패하라."라는 미사여구가 주는 교훈은 실패를 항상 경계하고, 실패를 겪을 때마다 성장의 구원 서사에 따라 재기할 수 있는 방법을 찾아내 실패를 상기시키는 어떤 흔적도 남겨서는 안 된다는 점이다.

"잘 실패하라."의 모든 클리셰는 실패에 마법의 가루를 뿌리려 한다. 실패를 살균하고, 잘 차려입힌 다음 '성장'이라는 번쩍이는 명패를 달아 세상에 내보내려 한다. 이 '기분 좋게 느껴지는' 진부한 이야기들은 우리의 연약한 인간성을 홀로 내버려두거나 좌절과 실패, 실망, 취약함, 단점 등이 삶에 스미도록 절대 허락하지 않는다. 이런 것들이 우리 삶에서 먹거나 마시는 일만큼 생명을 유지하는 데 중요한 형태일 수 있는데도 그렇다. 왜 우리는 항상 성장하고 탁월해야 하는가? 왜 실패는 끊임없이 재기를 요구하는가? 왜 우리는 실패를 그저 있는 그대로, 인간이라는 유한한 존재의 평범하고 자연스러운 일부로 내버려둘 수 없는가?

툭 터놓고 이야기하자면 성장의 사고방식은 실패를 축하하자고 주장하지만 실제로는 완전히 반대이다.

성장 뒤에 더 큰 성장이 뒤따르고, 또 그 뒤를 더 큰 성장이 뒤따르며 완벽주의로 덮이는 것, 이것이 '성장이 전부다'라는 경제학의 본질적인 심리이다. 하지만 우리는 수익 최대화를 위해 계속 변경되는 사업 모델이 아니며, 성과 최대화를 위해 끊임없이 미세하게 조정되는 기계 장치도 아니다. 우리는 지칠 수 있는 인간이다. 나이 들고 쇠약해진다. 우리가 성장할 수 있는 자원에는 한계가 있다.

초인적인 인내력을 갖춘 우리라도 가끔은 실패에서 배울 수 있는 점이 거의 없을 수 있다는 사실을 떠올리는 쪽이 현명할 것이다. 우리는 정확히 무엇을 해야 할지 알고 있었다. 하지만 헷갈렸고, 밤잠을 제대로 못 잤으며, 더 능력 있거나 특권을 가진 누군가와 부딪혔다. 그게 인생이다. 짜증스러운 일은 벌어진다. 그리고 이때 '성장이 전부다'라는 심리는 심각하게 역효과를 낸다. 온정적인 자기성찰보다 끊임없는 자기개선의 덫에 우리를 가둬두고, '성장'을 추구하도록 더욱 강하게 밀어붙이기 때문이다. 그 성장이 어떤 모습이든 간에 결국에는 완벽해질 필요성으로 인해 감금되고 만다.

지금 우리 대부분이 이 새장에 갇혀 있지만 부지불식간에 우리를 가두는 개념이 이뿐은 아니다. 체제가 성장에 집착하는 일을 곧이곧대로 완벽에 집착하는 탓이라고 비난하다 보면 '피해의식'이라는 함정에 쉽게 빠질 수도 있다. 우리는 분노와 억울함, 분개 때문에 함정에 빠지고, 아무리 그럴듯하게 정당화하더라도 고통만 얻을 것이다.

이것이 완벽주의를 버리고 수용을 지향할 때 한 새장에서 다른 새장으로 바로 뛰어넘어서는 안 되는 이유이다. 그렇다, 공급자 중심 경제는 우리의 불안에 책임이 크고, 부자와 권력자들이 우리를 광범위한 만족의 최초 징후에 따라 무너지는 사회 안에 배치하기 위해 고안됐다는 사실은 분노할 이유가 충분하다. 하지만 '체제'는 우리가 개인적으로 바로잡을 수 있는 영역이 아니라 집단적인 행동으로 응답해야 할 정치적 질문이다.

우리가 통제할 수 있는 건 그 지식에 대응하는 방식이다. 문화적 조건의 엄청난 무게를 극복할 방법을 찾을 수 있다면 불완전한 신체와 정신을 끊임없이 성장, 업데이트, 개선할 필요 없이 포용 가능하다는 점을 배울 수 있기 때문이다. 또 이런 신체와 정신이 다양한 속도와 방향으로 나아갈 수 있다는 점도 알 수 있다. 물론 때때로 우리는 성장을 향해 전진할 것이다. 하지만 어떤 때는 스스로 성장하고 있다는 사실을 거의 인식하지 못한 채 더디게 나아갈 수도 있다. 방향을 완전히 바꾸거나 스스로 움츠러들거나 그저 시간의 흐름대로 늙고 쇠약해지도록 내버려둘 수도 있다.

우리가 성장을 위해서만 심리적인 공간을 허락한다면 다른 현실을 받아들이지 못하고 거부하게 된다. 인생에서 속도를 늦추고 퇴보하고 실패할 수 있도록 허용하고 이를 우호적으로 받아들이면서 가끔은 불편한 대화를 나눌 수 있다면 인간이 된다는 것이 진정 무슨 의미인지 명료하게 생각해보는 데 도움이 될 것이다. 왜 성장이, 더 많고 더 크고 더 나은 것을 끊임없이 추구하는 일이 우리가 생각하는 문제점들에 대한 대답이 되지 않는지 명확하게 생각해보는 데도 도움이 될 것이다.

어떻게 하면 우리 자신을 수용하는 쪽으로 방향을 설정할 수 있을까? 이 질문에 관해 생각할수록 분석해야 할 점이 너무 많이 보였다. '그 정도면 충분해'는 시작하기에 좋은 지점으로 보인다. 하지만 여기서도 그리 간단하지 않다. 우리 자신에게 말해줘야 할 한 가지는 '나 정도면 괜찮아'이다. 그 반대로 말하는 데 전념하는 문화에서 그 말을 진심으로 믿는 것은 또 다른 문제이다. 따라서 수용은 그저 우리 자신을 수용하는 데서 끝이 아니다. 이 책에서 계속 이야기했듯 우리가 살고 있는 문화가 그 수용을 가장 어렵게 만들 것이라는 점을 받아들여야 한다.

그 진실을 똑바로 바라보고 거기에서 시작하자.

카렌 호나이는 문화를 치료의 동맹군 맨 앞에 내세웠고, 결코 진실을 세탁하지 않았다. 언제나 사실대로 말했고, 완벽주의를 요구하는 문화에서 완벽주의의 갑옷을 벗겨내는 엄청난 도전을 환자가 보지 못하도록 감추지 않았다. 그녀는 이렇게 말했다. "우리의 한계는 대부분 문화적이고 사회적인 조건에서 비롯한다."[3] 호나이는 내재적인 소속 욕구와 자존감, 그리고 만족 사이에 갈등이 있을 것이라는 점을 알았다. 또한 대세를 거슬러 올라가려면 이 욕구들이 충족되어야 하는 것도 알고 있었다. 우리가 그럭저럭 살아남기 위해 문화의 흐름에 맡겨야 할 때가 있다는 점도 인식했다.

이것이 수용이다. 우리 자신과 한계, 그리고 더 넓은 세상에서 우리가 통제할 수 없는 상황이 어떻게 우리의 가장 깊숙한 불안에 영향을 미치는지에 대한 아주 맑고 깨끗한 인식을 기반으로 한 수용이다. 호나이는 "위협적"일 수도 있는 세상에서 자신을 수용하는 일은 "온전히 실현할 수 없을 어려운 여정"이 되겠지만 그래도 여전히 "전폭적으로 헌신할" 가치가 매우 크다고 말했다.[4] 그 여정을 시작할 준비가 됐다면, 완벽의 가면을 벗어던지고 이상화된 이미지를 내려놓고 다른 사람들에게 공개할 수 있다면 호나이 자신이 그랬듯 진짜 자신과 가까워질 수 있다는 기쁨을 점점 더 크게 경험할 것이다. 이것이 완벽의 허울 아래 있는 자신의 진정한 본질이다.

그 후에는 미처 깨닫기도 전에, 심지어 의식적으로 노력할 필요도 없이 완벽주의에 대한 필요성을 점점 덜 느끼게 될 것이다.

호나이에 따르면 이 여정을 시작하는 핵심은 '심리적 평균에의 적응'이 애초에 완벽주의라는 문제를 일으켰다고 인식하는 것이다.[5] 심리적 평균에 적응한다는 의미는 내가 과감하게 '영혼의 스톡홀름 증후군'이라 부른 개념과 같다. 우리는 문화에 적응하는 일이 우리에게 해를 끼친다는 관점을 가져야 한다. 그런 다음 문화가 부추기는 충동 대신 호나이의 '심리적 건강'을 즐기는 법을 배우기 위해 열심히 노력해야 한다.[6]

심리적 건강은 자기 자신과 감정을 모두 받아들이는 일을 가리키는 호나이의 용어이다. 1930년대와 1940년대 가부장 문화에 적응하는 데 어려움을 겪었던 호나이는 수용을 향해 첫걸음을 떼는 일은 극도로 어렵지만 성공이 보장되어 있지 않아도 시작할 수 있다고 일러준다. 시간이 흐르고 연습하다 보면 상황이 달라질 거라고 안심시킨다.

과정을 믿고 자신을 수용하는 일은 분명 낯선 영역이다. 때로는 절망하고, 자신의 모든 면이 지나치게 정체를 드러내 있는 그대로 받아들이기 어려울 때도 있을 것이다. 그리고 인생이 대개 그렇듯 소외 계층이나 소수 인종 출신이라면 가면을 벗는 일이 더 어려울 것이다. 사회의 '이상'에 맞춰 자기 모습을 대부분 굽히고 바꿔야만 하는 사람들에게 인내는 미덕이 될 수밖에 없기 때문이다. 이 점에 대해서는 이렇게 생각해보면 어떨까. 기타를 처음 잡자마자 〈호텔 캘리포니아〉 후렴구를 연주할 수 있는 사람은 없다. 같은 논리로 인상을 관리하겠다는 본능에 가까운 열망은 하루아침에 배울 수 없다.

하지만 인상 관리의 이면에는 우리가 연구해야 할 더 근본적인 불안이 자리하고 있다. 바로 평가에 대한 두려움, 거절에 대한 두려움, 실패에 대한 두려움이다.

이 불안을 똑바로 마주하는 일은 아마도 가장 중요한 다음 단계일 것이다. 극도로 어려운 일이지만 꾸준히 전념해보자. 이를 실천하는 좋은 방법은 자신에게 완벽이 어떤 모습인지 목록으로 작성해보는 일이다. 그런 다음 목록을 훑어보고 근본적인 불안에 불편한 방식으로 도전할 수 있는 일을 골라보자. 직장에서 친근한 얼굴로 대화하고, 필터 없이 셀피를 찍고, 소셜미디어를 잠시 멈추고, 실패할 때마다 자신에게 친절하고, 바보같이 느껴지는 질문을 해보며, 평소 불편하게 느꼈던 상황에서 말해보고, 입사 지원서를 제출하고, 상사에게 연봉 인상이나 승진에 대해 이야기하거나, 열정 페이를 거절하고, 현재 지위를 포기하고, 사랑하지만 세상에서 가장 잘하지는 못하는 그 일을 해보자.

그런 다음 무슨 일이 일어나는지 살펴보자. 어떻게 됐는가? 어떻게 느끼는가?

이 작은 걸음들이 만들어내는 불안을 경험하자. 가만히 앉아 그 느낌을 생각해보자. 반응하거나 억누르거나 다른 것으로 바꾸지 말자. 그저 그 감정이 자신을 통과하도록 내버려두자. 스스로 동요하는 모습에서 중요한 메시지를 깨닫게 될 것이다. 패배에 대한 두려움은 말할 것도 없고 당신이 절실하게 필요로 하는 인정은 완벽한 자아를 위한 지지대일 뿐이다. 그 깨달음을 받아들이고 자신에게 묻자. "불가능한 모습의 나를 두려워하면서 살아갈 가치가 정말 있을까?"

그 두려움에 계속 맞서고, 자신을 드러내는 것이 점점 더 편안해지면 외부의 모습을 점점 더 많이 받아들이자. 당신과 거리가 먼 힘, 당신의 영향권과 멀리 떨어져 있는 힘이 그대로 밀려오도록 내버려두자. 마치 모든 것이 완벽해질 수 있는 것처럼 운명, 행운, 시간의 흐름에 끊임없이 맞서 싸우려는 충동에 저항하자. 일어날 일은 일어날 것이다. 친구와 지인들은 당신에게 상처 주는 말과 행동을 할 것이다. 상사와 정치인들은 인생을 바꾸는 어려운 결정을 내릴 것이다. 자연재해, 기상이변, 치명적인 팬데믹은 '뉴 노멀New Normal'의 일부가 될 것이다.

이런 확실성 중 어느 하나도 통제는커녕 예측할 수도 없다. 가끔은 가장 예상하지 못한 순간에 그냥 불쑥 튀어나올 것이다. 행운과 운명이 전혀 상관없는데도 우리의 직관은 임상심리학자 데이비드 스메일David Smail이 '마법의 자원봉사Magical Volunteerism'라고 부르는 오류에 의지한다. 이는 오직 우리의 노력만으로 삶의 궤적을 결정할 수 있다고 믿는 것이다.[7] 따라서 자기 자신을 수용하려는 노력에 더해, 우리가 바꿀 수 없는 일들의 불가피성을 받아들이려는 노력이 필수적이다. 즉, 평가와 거절, 실패의 두려움에 정면으로 맞서고, 자신을 드러내며, 고통과 절망, 고난의 시간을 인생에서 고치기 어려운 부분으로 받아들여 불필요한 고통과 자기혐오로 이어지지 않도록 막아야 한다.

심리학자 타라 브랙Tara Brach 은 이 수용을 '근본적 수용'이라 부른다.[8] 삶이 왜 더 나아지지 않는지 혹은 어떻게 더 잘해야 하는지 끊임없이 고민하는 대신 인생을 있는 그대로 수용하는 자세를 뜻하기 때문이다. 물론 생활환경과 그 환경의 결과로 인해 어떤 사람은 다른 사람들보다 수용하기가 더 어려울 수 있다. 하지만 그렇다고 해서 근본적인 수용이 덜 중요하다는 말은 아니다. 여러 의미에서 삶이 힘들기 때문에 근본적인 수용은 필수적이다.

그리고 또 한 가지 분명히 밝히고 싶다. 근본적 수용이란 인생에 주어진 운명을 포기하고 받아들이는 일이 아니다. 내게 벌어지는 일을 근본적으로 받아들이면서도 열심히 노력해 자신만의 길을 개척하고 그 길에서 위대한 일을 성취할 수도 있다. 다만 인생에서와 마찬가지로 노력할 때도 되도록 경험의 흐름에 몸을 맡기자. 성과, 지수, 포상, 지위, 순위 혹은 우리가 높이 오르기를 열망하지만 직접 통제할 수 없는 다른 많은 척도와 지표가 아니라 과정, 학습, 발전, 즐거움, 자기 발견 등을 추구하자.[9]

이런 노력을 파도 사이로 요트를 조종하는 일처럼 생각하자. 모든 것을 통제할 수는 없다는 사실을 깨닫고 위대한 일을 위해 노력하면 자신이 어디로 가고 있는지 대략 파악할 수 있으며 거기에 도달하기 위한 경로를 설정할 수 있다. 마법의 자원봉사를 믿는 사람들과 달리 여정이 얼마나 어려울지는 물론 도착하는 데 걸리는 시간이 여러 조건에 따라 달라진다는 사실을 충분히 인지하고 배를 몰 것이다.

항해 중 바람이 불고, 파도가 치고, 풍랑이 덮치는가 하면 인생이 항상 던져주는 휴식의 시간이 찾아오며 배는 위아래로 들쭉날쭉 움직일 것이다. 때로 순풍이 배를 밀어주면 그 순간을 마음껏 즐기자. 그저 앞으로 나아가기 위해 갖은 애를 써야 할 때도 있지만 어느 정도까지는 괜찮다. 날씨가 허락하는 대로 한동안은 조류에 따라 떠내려가야 할 때도 있을 것이다.

이런 현실을 받아들이려고 계속 연습하자. 그리고 견뎌내자. 모든 불편함의 순간은 그럴 가치가 있기 때문이다. 특히 조건이 나와 맞지 않을 때는 더욱 그렇다. 간단한 일은 아니다. 가장 힘겨운 시기를 겪으며 의심과 절망으로 가득 차 있을 때는 소셜미디어에서 요구하는 인상 관리, 가차 없이 끌어당기는 광고, 학교나 직장에서 가하는 경쟁의 압박 같은 것들에 고통스럽게 무너질 수도 있다. 그리고 다시 그 완벽의 가면을 뒤집어쓸 수 있다.

의기소침해질 수도 있지만 기억하자. 노력이 핵심이다. 우리가 가고자 하는 방향은 수용의 길이지 목적지에서 편안하게 쉬는 일이 아니다. 좌절을 겪을 때마다 우리는 개인주의적이며 모든 것을 다 가진 문화의 결을 거스르는 일이 얼마나 심각한 문제인지 새삼 깨닫는다. 그러니 항상 자신에게 친절하게 대하자. 물론 그게 놀랄 만큼 어려운 일이란 것을 알아야 한다. 또 성과와 관계없이 수용하려고 노력하는 단순한 행위가 우리가 할 수 있는 가장 용감한 일임을 명심하자.

계속 나아가자. 항복하지 말자. 매번 일어나 다시 사선에 설 때마다 자신감은 더 자라나고, 수용은 시야로 좀더 들어온다. 진정성 있는 결정을 내릴 때면 자연스러운 기쁨이 더욱 느껴질 것이다. 내 결정을 더 자주 온전히 책임지자. 나를 믿어보자. 다른 사람이 되려고, 다른 완벽한 사람이 되려고 노력하는 것보다 불편한 일은 없다. 생각하고 느끼고 무엇이 내 것인지 말할 수 있을 때 가장 큰 기쁨을 누릴 수 있다.

카렌 호나이에 따르면 치료의 목표는 정확히 이 기쁨을 달성하는 것이다. 이 기쁨은 환자가 자기 자신의 모습으로 돌아와 "진정한 통합성 Integration 그리고 전인성 Wholeness 과 전일성 Oneness 의 건강한 느낌"을 느낄 수 있음을 보여준다. "몸과 마음, 행위와 생각 또는 느낌이 일치하고 조화할 뿐 아니라 심각한 내적 갈등 없이 기능하기 때문"이다.[10] 호나이가 만난 사람 중 완벽주의가 가장 심했던 한 환자는 편지에 다음과 같이 썼다.

지금까지 저는 제가 여기에 존재하지 않는다는 단순하고 믿을 수 없는 이유로 인해 아무것도 모르고, 아무것도 이해하지 못했으며, 아무것도 사랑하지 못했습니다. 40년 넘게 인생을 살면서 저 자신으로부터 유배되어 있었으나 그 사실을 의심조차 못 했죠. 이제 그걸 이해하는 것만으로도 굉장히 기쁩니다. 모든 죽어가는 것의 마지막이며 새로운 삶의 시작입니다.[11]

이 환자와 마찬가지로 우리는 완벽주의가 삶에서 빼앗아가는 인생에 대한 관점을 얻을 수 있다. 그러고 인내심을 가지고 자신을 받아들이는 길, 즉 호나이의 환자가 강조했듯 '삶을 시작하는' 길에 오를 수 있다. '나는 내가 보이는 모습, 내가 가진 것, 내가 이룬 것이다'에서 '나는 지금 내 모습이고 지금 이대로 충분하다'가 된다. 그때 비로소 완벽주의의 덫에서 자유로워졌음을 알게 된다.

폴 휴잇은 완벽주의자들을 돕는 데 평생을 바쳐왔다. 완벽주의는 극도로 까다로운 문제이기 때문이다. 그가 여러 차례 관찰한 바에 따르면 환자들이 완벽주의가 문제의 근원이라고 직관적으로 아는 경우는 거의 없다. 심지어 일부는 자신이 완벽주의자라는 사실을 인식하지 못하기도 한다. 다시 말해 완벽주의를 극복하려면 먼저 완벽주의가 우리가 생각하는 것과는 다르다는 점을 이해해야 한다. 완벽주의는 우리를 능력과 고도의 기능이라는 토대에 세워주는 것이 아니라 그런 척 가장하는 불안과 수치심이다.

당신이 이 사실을 납득하는 데 이 책이 도움이 됐길 바란다. 이 가장 흥미로운 특성에 관해 새로운 지식을 갖추고 다른 길을 걷기로 결심하기를 바란다. 새로운 길을 택하려면 세상과 소통하고 세상을 바라보는 방식에 몇 가지 변화를 줘야 하는데 그중 상당수는 이 책에서 설명했다. 하지만 가장 중요한 변화는 이 장에서 이야기했다. 첫째, 완벽주의를 인지하고 해결해야 할 문제로 식별해야 한다. 둘째, 우리가 고통받는 이유는 우리 경제와 문화가 완벽주의를 요구하고 장려하기 때문이라는 점을 인지해야 한다. 셋째, 이런 현실 속에서 우리가 누구이고 삶의 어느 지점에 있는지 받아들이는 데 전념을 다하고, 그 수용을 온전히 실현하지 못하더라도 좀더 자주 들여다보는 것만으로 느끼는 기쁨은 목표에 도달하기 위한 도전보다 소중하다는 점을 알아야 한다.

마지막으로 분명히 밝혀야 할 점은, 우리가 야망을 가질 수 있고 위대한 일을 하는 데 헌신할 수 있다는 것이다. 노력은 죄가 없다. 내가 말하고자 하는 바는 그저 카렌 호나이가 설명하는 것과 같은 방식으로 노력하는 데 초점을 둬야 한다는 것이다. 이는 경험의 '흐름' 자체를 위한 것이자 그 경험이 이 세상에 남기는 결과에 관한 것이다. 성과나 다른 사람들의 인정을 위해서도 아니고, 무엇을 배울 수 있는지, 어떻게 '잘 실패'할 수 있는지, 혹은 우리가 '해냈다'

거나 전혀 '해내지' 못했다거나 하는 끊임없는 초조함을 위해서도 아니다. '우리는 지금 우리의 모습'이며 언제나 '지금 우리의 모습으로 충분하다'는 사실을 떠올려야 한다.

이것이 우리가 완벽주의의 덫에서 벗어나기 위해 개인적으로 할 수 있는 일이다. 그럼 사회에서는 어떨까?

13

오작동하는 사회에 부쳐
작지만 눈부신 삶에 대하여

> "맞닥뜨리는 모든 것이 변화할 수는 없다. 그러나
> 맞닥뜨릴 때까지는 아무것도 변화할 수 없다."
> — 제임스 볼드윈 James Baldwin [1]

이 마지막 장은 여러 의미에서 쓰기가 가장 어려웠다. 나는 의사가 아니라서 당연히 누군가에게 조언하는 일이 편하지 않다. 하지만 완벽주의와 싸우는 독자들에게 희망을 주고, 곤란함과 맞서 싸울 때 마음속에 품고 있을 뭔가를 내어주고 싶었다. 인내심을 충분히 발휘한다면 우리는 자신과 주변 환경을 모두 수용하는 태도로 무장할 수 있다. 그러면 천천히, 불규칙하게, 아직 정체를 드러내지 않은 것들의 껍질을 하나하나 벗기면서 다른 사람을 사랑한다는 사실을 깨달았을 때, 자연과 연결되는 반짝이는 순간에, 실제로 모든 아이에게서 볼 수 있는, 존재 자체와 감정 자체로 생기 넘치게 살아 있는 데서 오는 자발적인 기쁨을 점점 더 많이 발견할 것이다.

이런 기쁨은 우리가 충만함, 더 정확하게는 충분함Enoughness 을 마주했을 때 생겨난다. 그런 기쁨이 존재하고, 우리가 그에 접근할 수 있다는 건 반가운 소식이다.

반갑지 않은 소식은 당신과 나는 거기에 접근해서는 안 된다는 것이다. 이런 현실을 깨닫고 그에 따라 우리를 변화시켜야 할 책임을 자신에게 지운다면 다시 한번 개인의 책임을 구원의 중심으로 삼을 위험이 있다. 우리는 압박감을 내려놓는 데 도움이 되는 모든 일을 할 수 있고, 또 해야 한다. 용감해져라. 약점을 드러내라. 자신을 나타내라. 시도하고 상황을 흘려보내라. 자기 연민을 연습하라. 좌절을 받아들여라. 내면에서 삶의 길을 결정하고 자기 수용의 여정을 받아들여라. 하지만 이렇게 행동한다고 해서 우리 경제가 우리를 지속적으로 쥐어짜고 있다는 사실이 변하지는 않는다. 경제는 우리를 완벽주의의 환상에 침수시켜 계속 까치발을 하고 항상 더 많은 것을 향해 손을 뻗게 만든다. 우리는 이런 압박을 무찌를 수 있는 능력이 극도로 제한적이라는 사실을 받아들이기보다는 완벽주의를 향해 방향을 틀고, 완벽주의를 타도하지 못한 자신을 탓하곤 한다.

나는 당신이 이 압박감을 이겨내고 스스로 만족감과 자기 수용성을 높이기 위해 뭔가를 할 수 있다고 보여주려 애썼다. 그리고 당연히 뭔가를 하는 것이 아무것도 하지 않는 것보다 낫다.

하지만 여기서 멈출 수는 없다. 우리는 공유된 사회에서 살아가는 시민이며, 우리가 공유한 긴장을 눈에 띄게 개선하려면 집단적으로 관리하기로 동의해야 한다. 완벽주의자들은 정치인, 경제학자, 사회 계획가들 눈에 이상적인 노동자이자 소비자일 수 있다. 하지만 완벽주의자들이 점점 늘어나면서 우리가 일과 소비에만 관심 갖는 것으로 보인다면 뭔가 크게 잘못된 것이다. 동지애, 중요함, 소속감, 무조건적인 사랑, 자비, 연민, 정직과 같은 본질적인 욕구가 부재하고 불만족과 불안정, 우울, 불안, 불행처럼 소외된 감정을 느끼는 것은 오작동하는 사회의 잘못이다. 그리고 오작동하는 사회는 명백히 정치적인 문제이다.

이 책에서 나는 완벽주의가 대체로 문화 현상이라고 주장하려 했다. 완벽에 대한 집착, 그리고 완벽주의가 우리의 정신건강과 인간관계에 가하는 연쇄적인 타격은 강제로 뛰어야 할 결핍의 트레드밀과 같다. 우리는 스스로 불완전하다고 믿게 된 것들을 완벽하게 만들기 위해 점점 더 미친 듯이, 점점 더 긴장한 상태로 달리라고 강요받는다. 이 결정적인 시점에 우리가 하지 말아야 할 것은 계속 달리는 것이다. 우리에게 필요한 것은 트레드밀에서 내려오는 일이다.

이 사실을 받아들일 때까지는 완벽주의에 유의미하게 접근하기 어려울 것이다. 우리가 장난감과 전자기기를 몇 개 더 가지는 것보다 우리 자신과 지역사회, 지구의 건강을 돌보는 게 중요하다고 깨닫기 전까지는 말이다. 사람에 대항하기보다는 다가가고, 낭비하기보다는 절약하며, 다른 사람이나 자연계를 해하는 활동으로 이익을 얻기를 거부할 때까지 말이다. 다시 말해, 성장은 바람직하지만 필수적이지는 않다. 그것이 우리 건강과 행복을 희생하는 일이라면 더욱 그렇다.

이런 사회를 상상할 수 있다면, 사람들이 실제로 이런 세상에 살고 싶어 한다면 변화의 가능성은 있다. 가능성은 희망을 품을 수 있는 청사진이다. 상황이 꼭 지금과 같을 필요는 없다는 의미이다. 상황이 달라질 수 있다는 뜻이다.

이 장에서는 이런 미래의 모습을 그려보기 위해 일종의 사고 실험을 해보려 한다. 나는 우선순위가 근본적으로 바뀌고, 인간과 지구의 한계 안에서 번영하는 법을 배우면서 살아가는 데 전적으로 동의한 시민들의 논리를 그려내고 싶다. 그러면 우리는 어떤 것을 바꾸고 어떤 정책을 시행할까? 내 제안은 완전한 명제가 아니며, 어떤 식으로든 규범을 제시하려는 의도도 없다. 다만 이를 열린 마음으로 고려해보고, 그중 몇 가지 또는 모두 실현된다면 어떤 일이 일어날지 상상해보길 바랄 뿐이다. 우리는 더 나아질까? 더 행복해질까? 완벽주의는 여전히 우리가 가장 사랑하는 약점일까?

어떤 대가를 치르더라도 성장을 추구하는 일은 지속될 수 없다. 우리는 성장에 더욱 초연해질 수 있을까?

국내총생산의 단위로 영원히 살게 된 경제 성장은 전지전능한 세속의 신이다. 우리는 신전에서 그 신을 숭배하고 모든 고려 사항 중에서도 가장 높은 금빛 재단 위에 세운다. 경제가 성장하는 데 필요하다면 그게 인간이든 환경이든 무엇이나 항상 손에 넣을 수 있다. 한 예로, 코로나19 팬데믹 동안 나는 영국 정부가 봉쇄 조치를 비용편익분석 했다는 신문 기사를 읽었다. 영국 정부 고위직에 있는 일부 경제학자는 연간 사망자 수를 5만 명 미만으로 유지할 수 있다면 영국 경제를 봉쇄하지 않는 것이 경제적으로 '이익'이라고 결론 내렸다. 명확히 하자면 경제 성장을 위해 '용인할 수 있는' 사망자 수가 5만 명이라는 말이다.[2]

공중보건 위기를 성장의 관점에서 평가하는 일은 이 시대를 상징한다. 공중보건뿐 아니다. 돈으로 환산할 수 있는 사회의 모든 부분이 GDP의 추가 베이시스 포인트Basis Point(금리나 수익률을 나타내는 기본단위로 100분의 1퍼센트를 의미한다.—옮긴이)를 얻기 위해 잘게 쪼개져 팔려나가고 있다. 우리는 경제를 살아 숨 쉬는 유기체처럼 이야기한다. 마치 우리가 아니라 경제가 지속적으로 영양분을 필요로 하는, 지각을 지닌 주체인 것처럼 말이다.

"무엇이 경제에 좋지?" "무엇이 경제에 나쁘지?" 우리는 묻는다.

물론 경제 성장을 추구하는 일이 본질적으로 문제인 것은 아니다. 사실 초기 농경사회 발달 단계에서는 성장을 지속하는 일이 중요하다. 빈곤과 고통, 피할 수 있는 죽음을 끝내기 위해 유일한 방법이기 때문이다. 지난 25년간 광범위한 경제 성장으로 전 세계 10억 명 이상이 극한의 빈곤에서 벗어났다.[3]

실제로 오늘날 선진국들이 누리는 엄청난 풍족함은 대부분 경제 성장이 지속된 덕분이다. 눈부신 성공의 역사이다.

그러나 마침내 경제 성장과 함께 희소성의 딜레마는 해결됐고 일반적인 부의 수준은 성장과 개선된 생활 수준의 관계가 약해지기 시작하는 지점을 넘어섰다. 서구에서 우리가 한동안 머무르고 있는 지점이다. 이제 우리의 문제는 희소성이 아니다. 모든 사람에게 충분히 좋은 생활 수준을 제공하는 부의 수준에 도달했고 이 사실을 합리적으로 공유하고 있는데도 경제가 계속 성장하게 하려고 그 희소성을 실질적으로 유지한다는 것이 문제이다. 어떻게 그랬는지는 꽤 간단하다. 단순히 희소성이 존재하도록 조작했다. 그리고 이 책에서 우리는 희소성, 즉 부족하거나 충분하지 못하다는 느낌이 만들어지는 다양한 방법을 이야기했다.

여기에서 질문이 생긴다. 이제 희소성의 딜레마를 해결했으니 성장에 초연해질 수 있을까? 그리고 부족과 결핍, 결여가 아니라 낙관적인 뭔가로 원동력을 얻는 경제로 바뀔 수 있을까?

여러 의미에서 이 질문은 머지않아 논외가 될지도 모른다. 그런 경제를 도입하는 것이 선택이 아니라 필수가 될 수도 있기 때문이다. 우선 기후변화와 코로나19가 미치는 장기적인 영향에 더해 인구 노령화, 혁신 속도 지연, 엄청난 부채율, 에너지 비용 상승 같은 구조적 추세로 세계 경제는 이미 둔화되고 있다.[4] 두 번째로 경제가 1포인트 성장할 때마다 그만큼 동력을 가해줄 에너지 소비가 확대되어야 하므로 이미 우려스러운 기후변화의 영향이 가속화되고 재생에너지로의 전환이 지금보다 훨씬 더 어려워진다.[5, 6]

따라서 진짜 질문은 다음과 같을 것이다. 우리는 제때 정신을 차릴 것인가? 〈글로벌 붕괴를 예측하는 세계 모델에 대한 데이터 검사〉Data Check on the World Models That Forecast Global Collapse 라는 제목의 논문에서 네덜란드의 경제학자이자 지속 가능성 연구자인 가야 헤링턴Gaya Herrington 은 우리가 곧 바뀌지 않을 경우 직면할 어려움을 정확히 보여주는 분석 결과를 제시했다. 여러 성장 시나리오가 글로벌 식량 공급과 천연자원 매장량, 생태적 지속 가능성 같은 것들에 미치는 영향을 모델링한 결과 헤링턴은 우리가 생태적인 '붕괴의 패턴'을 코앞에 두고 있음을 발견했다. 이 붕괴의 패턴은 기술혁신을 아주 낙관적으로 가정했을 때만 '완만한 감소'로 늦춰질 수 있다.[7] 헤링턴은 이렇게 결론지었다. "인류는 의식적으로 선택한 것이 아니라 스스로 성장의 한계를 지운 길을 걷고 있다."[8]

금융제도에도 비슷한 패턴이 나타날 가능성이 있다. "세계 경제는 엉망이다." 영국의 경제학자 앤 페티포Ann Pettifor 는 이렇게 썼다.

왕실과 기업 그리고 가구 부채의 수준이 지속할 수 없는 수준에 도달했기 때문이다. 지속 불가능한 부채 수준으로 우리는 사실상 스스로 코너에 몰아넣었다. 페티포는 이렇게 말했다. "마약을 끊듯 단칼에 끊어야 제대로 기능하지 못하는 금융제도를 끝장낼 수 있다. 우리 금융제도는 비상자금 투입에 손쓸 수 없을 정도로 중독되어 있다."[9]

어떤 대가를 치르더라도 경제 성장을 추구하는 일에 의문을 제기해야 하는 이유는 더 있다. 개인적 차원에서 우리가 견딜 수 있는 불안감에는 한계가 있다. 충분하다고 느낄 수 없다면, 언제나, 영원히, 영구히 노력하고 일하고 소비하고 또 더 노력하고 일해야 한다면, 어느 순간 속도를 늦추고 만족감이나 충분함 같은 것들을 음미할 수 없다면 우리는 결국 우리만의 붕괴 패턴에 무릎 꿇게 될 것이다. 스트레스, 불안, 번아웃, 사회부과 완벽주의의 유행은 우리가 계속 그렇게 압박받을 때 어떤 일이 일어나는지 보여주는 선행지표일 것이다.

"유일한 해결책은 제도 자체를 수술하는 것"이라고 페티포는 말했다.

페티포가 말하는 수술이란 경제 리셋이다. 영국 경제학자 케이트 레이워스Kate Raworth는 경제 리셋과 함께, 성장이 '전부가 아닌' 새로운 경제에서 어떻게 경제의 규칙을 써내려갈 것인지 고민해왔다. 그녀는 이 성장에 초연한 경제를 '도넛 경제'라 부르면서 재

방향성의 로드맵을 제시한다.[10] 레이워스의 도넛은 경제에 필요한 성장의 상한선과 하한선을 설정하는 지속 가능성의 고리이다. 너무 적으면 시민의 기본적인 요구 사항을 충족시키지 못하고, 너무 많으면 생태학적으로 실행 가능한 한계를 넘어 사람과 환경에 심각한 피해를 입힐 수 있다.

레이워스의 분석에 따르면 우리는 이미 그 경계선을 대부분 넘어섰다. 실제로 환경오염, 지구 온난화, 해양 산성화, 해수면 상승 해빙, 가뭄, 식량 안보, 생물 다양성 손실과 같은 지속 불가능한 경제 신장의 영향을 걱정하는 이들이 도넛 경제를 요구하고 있다. 레이워스의 해결책은 환경적 한계를 설정하고 경제 성장이 지속 가능성이라는 도넛 안에서 오가도록 만들자는 것이다. 그 안에서 GDP는 "끊임없이 진화하는 경제에 대응해" 오르락내리락할 수 있다. 핵심은 단순히 성장의 요동을 견디는 것이 아니라 정책적 목표로서 적극적으로 겨냥하는 것이다.

비현실적인 꽃노래라고 말해도 좋다. 그렇게 말하는 사람이 당신이 처음은 아닐 것이다. 나는 그저 우리가 헤링턴과 페티포, 레이워스 같은 이들의 말에 귀 기울여야 한다고 답하고 싶다. 이 여성들은 성장을 유일한 정책 목표로 계속 추구하는 것은 독이 든 성배를 마시는 일이라고 말하고 있기 때문이다. 그로 인해 우리는 자연계와 금융제도, 인류의 취약성을 그 어느 때보다 규칙적으로 관리해야 하는 목적지로 향하는 어려운 길에 접어들 수도 있다.

레이워스의 도넛 경제는 우리에게 그 길을 걸을 필요 없다고 말해준다. 선진국에서는 당연히 성장에 구애받지 않는 안정적인 상태의 경제를 지향할 수 있다. 그렇게 하면 친환경 기술이 따라잡을 수 있을 만큼 기후변화를 충분히 늦출 수 있으며, 희소성의 칼날 아래서 살아가면서 얻은 다양한 상처를 회복하는 데 도움이 될 것이다. 때로는 충분한 게 충분하다는 것, 가지지 못한 것을 더 많이 가져야 한다는 생각 없이도 필요한 것을 가질 수 있음을 보여줄 것이다. 가정과 지역사회에서 벌어지는 무한경쟁에서 멀리 떨어져 시간을 음미할 수 있도록 허락할 것이다. 그리고 지속 가능성, 충만한 인간관계, 행복 등 인생에서 정말 중요한 것에 우리 마음을 집중할 수 있게 해줄 것이다.

GDP는 성장의 평균 측정값이다. 그렇다면 다른 척도로도 발전을 계산할 수 있지 않을까?

민주주의 국가는 언제나 발전을 측정하기 위해 척도와 지수를 필요로 한다. 우리가 막 논의한 이유들로 인해, 부유한 국가일수록 경제적 성장은 이런 어려운 문제에 어울리지 않는다. 그래서 다음과 같은 의문을 남긴다. 그 대신 우리는 어떻게 발전을 측정할 것인가? 그 답은 인간과 사회의 진보라고 믿는다.

상품과 서비스 대신 인간과 사회적 진보를 우선시한다면 우리는 새로운 정책이 제시될 때마다 무엇을 타협해야 하는지 물을 수 있다. 직원들이 육아휴직이나 유급 휴가를 사용할 권리를 박탈당할 경우 인간적, 사회적 진보의 절충점은 무엇일까? 의료 서비스를 민간에 아웃소싱할 경우 장단점은 무엇일까? 공공도서관이 부동산 개발업자에게 매각된다면 어떤 장단점이 있을까? GDP 상승은 그만한 가치가 있을까? 이 정책들이 사람들의 삶을 더 불안하거나 덜 만족스럽게 만들까?

영국의 경제학자 리처드 레이어드Richard Layard는 인간과 사회의 진보가 공공 정책의 중심 기준이 되어야 한다고 생각했다.[11] 그의 연구에 따르면 경제 성장은 인구 전체의 행복과 상관관계가 거의 없기 때문에 정부는 정신건강, 행복, 건강한 기대수명 등 인간적인 성과를 우선시해야 한다. 레이어드의 연구는 널리 영향을 미쳤고, 이윤보다 사람을 우선시하는 방식으로 번영을 측정하고자 하는 세계적 구상의 발판이 됐다.

UN의 인간개발지수는 아마도 가장 주목할 만한 척도일 것이다. 이 지수는 매년 인간 개발의 세 가지 측면, 즉 건강하고 장수하는 삶, 교육, 적절한 생활 수준을 기준으로 각국의 사회 발전 순위를 매긴다. 세계행복지수Happy Planet Index, 세계행복보고서World Happiness Report, 사회진보지수Social Progress Index 같은 국제적인 척도도 그 규모는 작지만 비슷한 역할을 한다.

이런 지표가 중요한 이유는 무엇일까? 지난 수십 년 동안 경제 성장이 얼마나 공허했는지 보여주기 때문이다. 예를 들어, 2010년 이후 미국의 1인당 GDP는 8,000달러 성장했지만 미국의 인간개발지수는 전혀 오르지 않았다.[12]

다시 말해 10조 달러에 달하는 총량적 성장이 인간과 사회 발전의 핵심 지표를 개선하는 데 전혀 도움이 되지 않았다는 뜻이다.

성장은 옳다. 하지만 사람들에게 아무 혜택도 주지 못한다면 헛된 성장이다.

이런 이유로 인간 개발의 척도들이 여러 정부에 영향을 미치기 시작하고 있다. 뉴질랜드는 고소득 국가 중 최초로 행복과 웰빙의 척도를 정책에 반영했다. 부탄은 국민총행복지수를 사용해 정책 시행 여부를 결정한다. 미국 메릴랜드주와 버몬트주에서는 참성장지수Genuine Progress Indicator를 설정하고, GDP를 택하되 성장의 부정적인 영향력을 제거하고 있다. 캐나다는 캐나다 행복지수Canadian Index of Wellbeing를 개발했다. 그 외에도 여러 지수가 개발되고 있다.

어떤 선진국도 경제 성장보다 인간의 번영을 우선시하지 않는다. 아직은 그렇다. 하지만 이는 올바른 방향으로 나아가는 고무적인 발걸음이다.

자동화가 가속화되면서 인간의 일은 중대한 변화를 겪을 것이다. 그렇다면 이런 변화를 수용해 불안감을 의미와 목적으로 대체할 수 있을까?

한 세기 전, 영국 경제학자 존 메이너드 케인스John Maynard Keynes 는 자신의 손주 세대에 어떤 가능성이 다가오고 있는지 생각하기 시작했다. 그가 1930년에 쓴 〈우리 손주 세대를 위한 경제적 가능성〉Economic Possibilities for Our Grandchildren 은 여러 예측을 담고 있다.[13] 한 가지는 기술이 소위 인간의 '경제적 문제'인 일의 수고로움을 없애줄 것이라는 예측이었다. 로봇이 우리를 위해 무거운 짐을 짊어질 것이기 때문이었다.

케인스가 옳았다. 로봇과 AI 기술이 도래한 덕에 연구자들은 앞으로 10년 안에 자동화가 모든 직업의 절반을 대체할 것이라 예상한다.[14]

같은 글에서 케인스는 더 유명한, 또 다른 예측을 내놓았다. 그는 경제가 생산적으로 변해가면서 미래 세대는 거의 일할 필요가 없을 것이라고 했다. 케인스에 따르면 "세 시간 교대근무 혹은 주 열다섯 시간 근무"로 목표와 일과에 대한 기본적인 필요를 채우는 데 충분할 것이었다.

하지만 두 번째 예측은 완전히 빗나갔다. 기술 발전은 우리가 일을 더 빨리 끝내고 더 일찍 퇴근할 수 있다는 의미가 아니었다. 실제로는 우리의 정치 계급이 신보다 다섯 사람이 부유해지는 일이 훨씬 더 중요하다고 결정하는 일이 벌어졌다.

우리는 기술 발전으로 아낀 시간을 즐기기보다는 더 많은 일로 채웠다. 식기세척기는 더 많이 일할 수 있는 시간을 확보해줬다.

세탁기는 더 많이 일할 수 있는 시간을 확보해줬다. 심지어 중앙난방 덕분에 장작을 모아서 패지 않아도 되니 그 시간에 더 많이 일할 수 있게 됐다. 그리고 이제는 불길하게도 AI가 등장해 우리가 할 일을 줄여줬다. 그렇다, 추측대로 그래서 우리가 더 많이 일할 수 있게 됐다. 이것이 현실의 다람쥐 쳇바퀴식 성장이다.

물론 AI가 그런 이유로 사용되지 않을 때까지만이다. 머지않은 미래에 사무직 노동자들은 AI가 대부분 업무를 대신해줄 수 있다는 사실을 알게 될 것이다. 그때 우리는 더 이상 일하지 않을 테니 더 많이 일하지 않을 것이다.

물론 우리는 일해야 한다. 모든 사람이 도구를 내려놓으면 사회는 단기간에 붕괴할 것이라는 점은 말할 것도 없고, 일은 인간에게 존엄성, 목적, 자존감을 부여하기 때문이다. 하지만 케인스는 미래 세대에 대한 희망의 기록으로 〈우리 손주 세대를 위한 경제적 가능성〉을 써서 언젠가는 일이 고되고 힘들고 생존을 위해 꼭 필요한 것이 아니게 될 수도 있다는 사실을 알렸다. 그는 자동화로 인한 생산성 향상이 널리 퍼진 사회를 꿈꿨다. 그 결과 사람들은 적게 일하고, 일의 소명에 푹 빠지며, 고작 생존하기 위해서가 아니라 자신의 열정과 꿈을 위해 일에 몰두할 수 있을 것이었다.

일부 사람들은 일하기를 좋아하고 더 일하고 싶어 한다는 당연한 반론도 있다. 그런 사람들을 왜 막겠는가? 나는 그래야 한다고 말하는 것이 아니다. 케인스도 그러지 않았다. 일이 당신에게 의미와 목적을 준다면 계속 나아가자. 마음껏 즐기자.

내가 말하려는 바는 주객이 전도되어서는 안 된다는 점이다. 과도하게 일하는 것을 선호하는 사람들, 그리고 과도하게 일할 능력을 갖출 만큼 특권을 누린 사람들이 직장 전체를 오염시키는 수준까지 일의 규범을 뒤틀어놓아서는 안 된다. 인류의 진보는 과열 경쟁과 숨 가쁘고 끊임없는 노력에서 벗어나는 데 의미가 있다.

따라서 '적절한' 노동 시간에 대한 합의가 60시간에서 40시간으로 바뀔 수 있다면, 40시간에서 케인스가 권고하는 15시간으로 계속 줄어들 수 있을 것이다.

더 많이 일하고 싶은 사람은 당연히 더 일하면 된다. 요점은 자동화와 AI의 발전으로 굳이 그럴 필요가 없다는 것이다. 적어도 이론적으로는 그렇다. 짧아지는 주간 노동시간의 현실은 우리가 자동화의 진행을 어느 방향으로 끌고 갈 것인지 결정하는 데 달렸다. 평범한 사람들에게는 집과 지역사회에서 더 많은 시간을 보내는 일로, 그리고 주주들에게는 주식 가치와 배당금의 형태로 흘러가야 한다.

간단히 말해 자동화로 누가 혜택을 볼 것인가는 언제나 그랬듯 우선순위의 문제이다. 케인스의 실수라면 우리가 자동화를 인간의 삶을 향상시키는 데 사용할 것이라 순진하게 생각한 것이다.

그렇다면 더 많은 일이 더 많은 생산성과 같다는 하찮은 가정이 등장한다. 주 4일제 같은 세계적인 움직임과 더 유연한 근무제를 향한 합심의 움직임은 이것이 그리 간단한 문제가 아님을 보여준다.[15] 이런 움직임을 받아들이는 기업이 늘고 있으며, 제도를 수용하면서 직원들이 더 행복해지고, 스트레스는 줄었으며, 더 건강해지고, 생산성도 높아졌다는 사실을 발견하고 있다.[16]

주 4일제를 시험하고 있는 서른세 곳의 기업을 최근에 조사한 결과 주 5일제와 비교해 번아웃된 직원 수는 3분의 1로 줄었고, 피로와 수면 문제를 겪는 직원은 10퍼센트 가까이 줄었다.[17] 일과 삶의 균형과 삶의 만족도 역시 개선됐고, 기업 수익도 함께 늘었다. 실제로 수익과 관련해, 주 4일제를 시험하고 있는 것으로 가장 유명한 기업인 마이크로소프트 재팬에서는 직원들이 하루 더 쉬게 되면서 생산성이 무려 40퍼센트 증가했다.[18]

그러니 잠시 다른 세상을 상상해보자. 주주들의 가치를 높이기 위해서가 아니라 케인스가 예언했듯 불필요한 일의 고단함에서 벗어나기 위해 기술을 사용하는 세상 말이다. 우리가 일하면서 계산된 위험을 감수하고, 지평을 넓히고, 창조하고 혁신하는 데 얼마나 더 많은 시간을 쓸 수 있을지, 새로운 것들을 시도하고, 새로운 관계를 구축하고, 새로운 여가를 즐기는 데 얼마나 더 많은 시간을 보낼 수 있을지 상상해보자.

이런 세상으로 쉽게 전환되리라고 생각하지는 않는다. 하지만 완벽주의와 불안정한 과로에서 비롯하는 여러 신체적, 심리적 스트레스에서 벗어나려면 반드시 필요한 일이라고 생각한다. 또 이 모든 일이 실현되려면 불평등을 획기적으로 줄여야만 한다. 상품과 서비스보다 웰빙을 우선시하고, 불필요한 일을 줄이고, 여가를 더 많이 즐기는 일 모두 빈부 격차가 어느 정도 통제되지 않는 한 불가능하기 때문이다.

불평등은 가장 큰 사회적 질병이다. 우리는 저울의 균형을 다시 맞출 수 있을까?

"지금 우리에게 세금을 물려라!"Tax us now 2022년 스위스 다보스에 금융 및 정치 지도자들이 모인 가운데 시위에 참여한 한 무리의 백만장자들이 내세운 구호이다.[19] 미국 상위 1퍼센트를 차지하는 이 백만장자들은 하위 92퍼센트를 합친 것보다 많은 부를 보유하고 있으며, 포스터에 따르면 미국에서 가장 부유한 50명은 미국 사회의 하위 절반보다 더 많은 재산을 가지고 있다고 한다. 미국이 명백한 이상치이긴 하나 부유층과 빈곤층의 극심한 격차는 현대 세계 대부분 국가에서 두드러지는 특징이다. 한 백만장자 시위자가 물었다. "여러 나라에서 생계비 위기가 벌어지고 있는데 이런 일이 어떻게 옳을 수 있습니까?"

옳은 일은 아니지만 공급자 중심 경제의 필연적인 결과이다. 부유층 감세, 규제 완화, 탈노조화 등 자본에 대한 수십 년간의 편향된 정책은 경제 성장의 이득을 특권층이 독식하는 일방적인 경제로 귀결시켰다. 2020년 이후 우리가 집합적으로 생산한 모든 부의 3분의 2는 상위 1퍼센트 부유층이 차지했다.[20]

그저 소득과 자산만이 문제가 아니다. 특권층은 더 오래, 더 건강하게 산다. 더 넓은 집에 살고, 민영 의료보험을 가지고 있으며, 1년에 두세 번 휴가를 떠난다. 그리고 무엇보다 결정적으로, 자신의 삶과 다른 이들의 삶에 영향을 미치는 불균형한 권력을 가지고 있다.

문제는 빠르게 성장하는 경제만이 이 불평등을 만들어내는 것이 아니라는 점이다. 프랑스 경제학자 토마 피케티 Thomas Piketty에 따르면, 성장이 저조하거나 아예 없는 경제에서도 불평등은 감당할 수 없다. 그의 연구에 따르면 부동산 임대료, 주식 배당금 등 부의 수익률이 경제 성장률을 앞지르면 장기적으로 빈부 격차가 더 커진다는 사실이 밝혀졌기 때문이다.[21] 피케티가 옳다고 가정할 때, 이를 뒷받침하는 증거가 풍부한 만큼 경제 성장률 둔화는 실제로 지금보다 심각한 불평등과 사회적 불안을 야기할 것이다.

그러므로 소득, 부, 권력을 좀더 고르게 분배하기 위한 강력한 예방 조치를 취하는 것이 당연하다.

피케티는 신작《자본과 이데올로기》에서 이런 대책을 몇 가지 제안한다.[22] 10억 달러 자산가에게 최고 90퍼센트까지 세율을 적용하는 국제 부유세가 가장 눈길을 끈다. 하지만 다른 방안도 있다. 피케티는 1950년대와 1970년대에 그랬듯 최고세율이 80퍼센트를 초과하는 누진상속세와 소득세를 적용하자고 주장한다. 그렇게 쌓인 돈으로 25세 이상의 모든 사람에게 자본을 기부해 투자와 기업활동을 진작할 것을 제안한다.

피케티에게 누진세는 단순히 자원과 권력을 재분배하는 문제가 아니다. 보전의 문제이기도 하다. 피케티는 〈르 몽드〉Le Monde에 이렇게 썼다. "모든 차원에서 사회적 불평등을 압축하는 방향으로 강력하게 행동하지 않고는 기후 문제를 해결할 수 없다는 사실이 점차 분명해지고 있다."[23] 왜냐하면 "세계적인 차원에서 최부유층 10퍼센트는 탄소 배출의 책임이 거의 절반에 달하며, 상위 1퍼센트만 봐도 지구의 최빈곤층 절반보다 탄소를 더 많이 배출하기 때문이다." 피케티는 억만장자에게 세금을 부과하면 "최고 부자들의 구매력이 급격히 감소해 그 자체로 전 세계적인 차원에서 탄소 배출량을 줄이는 데 상당한 영향력을 발휘할 것"이라 보았다.

누진세는 다보스에 모인 백만장자들이 원하는 것이었다. 하지만 소득과 부를 더 공정하게 분배하려면 누진세뿐 아니라 다른 예방책도 고려해야 한다. 정치경제학자 틸먼 하틀리Tilman Hartley, 제론 판 덴베르크Jeroen Van Den Bergh, 요르고스 칼리스Giorgos Kallis는 2020년 《리뷰 오브 폴리티컬 이코노미》Review of Political Economy에 몇 가지 방안을 제시했다.[24] 여기에는 기업 수익을 더 고르게 분배하는 노동자 협동조합 활성화, 이자율 상한제와 임대료 규제, 노동자의 안정성을 높이는 노동자 보호 강화, 기본소득, 토지 및 탄소세, 주택, 의료, 교육과 같은 공공재 투자 확대 등의 방안이 포함되어 있다.

이 모든 것이 불평등을 줄이기 위해 작동한다. 불평등을 줄이면 인간의 필요를 충족시키기 위해 경제 파이를 키우려는 현재 정치 계급의 십자군 전쟁에서 벗어날 수 있다. 이 전쟁은 제로섬 회계를 바탕으로 점점 더 옹호할 수 없어 보인다. 지난 3년 동안 세계 최고 부호 다섯 명의 재산은 두 배 이상 증가한 반면, 50억 명에 달하는 세계 최빈곤층 60퍼센트는 더욱 가난해졌다.[25]

이는 희소성이 아니라 그저 불평등일 뿐이다.

이제 경제의 파이를 나누는 방법에 초점을 맞춰야 할 때이다. 우리가 파이를 나눌 수 있다면 빈곤과 환경오염, 의식주 불안정을 줄이고 기대수명과 행복, 사회적 진보 수준을 반드시 높일 수 있다. 그 목표를 마법처럼 달성하기 위해 GDP에 기댈 필요도 없다.

이 목표를 위해 나는 한 가지 정책에 초점을 맞추고 싶다. 바로 기본소득이다. 기본소득은 단순히 불평등만 감소시키지 않는다. 물론 충분히 그 역할을 해내겠지만 거기에 더해 완벽주의를 상당히 감소시켜줄 것이다. 완벽주의는 성장하는 방법이라고는 단 한 가지, 희소성의 늪이라는 길밖에 모르는 경제 체제에서 살아가면서 생겨나기 때문이다.

기본소득은 사람들이 번영할 수 있는 진정한 자유를 준다. 복지의 의미에서 이를 시행할 수 있을까?

괜찮은 사회에 대한 최소한의 전제는 사람들에게 무조건적인 생존권이 있어야 한다는 점이다. 사람들은 자신의 존재를 정당화거나 얻어낼 필요가 없어야 한다. 따뜻한 곳에서 먹고 잠자기 위해 자신의 존재를 증명할 필요가 없어야 한다. 그 대신 희망하는 방식대로 자유로이 자신을 표현할 수 있어야 하고, 자기를 탐구할 때 원하는 만큼 위험을 무릅쓸 수 있어야 하며, 실패하더라도 굶주리거나 궁핍해지지 않을 권리를 가져야 한다.

이런 이상이 모든 사람에게 소득을 보장하는 중앙집권적 경제 프로그램인 기본소득의 핵심이다. 기본소득 정책 아래서 모든 사람은 살아가기 위해 최소한으로 필요한 것보다 적지도 넘치지도 않은 임금을 받게 된다. 이 근본적인 권리는 오늘날 문화의 관점에서는 특이하게 보일 수도 있으나 새로운 개념은 아니다. 기본소득은 기독교 신학에서 정립되어 전 세계 여러 토착 사회에서 실행되고 있다.

기본소득은 개인의 자유를 넓혀준다. 그 누구도 경제적으로 다른 사람들에게 의존하지 않는다는 의미이다. 기업가들은 실패에 대한 두려움 없이 원하는 만큼 위험을 감수할 수 있다. 창작자들은 생필품만 가지고 살아갈 의지가 있다면 무엇이든 자유롭게 창작할 수 있다. 일하는 사람들은 모두 기본소득에 더해 임금을 받으니 필요하다면 더욱 유용하게 쓰일 것이다. 현재 복지국가의 순전한 규모와 양을 따져보면 기본소득이 우리가 이미 지출하는 액수보다 많은 비용을 필요로 하리라고 상상하기는 어렵다. 의료보험과 정신건강 서비스, 치안 유지 비용을 연쇄적으로 아낄 수 있다고 생각해보면 오히려 더 적을 수도 있다.

성장에 초연해지는 일과 마찬가지로 기본소득은 선택이 아니라 당연히 필수가 될 수도 있다. 앞서 살펴본 바와 같이 AI 같은 주요한 기술 발전은 사람들의 일자리를 빠르게 빼앗아가고 있으며, 그 추세는 앞으로 더욱 빨라질 것이다. 이처럼 전례 없이 혼란을 겪고 있는 경제를 안정시키고 수요를 뒷받침하려면 무조건적인 지원이 반드시 필요하다.

하지만 경제적 안정보다 더욱 큰 이점이 있다. 모든 사람이 조건 없이 다른 사람들과 똑같은 자원을 얻을 수 있다면 광범위한 불안정이 감소하고 불평등도 줄어들 것이다. 기본소득은 빈곤선을 넘어서는 보편적인 삶의 출발점을 제공함으로써 희소성과 관련된 만성적인 스트레스와 완벽주의를 줄이는 안전한 기반을 제공한다.

실제로 이 점은 기본소득의 가장 중요한 혜택일 것이다. 삶의 목적을 완전히 뒤바꿔주기 때문이다. 결핍의 늪에 빠져 살게 하는 대신 우리의 본질적인 동기를 활용하고, 개인적으로 의미 있고 사회적으로 유용한 방식으로 탐구하고 혁신하며 사회에 기여하는 데 필요한 견고한 토대를 제공해준다. 기본소득의 세계에서 소득은 일에 활기를 불어넣으며, 그 반대 방향으로 흘러가지 않는다. 또한 충분히 하지 않았다거나 충분히 가지지 못했다는 숨 막히는 죄책감과 수치심에서 벗어나 살아갈 수 있다.

기본소득제를 시범 도입한 국가에서는 희망적인 결과를 보여주고 있다. 독일의 정책고문 클라우디아 하르만Claudia Haarmann은 나미비아에서 기본소득을 시범 운영한 결과 작업률이 10퍼센트 증가했고, 재학률은 90퍼센트 늘었다는 점을 발견했다. 또한 아동 영양실조는 30퍼센트, 전체 범죄율은 42퍼센트 줄었다.[26]

캐나다 경제학자 에벌린 포르제Evelyn Forget는 그 유명한 매니토바 기본 연간소득 실험Manitoba Basic Annual Income Experiment에서 비슷한 결과를 발견했다.[27] 포르제가 운영한 소득보장제도는 매니토바 가족들의 정신건강을 극적으로 개선하고, 청소년들이 학교에 머무는 시간을 늘리고, 병원 입원율을 10퍼센트 가까이 줄였다.

기본소득이 정신건강에 미치는 영향은 실로 엄청나다. 브라질에서 1억 명을 대상으로 12년에 걸쳐 진행한 한 연구에 따르면 무조건적인 현금 지급은 자살률을 61퍼센트 감소시켰다.[28] 심리치료와 비교해 테스트한 결과 이런 지원은 정신건강을 증진시키는 데 어떤 개별적인 개입보다 훨씬 효과적이었다.[29]

이런 연구 결과는 반복되어 나타나고 있다. 한 예로, 최근 약 40건의 연구를 검토한 결과 사회보장의 확대는 정신건강 개선과 관련 있으며 사회보장 축소는 정신건강 악화와 관련 있었다.[30] 이런 이유로 캐나다 의료협회Canadian Medical Association, 캐나다 공중보건협회Canada Public Health Association, 만성질환예방연합Chronic Disease

Prevention Alliance 등 여러 공공보건협회와 전문건강협회가 기본소득을 공식적으로 지지하고 있다.

기본소득에 대한 대부분 주장은 빈곤의 완화에 달려 있다. 그리고 그 점에서 기본소득을 약속하는 일은 실제로 중요하다. 하지만 나는 그 혜택이 정책의 소득 재분배 가능성을 훨씬 뛰어넘는다고 본다. 돈 걱정은 누구도 피할 수 없는 현대 생활의 특징이다. 좋은 인상을 주기 위해, 심지어 그럭저럭 살아가기 위해 충분히 돈을 벌어야 한다는 생각이 우리의 일상을 지배하며 악몽으로 나타나기도 하는 건 말할 필요도 없다. 기본소득은 우리를 이런 위험으로부터 해방시킨다. 앞으로도 여전히 경쟁적이고 직업적인 위계질서가 존재할 것이며, 이는 필수적인 부분이다. 다만 우리는 자신을 계속 정당화할 필요가 없을 것이며, 많은 두려움을 덜어낼 수 있을 것이다. 그리고 사람들이 무엇을 가졌거나 어떤 가치를 지녔는지가 아니라 그 사람의 모습 그대로 진가를 인정하게 될 것이다.

다시 말해, 그저 그럭저럭 살아가기 위해 완벽해질 필요가 없을 것이다.

이 책을 읽고 있는 당신은 몇 년 전 내 모습과 같을지도 모른다. 완벽해져야 한다는 욕망에 불타 분투하고, 왜 그런 식으로 느끼는지 궁금해하고 있을지도 모른다. 나는 이 책이 내게 그랬듯 당신을 같은 여정으로 인도해주길 바란다. 이 책을 통해 당신이 자신의 소중하고 실수해도 괜찮은 인간성에 감사할 수 있게 되길 바란다. 그리고 완벽에 대한 우리의 집착을 다른 방향에서 생각해보길, 우리가 익숙해질 수 없는 내면의 동기나 충동이 아닌 저항하기 어려운 데서 피어난 관계적인 특성이자 문화적인 현상으로 바라봐주길 바란다. 에리히 프롬의 말마따나 "늑대들 틈에서 늑대가 되어야 한다는 공개적인 압박"이라고 말이다.[31]

우리는 결점이 없어야 한다는 소모적인 문화와 예외주의 속에서 어른이 됐고, 우리에게 무엇이 부족한지에 대해 끊임없이 쏟아지는 메시지로부터 잠시도 휴식을 허락받지 못했다. 그런 문화 속에서는 완벽에 대한 쟁탈전이 집단적이고 거의 무의식적으로 벌어진다. 이는 매우 '큰 그림'처럼 보이지만 우리에게 간단한 탈출구를 제공한다. 사회가 보유한 가치를 어떻게든 바꾸고 이 장에서 언급한 변화들을 실행할 수 있다면 우리 스스로 아무것도 하지 않고 생각할 필요도 없이 완벽주의에서 자유로이 벗어나는 일은 전혀 어렵지 않을 것이다.

왜일까? 완벽주의는 안전과 안정, 풍요로움이라는 조건이 있을 때 번성할 수 없기 때문이다.

물론 말하기는 쉬워도 행동하기는 그리 쉽지 않다. 하지만 희망이 있을까? 당연히 있다! 젊은이들은 부모들이 좋아하는 경제학과 기후정책 또는 사회 문제에 대해 '자연스레' 보수적인 길을 따르지 않을 것이다. 이들은 뭔가 다른 것을 원하니까 말이다.[32]

나는 대학 캠퍼스의 복도에서, 발표회와 행사장에서, 콘퍼런스 세션들, 그리고 젊은이들 주변의 술집과 카페에서 그 증거를 보고 듣는다. 정말 놀라운 일이다. 어떻게 이 젊은이들은 지치지 않는가. 어떻게 이들은 평생 동안 '원래 그런 거라고' 이해하라고 배워온 것을 계속해서 거부하는가. 수십 년 전 공급자 중심 혁명을 촉발한 이들만큼이나 급진적인 개혁을 계속 주장하면서 대부분 사람 사이에서 벗어나 있는 모습도 놀랍다.

이 젊은이들은 나보다 20년 가까이 어리지만 내가 알아내는 데 평생이 걸린 교훈을 이미 깨달은 것 같다. '고쳐야 할 건 사회야. 우리가 아니라고.'

이 사실을 붙들고 있는 한 우리는 패배하지 않을 것이다. 우리는 젊은이들이 미래를 보장받도록 도울 수 있다. 이들과 함께, 또 이들을 대신해 싸울 수 있다. 함께 일하고 함께 계획할 수 있다. 함께 투표할 수도 있다. 하지만 다 같이 빠르게 행동해야 한다. 어둠이 드리우고 있으며 권력자들은 변화할 의지가 전혀 없어 보이기 때문이다. 이대로 내버려둔다면 이들은 모든 사람을 위해 진정으로 지속 가능한 뭔가를 만들어내는 대신 불안정한 제도를 유지하는 데 남은 인적 자원과 자연 자원을 낭비할 것이 분명하다.

이런 움직임은 이 칙칙한 종잇장이 아니라 현장에서만 일어날 수 있다. 그러니 밖으로 나가 조직하고, 선동하고, 당신의 목소리와 투표로 권력자들에게 변화를 요구하자. 당장은 상황이 어려워 보일 수 있다. 하지만 시간은 우리 편이고, 바람의 방향은 서서히 변하고 있으며, 우리에게는 민주주의가 남아 있다.

우리가 이를 활용할 수 있다면 인구와 지구의 한계를 하나하나씩 존중해나가는 '충분히 좋은 공화국'을 만들 수 있다.

어느 청명하게 맑은 날, 뚝 소리가 날 때까지 목을 길게 뺀 뒤 눈을 가늘게 뜨고 저 먼 곳을 보면 길처럼 생긴 것을 겨우 알아볼 수 있을 것이다. 그리고 그 길 위로 당신처럼 똑똑하고, 사려 깊고, 자비로우며, 너그럽고, 품위 넘치는 사람들이 희망의 빛을 따라 길게 줄지어 걸어가고 있는 모습을 볼 수 있을 것이다. 나는 우리가 항상 불안하거나 부족하다고 느낄 필요 없는 곳에서 살아갈 수 있길 희망한다. 모든 사람이 풍요로움을 누릴 수 있는 곳에서 살아가길 바란다. 그럭저럭 살아가기 위해 완벽해질 필요가 없는 곳에서 살아가길 바란다.

이 지구에 당신이 존재해줘서, 그리고 이 책을 읽어줘서 진심으로 감사하다.

당신이 완벽주의를 더욱 잘 이해하는 데 이 책이 도움이 됐길 바란다. 더 큰 그림에서 완벽주의의 위치를 파악하고 대부분 어디에서 비롯했는지 알아내는 데도 도움이 됐길 바란다. 유전자와 어린 시절 경험은 상당히 중요하다. 그러나 그 이외에, 현대 문화의 압도적인 무게는 완벽해져야 한다는 불가능한 압박으로 우리 목을 죄어온다. 이 압박은 피할 수 없으며 끊임없다. 우리가 충분하지 않다는 사실을 결코 잊어서는 안 된다고 항상 상기시킨다. 지식은 이 모든 잘못된 압박의 진정한 근원이 성장지상주의 경제라는 사실과 함께 여기에서 탈출하기 위한 정치적 움직임과 정책이 있다고 밝힌다. 우리의 연약한 외모 뒤에는 똑같은 뼈와 똑같은 살, 똑같은 피가 있다. 우리가 이 공통의 인간성을 받아들일 수 있다면, 그 누구도 완벽하거나 완벽하게 만들어질 수 없다는 사실을 알 수 있다면 무언가를 동경하고, 바라고, 갈망하고, 끊임없이 업데이트하고, 고치고, 개선하려는 노력이 덧없고 의미 없는 조건임을 깨닫게 될 것이다. 또한 이런 것들이 우리 문화에 편재함으로써 우리를 불완전함의 놀랍고도 고무적인 영혼과 끊임없이 달려가며 활력을 북돋는 에너지로부터 단절시킨다는 사실을 알게 될 것이다. 이 생기 넘치는 진짜 에너지는 우리 안에 존재하며, 우리가 접근해도 좋다는 허락을 받을 때만 접근할 수 있다.

　당신은 아름답고 불완전한 지구의 아름답고 불완전한 자아 안에서 만족스럽게 사랑하고 살아갈 권리가 있다. 부디 싸워서 얻어내길.

감사의 말

이 책은 하마터면 탄생하지 못할 뻔했습니다. 몇 달 동안 꾸물거리고, 구조를 다시 짜고, 쉼표를 더하고 뺐다가, 첫 단어를 바꿨다가 되돌렸다가 하며 마감 기한을 거의 2년 이상 넘기고 말았죠. 제 에이전트 크리스 웰빌러브는 "아직 준비가 안 됐어요!"라는 공포에 질린 메시지와 이메일을 수없이 받아넘기고, 모든 망설임에서 비롯한 그리 흡족하지 않은 결과를 솜씨 좋게 어루만지면서 아마도 다시는 완벽주의자에게 완벽주의에 관한 원고를 부탁하면 안 되겠다고 깨달았을 겁니다.

고마워요, 크리스. 제가 생각하지 못했던 프로젝트를 발견하고 끝까지 함께 매달려줬어요.

그리고 저로 인해 고통받은 편집자들, 코너스톤 프레스의 헬렌 콘포드와 스크라이브너의 릭 호건에게도 고맙습니다. 오래 걸렸지만 우리는 해냈어요. 두 분이 인내하고 이끌어주신 덕분에 이 책이 훨씬 좋아졌어요. 원고를 신중하고 사려 깊게 읽고 평가해준 편집팀의 헤이즐 앳킨스, 에밀리 헤어링, 롭, 이저벨, 캐티아, 바네사 그리고 올리비아에게도 고마워요.

또한 이 책은 제 박사 고문이자 가까운 친구인 앤드류 힐의 지도 없이는 존재하지 못했을 겁니다. 저를 지지해주고, 제가 완벽주의를 더욱 잘 이해하려고 애쓰는 동안 함께 일해줘서 고마워요. 첫 번째 지도교수였던 하워드 홀에게도 특별히 감사하고 싶습니다. 제가 학문적으로 발전하는 데 중요한 역할을 했고, 애초에 저를 믿고 모험해주셨다는 데 엄청난 빚을 졌어요.

학자의 길을 걸어오는 동안 여러 박사과정 학생과 교직원 그리고 행정직원은 제 발전과 사고에 상당한 발자취를 남겨줬습니다. 특별한 순서 없이 이야기해볼게요. 샌드라 조프케로비치, 크리스 헌트, 개리스 조웻, 사라 몰리슨-하워드, 폴 애플턴, 메리앤 이더슨, 대니얼 매디건, 앤드류 파커, 무스타파 사르카르, 레이철 아놀드, 폴 돌란, 브래들리 프랭크스, 사나 노딘-베이츠, 마틴 스미스, 리암 델라니, 캐서린 사비스턴, 마이크 매케나, 마틴 존스, 마크 뷰챔프, 참파 하이드브링크, 니코스 토마니스, 앤서니 페인, 션 커밍, 마이클 벗슨, 조앤 두다, 마이클 무슈크리시나, 미리엄 트레시, 패트릭 고드로, 애니카 페트렐라, 크리스 니미엑, 리처드 라이언, 마리아 카뷰사누, 로버트 발러랜드, 니콜라스 레미르, 제니퍼 시하이-

스케핑턴, 젠스 매드슨 그리고 엘렉스 질레스피까지 모두 고맙습니다.

또한 이 책의 주요 인물들에게도 감사를 보냅니다. 폴 휴잇과 고든 플렛은 시간을 내어 대화해주고 그 누구도 할 수 없는 방식으로 완벽주의에 관해 지혜를 나눠줬습니다. 또 (가장 좋아하는 4W 커피와 함께) 저를 꾸준히 지지하며 이따금 정감 어린 농담을 해준 마틴 스탠디지에게 고마워요. 제가 반밖에 이해하지 못하는 철학에 대해 영감을 주고, 제 이야기를 들어주고, 강의가 끝나고 LSE 근처 술집에 앉아 경제학과 심리학에 대해 남은 논의를 함께해준 프레드 바소에게도 감사합니다.

리암과 스튜어트, 피터가 보여준 우정에도 깊이 감사드립니다.

마지막으로 누구보다 가족에게 고맙습니다. 가족들의 변함없는 지지와 지도, 사랑(그리고 이 책의 많은 부분을 집필한 창고)은 저를 끝없이 위안했고, 저와 제 책을 말로 표현할 수 없을 정도로 발전시켰어요. 항상 여기저기 바쁘게 돌아다니며 정신없이 흘러가는 제 인생에서 변하지 않는 건 단 하나, 바로 가족이었어요. 모두 정말 사랑합니다.

주

01 우리가 사랑하는 그 결점

1. Gino, F. (2015). "The Right Way to Brag about Yourself." *Harvard Business Review*. Available online: https://hbr.org/2015/05/the-right-way-to-brag-about-yourself.
2. Pacht, A. R. (1984). "Reflections on Perfection." *American Psychologist* 39(4): 386.
3. Horney, K. (1937). *The Neurotic Personality of Our Time*. New York: W. W. Norton.

02 잘하고 있다고 말해줘

1. Sullivan, H. S. (1953). *The Interpersonal Theory of Psychiatry*. New York: W. W.

Norton.

2   American Psychiatric Association (2013). *Diagnostic and Statistical Manual of Mental Disorders* (5th ed.). Arlington, VA: American Psychiatric Association.

3   Hewitt, P. L., & Flett, G. L. (1991). "Perfectionism in the Self and Social Contexts: Conceptualization, Assessment, and Association with Psychopathology." *Journal of Personality and Social Psychology* 60(3): 456.

4   McRae, D. (2008). "I'm Striving for Something I'll Never Achieve—I'm a Mess." *The Guardian*. Available online: https://www.theguardian.com/sport/2008/oct/28/victoriapendleton-cycling.

5   Dinh, J. (2011). "Demi Lovato Tells Teens That 'Love Is Louder' Than Pressure." MTV. Available online: https://www.mtv.com/news/46d7mo/demi-lovato-love-is-louder.

6   Isaacson, W. (2011). *Steve Jobs*. New York: Simon & Schuster.

7   Greenfield, R. (2011). "The Crazy Perfectionism That Drove Steve Jobs." *The Atlantic*. Available online: https://www.theatlantic.com/technology/archive/2011/11/crazy-perfectionism-drove-steve-jobs/335842/.

8   Gladwell, M. (2011). "The Tweaker: The Real Genius of Steve Jobs." *The New Yorker*. Available online: https://www.newyorker.com/magazine/2011/11/14/the-tweaker.

9   Tate, R. (2011). "What Everyone Is Too Polite to Say about Steve Jobs." *Gawker*. Available online: https://www.gawker.com/5847344/what-everyone-is-too-polite-to-say-about-steve-jobs.

10 이는 폴과 고든의 다차원 완벽주의 척도를 약식으로 변경한 버전이다. 엄격하게 검증된 원래 척도와 달리 이 버전은 과학적으로 입증되지 않았으며 그저 설명에 도움을 주기 위해 만들어졌다.

03 죽지 않을 만큼만

1   Woolf, V. (1979). *The Diary of Virginia Woolf*, Volume One: 1915–1919. Boston: Mariner.

2   Hewitt, P. L., Flett, G. L., & Mikail, S. F. (2017). *Perfectionism: A Relational Approach to Conceptualization, Assessment, and Treatment*. New York: Guilford.
3   Limburg, K., Watson, H. J., Hagger, M. S., & Egan, S. J. (2017). "The Relationship between Perfectionism and Psychopathology: A Meta-Analysis." *Journal of Clinical Psychology* 73(10): 1301–26.
4   Smith, M. M., Sherry, S. B., Chen, S., Saklofske, D. H., Mushquash, C., Flett, G. L., & Hewitt, P. L. (2018). "The Perniciousness of Perfectionism: A Meta-Analytic Review of the Perfectionism–Suicide Relationship." *Journal of Personality* 86(3): 522–42.
5   Smith, M. M., Sherry, S. B., Rnic, K., Saklofske, D. H., Enns, M., & Gralnick, T. (2016). "Are Perfectionism Dimensions Vulnerability Factors for Depressive Symptoms after Controlling for Neuroticism? A Meta-Analysis of 10 Longitudinal Studies." *European Journal of Personality* 30: 201–12.
6   Hewitt, P. L., & Flett, G. L. (1991). "Perfectionism in the Self and Social Contexts: Conceptualization, Assessment, and Association with Psychopathology." *Journal of Personality and Social Psychology* 60: 456–70.
7   Hill, R. W., Zrull, M. C., & Turlington, S. (1997). "Perfectionism and Interpersonal Problems." *Journal of Personality Assessment* 69: 81–103.
8   Hill, R. W., McIntire, K., & Bacharach, V. R. (1997). "Perfectionism and the Big Five Factors." *Journal of Social Behavior & Personality* 12: 257–70.
9   Nealis, L. J., Sherry, S. B., Lee-Baggley, D. L., Stewart, S. H., & Macneil, M. A. (2016). "Revitalizing Narcissistic Perfectionism: Evidence of the Reliability and the Validity of an Emerging Construct." *Journal of Psychopathology and Behavioral Assessment* 38: 493–504.
10 Habke, A. M., Hewitt, P. L., & Flett, G. L. (1999). "Perfectionism and Sexual Satisfaction in Intimate Relationships." *Journal of Psychopathology and Behavioral Assessment* 21: 307–22.
11 Haring, M., Hewitt, P. L., & Flett, G. L. (2003). "Perfectionism, Coping, and Quality of Intimate Relationships." *Journal of Marriage and Family* 65: 143–58.

12 Flett, G. L., Hewitt, P. L., Nepon, T., Sherry, S. B., & Smith, M. (2022). "The Destructiveness and Public Health Significance of Socially Prescribed Perfectionism: A Review, Analysis, and Conceptual Extension." *Clinical Psychology Review* 93: 102130.

13 Smith, M. M., Sherry, S. B., Chen, S., Saklofske, D. H., Mushquash, C., Flett, G. L., & Hewitt, P. L. (2018). "The Perniciousness of Perfectionism: A Meta-Analytic Review of the Perfectionism-Suicide Relationship." *Journal of Personality* 86(3): 522-42.

14 Sutton, J. (2021). "Even the Bleakest Moments Are Not Permanent." *The Psychologist*. Available online: https://www.bps.org.uk/psychologist/even-bleakest-moments-are-not-permanent.

15 Hill, A. P. (2021). "Perfectionistic Tipping Points: Re-Probing Interactive Effects of Perfectionism." *Sport, Exercise, and Performance Psychology* 10(2): 177.

16 Curran, T., Hill, A. P. (2018). "A Test of Perfectionistic Vulnerability Following Competitive Failure among College Athletes." *Journal of Sport and Exercise Psychology* 40(5): 269-79.

17 Sturman, E. D., Flett, G. L., Hewitt, P. L., & Rudolph, S. G. (2009). "Dimensions of Perfectionism and Self-Worth Contingencies in Depression." *Journal of Rational-Emotive & Cognitive-Behavior Therapy* 27: 213-31.

18 Dang, S. S., Quesnel, D. A., Hewitt, P. L., Flett, G. L., & Deng, X. (2020). "Perfectionistic Traits and Self-Presentation Are Associated with Negative Attitudes and Concerns about Seeking Professional Psychological Help." *Clinical Psychology & Psychotherapy* 27(5): 621-29.

04 내가 끝낼 수 없는 일을 시작해버렸어

1 Burns, D. D. (2008). *Feeling Good: The New Mood Therapy*. New York: HarperCollins.

2 Hamachek, D. E. (1978). "Psychodynamics of Normal and Neurotic Perfectionism." *Psychology* 15: 27-33.
3 Greenspon, T. S. (2000). "'Healthy Perfectionism' Is an Oxymoron!: Reflections on the Psychology of Perfectionism and the Sociology of Science." *Journal of Secondary Gifted Education* 11(4): 197-208.
4 Pacht, A. R. (1984). "Reflections on Perfection." *American Psychologist* 39(4): 386.
5 Stoeber, J., Haskew, A. E., & Scott, C. (2015). "Perfectionism and Exam Performance: The Mediating Effect of Task-Approach Goals." *Personality and Individual Differences* 74: 171-76.
6 Stoeber, J., Chesterman, D., & Tarn, T. A. (2010). "Perfectionism and Task Performance: Time on Task Mediates the Perfectionistic Strivings-Performance Relationship." *Personality and Individual Differences* 48(4): 458-62.
7 Harari, D., Swider, B. W., Steed, L. B., & Breidenthal, A. P. (2018). "Is Perfect Good? A Meta-Analysis of Perfectionism in the Workplace." *Journal of Applied Psychology* 103(10): 1121.
8 Ogurlu, U. (2020). "Are Gifted Students Perfectionistic? A Meta-Analysis." *Journal for the Education of the Gifted* 43(3): 227-51.
9 Madigan, D. J. (2019). "A Meta-Analysis of Perfectionism and Academic Achievement." *Educational Psychology Review* 31(4): 967-89.
10 Harari, D., et al. (2018). "Is Perfect Good? A Meta-Analysis of Perfectionism in the Workplace."
11 Adapted from: Gaudreau, P. (2019). "On the Distinction between Personal Standards Perfectionism and Excellencism: A Theory Elaboration and Research Agenda." *Perspectives on Psychological Science* 14(2): 197-215.
12 Hill, A. P., & Curran, T. (2016). "Multidimensional Perfectionism and Burnout: A Meta-Analysis." *Personality and Social Psychology Review* 20(3): 269-88.
13 Gaudreau, P., Schellenberg, B. J., Gareau, A., Kljajic, K., & Manoni-Millar, S. (2022). "Because Excellencism Is More Than Good Enough: On the

Need to Distinguish the Pursuit of Excellence from the Pursuit of Perfection." *Journal of Personality and Social Psychology* 122(6): 1117–45.

14　Gaudreau, P., et al. (2022). Ibid.

15　마지막에 참가자들에게 '실패'는 실험의 목적을 위한 가짜 피드백일 뿐이라고 알렸다. 욕설이 쏟아졌다.

16　Curran, T., & Hill, A. P. (2018). "A Test of Perfectionistic Vulnerability Following Competitive Failure among College Athletes." *Journal of Sport and Exercise Psychology* 40(5): 269–79.

17　Hill, A. P., Hall, H. K., Duda, J. L., & Appleton, P. R. (2011). "The Cognitive, Affective and Behavioural Responses of Self-Oriented Perfectionists Following Successive Failure on a Muscular Endurance Task." *International Journal of Sport and Exercise Psychology* 9(2): 189–207.

18　Sirois, F. M., Molnar, D. S., & Hirsch, J. K. (2017). "A Meta-Analytic and Conceptual Update on the Associations between Procrastination and Multidimensional Perfectionism." *European Journal of Personality* 31(2): 137–59.

19　Hewitt, P. L., Flett, G. L., & Mikail, S. F. (2017). *Perfectionism: A Relational Approach to Conceptualization, Assessment, and Treatment*. New York: Guilford.

05 감춰진 유행병

1　Flett, G. L., & Hewitt, P. L. (2020). "The Perfectionism Pandemic Meets COVID-19: Understanding the Stress, Distress and Problems in Living for Perfectionists during the Global Health Crisis." *Journal of Concurrent Disorders* 2(1): 80–105.

2　Georgiev, D. (2022). "How Much Time Do People Spend on Social Media?" Review 42. Available online: https://review42.com/resources/how-much-time-do-people-spend-on-social-media/.

3　Flannery, M. E. (2018). "The Epidemic of Anxiety among Today's Students." NEA News. Available online: https://www.nea.org/advocating-

for-change/new-from-nea/epidemic-anxiety-among-todays-students.
4   Association of Child Psychotherapists (2018). "Silent Catastrophe: Responding to the Danger Signs of Children and Young People's Mental Health Services in Trouble." Available online: https://childpsychotherapy.org.uk/sites/default/files/documents/ACP%20SILENT%20CATASTROPHE%20REPORT_0.pdf.
5   Royal College of Psychiatrists (2021). "Country in the Grip of a Mental Health Crisis with Children Worst Affected, New Analysis Finds." Available online: https://www.rcpsych.ac.uk/news-and-features/latest-news/detail/2021/04/08/country-in-the-grip-of-a-mental-health-crisis-with-children-worst-affected-new-analysis-finds.
6   Survey reported in Flett, G. L., & Hewitt, P. L. (2022). *Perfectionism in Childhood and Adolescence: A Developmental Analysis*. Washington, DC: American Psychological Association.
7   Girlguiding (2016). "Girls' Attitudes Study." Available online: https://www.girlguiding.org.uk/globalassets/docs-and-resources/research-and-campaigns/girls-attitudes-survey-2016.pdf.
8   Flett, G. L., & Hewitt, P. L. (2022). *Perfectionism in Childhood and Adolescence*.
9   Flett, G. L. & Hewitt, P. L. (2022). Ibid.
10 Curran, T., & Hill, A. P. (2019). "Perfectionism Is Increasing Over Time: A Meta-Analysis of Birth Cohort Differences from 1989 to 2016." *Psychological Bulletin* 145(4): 410.
11 Smith, M. M., Sherry, S. B., Vidovic, V., Saklofske, D. H., Stoeber, J., & Benoit, A. (2019). "Perfectionism and the Five-Factor Model of Personality: A Meta-Analytic Review." *Personality and Social Psychology Review* 23(4): 367–90.
12 Haidt, J., & Twenge, J. (2021). *Adolescent Mood Disorders Since 2010: A Collaborative Review*. Unpublished manuscript, New York University.
13 관심 있는 독자들은 다른 모든 완벽주의 이론의 개요를 요아힘 스토버(Joachim Stoeber)의 《완벽주의의 심리학》(The Psychology of Perfectionism)에서 찾아볼 수 있다.

06 우리가 가면을 쓰는 이유

1. Mead, M. (1939). *From the South Seas*. New York: Morrow.
2. Plomin, R. (2018). *Blueprint: How DNA Makes Us Who We Are*. Cambridge, MA: MIT Press.
3. Iranzo-Tatay, C., Gimeno-Clemente, N., Barbera-Fons, M., Rodriguez-Campayo, M. A., Rojo-Bofill, L., Livianos-Aldana, L., & Rojo-Moreno, L. (2015). "Genetic and Environmental Contributions to Perfectionism and Its Common Factors." *Psychiatry Research* 230(3): 932–39.
4. Quoted in: Seelye, K. Q. (2019). "Judith Rich Harris, 80, Dies; Author Played Down the Role of Parents." *New York Times*. Available online: https://www.nytimes.com/2019/01/01/obituaries/judith-rich-harris-dies.html.
5. Harris, J. R. (1998). *The Nurture Assumption: Why Children Turn Out the Way They Do*. New York: Simon & Schuster.
6. Harris, J. R. (1995). "Where Is the Child's Environment? A Group Socialization Theory of Development." *Psychological Review* 102(3): 458.
7. Harris, J. R. (1998). *The Nurture Assumption*.
8. 매우 중요한 부분이므로 꼭 강조하고 싶다. 어린 시절의 트라우마는 완벽주의에 중대한 영향을 미친다. 실제로 보고서와 수백 건의 임상연구에 따르면 완벽주의는 잘못된 치료에 대처하기 위한 메커니즘이라는 관련 증거가 많다. 나는 임상심리학자가 아니므로 이 문제에 대해 권위를 가지고 언급할 수 없고 그래서도 안 된다. 이 책은 완벽주의를 문화적 현상으로 비추며, 완벽주의가 모든 사람에게 전체적으로 피해를 입힌다고 보고 있다. 어린 시절 트라우마와 완벽주의에 관심이 많은 독자들은 다음과 같이 우수한 저서들을 참고할 수 있겠다. *Overcoming Perfectionism* by Ann W. Smith (1990), and *Perfectionism: A Relational Approach* by Paul Hewitt, Gordon Flett, and Samuel Mikail (2017).
9. Paris, B. J. (1996). *Karen Horney: A Psychoanalyst's Search for Self-Understanding*. New Haven, CT: Yale University Press.
10. Paris, B. J. (1996). Ibid.
11. Horney, K. (1937). *The Neurotic Personality of Our Time*. New York: W. W.

Norton.

12　Horney, K. (1937). Ibid.
13　Horney, K. (1937). Ibid.
14　Horney, K. (1950). *Neurosis and Human Growth*. New York: W. W. Norton.
15　Horney, K. (1975). *The Therapeutic Process: Essays and lectures*. New Haven, CT: Yale University Press.
16　Kaufman, S. B. (2020). "Finding Inner Harmony: The Underappreciated Legacy of Karen Horney." *Scientific American*. Available online: https://blogs.scientificamerican.com/beautiful-minds/finding-inner-harmony-the-underappreciated-legacy-of-karen-horney/.

07 내가 가지지 못한 것

1　Adorno, T. W. (1974). *Minima Moralia*. London: Verso.
2　US Census Data (2022). "U.S. Retail Sales (2012 to 2022)." Oberlo. Available online: https://www.oberlo.ca/statistics/us-retail-sales.
3　eMarketer (2022). "Total Retail Sales Worldwide (2020 to 2025)." Oberlo. Available online: https://www.oberlo.ca/statistics/total-retail-sales.
4　Fischer, S. (2021). "Ad Industry Growing at Record Pace." *Axios Media Trends*. Available online: https://www.axios.com/2021/12/07/advertising-industry-revenue.
5　In Jacobsen, M. F., & Mazur, L. A. (1995). *Marketing Madness: A Survival Guide for a Consumer Society*. New York: Routledge.
6　"튼튼한 경제 없이는 튼튼한 의료보험도 누릴 수 없다." 우리는 늘 이렇게 듣는다.
7　Morgan, T. (2013). *Life after Growth*. Petersfield, UK: Harriman House.
8　아마도 이 이야기는 경제가 완전히 무너지지 않도록 막을 때 선호되는, 경제를 구성하는 완전히 엉터리 방법처럼 들릴 것이다. 그러나 이것이 부채 중심의 영원한 성장이라는 합의를 이끌어 가는 아주 진지한 논리라고 확신한다.
9　Roper-Starch Organization (1979). *Roper Reports* 79-1. Roper Center, University of Connecticut, Storrs.

10 Roper-Starch Organization (1995). *Roper Reports* 95-1. Roper Center, University of Connecticut, Storrs.
11 Pew Research Center (2007). "How Young People View Their Lives, Futures and Politics: A Portrait of 'Generation Next.'" Retrieved from http://people-press.org/report/300/a-portrait-of-generation-next.
12 Easterlin, R. A. (1974). "Does Economic Growth Improve the Human Lot? Some Empirical Evidence." In *Nations and Households in Economic Growth*, ed. David, P. & Melvin, W. (89–125). Palo Alto: Stanford University Press.
13 Myers, D. G. (2000). "The Funds, Friends, and Faith of Happy People." *American Psychologist* 55: 56–67.
14 Kahneman, D., & Deaton, A. (2010). "High Income Improves Evaluation of Life but Not Emotional Well-Being." *Proceedings of the National Academy of Sciences of the USA* 107: 16489–93. I've adjusted their $75,000 plateau point for inflation.
15 Phillips, A. (2010). *On Balance*. London: Picador.
16 Brown, B. (2012). *Daring Greatly: How the Courage to Be Vulnerable Transforms the Way We Live, Love, Parent, and Lead*. New York: Penguin.
17 Germer, C. K., & Neff, K. D. (2013). "Self-Compassion in Clinical Practice." *Journal of Clinical Psychology* 69(8): 856–67.
18 Kernis, M. H. (2000). "Substitute Needs and the Distinction between Fragile and Secure High Self-Esteem." *Psychological Inquiry* 11(4):, 298–300.
19 Neff, K. D. (2022). "Self-Compassion: Theory, Method, Research, and Intervention." *Annual Review of Psychology*, 74.
20 MacBeth, A., & Gumley, A. (2012). "Exploring Compassion: A Meta-Analysis of the Association between Self-Compassion and Psychopathology." *Clinical Psychology Review* 32(6): 545–52.
21 Albertson, E. R., Neff, K. D., & Dill-Shackleford, K. E. (2015). "Self-Compassion and Body Dissatisfaction in Women: A Randomized Controlled Trial of a Brief Meditation Intervention." *Mindfulness* 6(3): 444–54.

08 그녀가 올린 그 사진

1. 이 인용은 2021년 12월 온라인 아동보호 상원 위원회에 참석한 인스타그램의 수장 애덤 모세리가 한 구두 증언의 일부이다. 전체 증언은 다음에서 볼 수 있다. https://www.commerce.senate.gov/2021/12/protecting-kids-online-instagram-and-reforms-for-young-users.
2. Statista (2022). "Meta: Annual Revenue and Net Income 2007–021." Available online: https://www.statista.com/statistics/277229/facebooks-annual-revenue-and-net-income/.
3. Statista (2022). "Meta: Monthly Active Product Family Users 2022." Available online: https://www.statista.com/statistics/947869/facebook-product-mau/.
4. Wells, G., Horwitz, J., & Seetharaman, D. (2021). "Facebook Knows Instagram Is Toxic for Teen Girls, Company Documents Show." *Wall Street Journal*. Available online: https://www.wsj.com/articles/facebook-knows-instagram-is-toxic-for-teen-girls-company-documents-show-11631620739.
5. Wells, G., Horwitz, J., & Seetharaman, D. (2021). Ibid.
6. Wells, G., Horwitz, J., & Seetharaman, D. (2021). Ibid.
7. Wells, G., Horwitz, J., & Seetharaman, D. (2021). Ibid.
8. Twenge, J. M., Haidt, J., Lozano, J., & Cummins, K. M. (2022). "Specification Curve Analysis Shows That Social Media Use Is Linked to Poor Mental Health, Especially among Girls." *Acta Psychologica* 224: 103512.
9. Freitas, D. (2017). *The Happiness Effect: How Social Media Is Driving a Generation to Appear Perfect at Any Cost*. Oxford: Oxford University Press.
10. Etherson, M. E., Curran, T., Smith, M. M., Sherry, S. B., & Hill, A. P. (2022). "Perfectionism as a Vulnerability Following Appearance-Focused Social Comparison: A Multi-Wave Study with Female Adolescents." *Personality and Individual Differences* 186: 111355.
11. Twenge, J. (2017). "Have Smartphones Destroyed a Generation?" *The Atlantic*. Available online: https://www.theatlantic.com/magazine/

archive/2017/09/has-the-smartphone-destroyed-a-generation/534198/.
12. Salinas, S. (2018). "Sheryl Sandberg Delivered a Passionate, Defiant Defense of Facebook's Business." CNBC. Available online: https://www.cnbc.com/2018/04/26/facebooks-sheryl-sandbergs-brilliant-defense-of-the-ad-business.html.
13. Statista Research Department (2022). "Global Facebook Advertising Revenue 2017–2026." Available online: https://www.statista.com/statistic/544001/facebooks-advertising-revenue-worldwide-usa/.
14. Davidson, D. (2017). "Facebook Targets 'Insecure' Young People." *The Australian*. Available online: https://theaustralian.com.au/business/media/digital/facebook-targets-insecure-young-people-to-sell-ads.
15. Levin, S. (2017). "Facebook Told Advertisers It Can Identify Teens Feeling 'Insecure' and 'Worthless.'" *The Guardian*. Available online: https://www.theguardian.com/technology/2017/may/01/facebook-advertising-data-insecure-teens.
16. Fairplay for Kids (2021). "How Facebook Still Targets Surveillance Ads to Teens." Available online: https://fairplayforkids.org/wp-content/uploads/2021/11/fbsurveillancereport.pdf.
17. Fairplay for Kids (2021). "Open Letter to Mark Zuckerberg." Available online: https://fairplayforkids.org/wp-content/uploads/2021/11/fbsurveillanceletter.pdf.
18. Sung, M. (2021). "On TikTok, Mental Health Creators Are Confused for Therapists. That's a Serious Problem." Mashable. Available online: https://mashable.com/article/tiktok-mental-health-therapist-psychology.
19. Wells, G., Horwitz, J., & Seetharaman, D. (2021). "Facebook Knows Instagram Is Toxic for Teen Girls, Company Documents Show."
20. Brailovskaia, J., Delveaux, J., John, J., Wicker, V., Noveski, A., Kim, S., & Margraf, J. (2022). "Finding the 'Sweet Spot' of Smartphone Use: Reduction or Abstinence to Increase Well-Being and Healthy Lifestyle?! An Experimental Intervention Study." *Journal of Experimental Psychology:*

Applied. Advance online publication. https://doi.org/10.1037/xap0000430.
21 Heller, A. S., Shi, T. C., Ezie, C. E., Reneau, T. R., Baez, L. M., Gibbons, C. J., & Hartley, C. A. (2020). "Association Between Real-World Experiential Diversity and Positive Affect Relates to Hippocampal-Striatal Functional Connectivity." *Nature Neuroscience*: 23(7): 800-804.
22 Wier, K. (2020). "Nurtured by Nature." *Monitor on Psychology* 51: 50.
23 O'Neill, E. (2015). "Why I Really Am Quitting Social Media." YouTube. Video online: https://www.youtube.com/watch?v=gmAbwTQvWX8&t=579s.
24 Flett, G. L., & Hewitt, P. L. (2022). *Perfectionism in Childhood and Adolescence*. Washington, DC: American Psychological Association.
25 Min, S. (2019). "86% of Young Americans Want to Become a Social Media Influencer." CBS News. Available online: https://www.cbsnews.com/news/social-media-influencers-86-of-young-americans-want-to-become-one/.

09 그저 아직 얻지 못했을 뿐

1 Sandel, M. J. (2020). *The Tyranny of Merit*. London: Allen Lane.
2 Burns, J., & Campbell, A. (2017). "Social Mobility: The Worst Places to Grow Up Poor." BBC News. Available online: https://www.bbc.co.uk/news/education-42112436.
3 White House (2013). "Remarks by the President on Investing in America's Future." Office for the Press Secretary: Speeches and Remarks. Available online: https://obamawhitehouse.archives.gov/the-press-office/2013/10/25/remarks-president-investing-americas-future.
4 Markovitis, D. (2019). "How Life Became an Endless, Terrible Competition." *The Atlantic*. Available online: https://www.theatlantic.com/magazine/archive/2019/09/meritocracys-miserable-winners/594760/.

5. Markovitis, D. (2019). Ibid.
6. Semuels, A. (2016). "Poor at 20, Poor for Life." *The Atlantic*. Available online: https://www.theatlantic.com/business/archive/2016/07/social-mobility-america/491240/.
7. Desilver, D. (2018). "For Most U.S. Workers, Real Wages Have Barely Budged in Decades." Pew Research Center. Available online: https://www.pewresearch.org/fact-tank/2018/08/07/for-most-us-workers-real-wages-have-barely-budged-for-decades/.
8. De Botton, A. (2005). *Status Anxiety*. London: Vintage.
9. Jacobs, D. (2015). *Extreme Wealth Is Not Merited*. Oxfam Discussion Papers. Available online: https://www-cdn.oxfam.org/s3fs-public/file_attachments/dp-extreme-wealth-is-not-merited-241115-en.pdf.
10. Geisz, M. B., & Nakashian, M. (2018). "Adolescent Wellness: Current Perspectives and Future Opportunities in Research, Policy, and Practice." Robert Wood Johnson Foundation. Available online: https://www.rwjf.org/en/library/research/2018/06/inspiring-and-powering-the-future--a-new-view-of-adolescence.html.
11. Resmovits, J. (2015). "Your Kids Take 112 Tests between Pre-K and High School." *Los Angeles Times*. Available online: https://www.latimes.com/local/education/standardized-testing/la-me-edu-how-much-standardized-testing-report-obama-20151023-story.html.
12. Hausknecht-Brown, J., Dunlap, N., Leira, M., Gee, K., & Carlon, A. (2020). "Grades, Friends, Competition: They Stress Our High Schoolers More Than You Might Think." *Des Moines Register*. Available online: https://www.desmoinesregister.com/story/news/2020/04/20/sources-of-high-school-stress-iowa-how-to-help-grades-social-fitting-in/5165605002/.
13. Anderson, J. (2011). "At Elite Schools, Easing Up a Bit on Homework." *New York Times*. Available online: https://www.nytimes.com/2011/10/24/education/24homework.html.
14. Top Tier Admissions (2022). "Admission Statistics for the Class of 2024." Available online: https://toptieradmissions.com/counseling/college/

2024-ivy-league-admissions-statistics/.

15 Wallace, J. (2019). "Students in High-Achieving Schools Are Now Named an 'At-Risk' Group, Study Says." *Washington Post*. Available online: https://www.washingtonpost.com/lifestyle/2019/09/26/students-high-achieving-schools-are-now-named-an-at-risk-group/.

16 Luthar, S. S., Kumar, N. L., & Zillmer, N. (2020). "High-Achieving Schools Connote Risks for Adolescents: Problems Documented, Processes Implicated, and Directions for Interventions." *American Psychologist* 75(7): 983–95.

17 Markovitis, D. (2019). *The Meritocracy Trap*. New York: Penguin Press.

18 Flett, G. L., & Hewitt, P. L. (2022). *Perfectionism in Childhood and Adolescence*. Washington, DC: American Psychological Association.

19 Vaillancourt, T., & Haltigan, J. D. (2018). "Joint Trajectories of Depression and Perfectionism across Adolescence and Childhood Risk Factors." *Development and Psychopathology* 30(2): 461–77.

20 Sandel, M. J. (2020). *The Tyranny of Merit*. New York: Macmillan.

21 Rimer, S. (2003). "Social Expectations Pressuring Women at Duke, Study Finds." *New York Times*. Available online: https://www.nytimes.com/2003/09/24/nyregion/social-expectations-pressuring-women-at-duke-study-finds.html.

22 Wilgoren, J. (2000). "More Than Ever, First-Year Students Feeling the Stress of College." New York Times. Available online: https://www.nytimes.com/2000/01/24/us/more-than-ever-first-year-students-feeling-the-stress-of-college.html.

23 Schwartz, K. (2017). "Anxiety Is Taking a Toll on Teens, Their Families and Schools." KQED. Available online: https://www.kqed.org/mindshift/49454/anxiety-is-taking-a-toll-on-teens-their-families-and-schools.

24 Mental Health Foundation (2018). "Stressed Nation: 74% of UK 'Overwhelmed or Unable to Cope' at Some Point in the Past Year." Available online: https://www.mentalhealth.org.uk/about-us/news/

stressed-nation-74-uk-overwhelmed-or-unable-cope-some-point-past-year.

25 Adams, R. (2022). "Thousands of Students Drop Out of University as Pandemic Takes Its Toll." *The Guardian*. Available online: https://www.theguardian.com/education/2022/mar/17/thousands-of-students-drop-out-of-university-as-pandemic-takes-its-toll.

26 Schleicher, A. (2018). "PISA 2018: Insights and Interpretations." OECD. Available online: https://www.oecd.org/pisa/PISA%202018%20Insights%20and%20Interpretations%20FINAL%20PDF.pdf.

27 Clark, K. (2022). "D.C. Schools Should Step Up amid a Perfect Storm of Mental Health Challenges." *Washington Post*. Available online: https://www.washingtonpost.com/opinions/2022/02/18/dc-schools-should-step-up-amid-perfect-storm-mental-health-challenges/.

28 Goodman, C. K., & Moolten, S. (2022). "'The Perfect Storm': Worries Mount That Florida's Colleges Face a Mental Health Crisis Like No Other." *South Florida Sun Sentinel*. Available online: https://www.sun-sentinel.com/health/fl-ne-college-mental-health-crisis-20220818-cq27gflhuzgtpcks5q3aacqjdu-story.html.

29 Kacmanovic, J. (2022). "Why Tween Girls Especially Are Struggling So Much." *Washington Post*. Available online: https://www.washingtonpost.com/health/2022/08/08/tween-girls-mental-health/.

30 Allstate Corporation (2016). "Americans Say Hard Work and Resiliency Are the Most Important Factors." Available online: https://www.prnewswire.com/news-releases/americans-say-hard-work-and-resiliency-are-the-most-important-factors-in-success-ahead-of-the-economy-and-government-policies-300210377.html.

31 다만 이런 가구가 영국 인구의 25퍼센트를 차지한다.

32 몇 가지만 짚어보면 다음과 같다. 저임금, 비정규직 형태의 고용, 학자금 대출, 생활비 상승(가장 눈에 띄는 항목은 연료와 의료보험, 임대료이다), 우리가 아등바등 저축한 돈에 적용되지만 물가 상승률은 따라가지 못하는 0퍼센트 금리, 소수 정치인, 탈세자들, 아주 부유한 집 자제들만 감당할 수 있는 가격의 직장 근처 주택들 등이다.

33　Deloitte (2022). "The Deloitte Global 2022 Gen Z & Millennial Survey." Available online: https://www2.deloitte.com/content/dam/Deloitte/global/Documents/deloitte-2022-genz-millennial-survey.pdf.

10 집에서 일어나는 일

1　Fromm, E. (1944). "Individual and Social Origins of Neurosis." *American Sociological Review* 9(4): 380–84.
2　Doepke, M., & Zilibotti, F. (2019). *Love, Money, and Parenting: How Economics Explains the Way We Raise Our Kids*. Princeton, NJ: Princeton University Press.
3　Doepke, M., & Zilibotti, F. (2019). Ibid.
4　Ramey, G., & Ramey, V. A. (2010). "The Rug Rat Race." *Brookings Papers on Economic Activity* 41(1): 129–99.
5　Challenge Success (2021). "Kids Under Pressure: A Look at Student Well-Being and Engagement during the Pandemic." Available online: https://challengesuccess.org/resources/kids-under-pressure-a-look-at-student-well-being-and-engagement-during-the-pandemic/
6　Doepke, M., & Zilibotti, F. (2019). *Love, money, and parenting*.
7　Curran, T., & Hill, A. P. (2022). "Young People's Perceptions of Their Parents' Expectations and Criticism Are Increasing Over Time: Implications for Perfectionism." *Psychological Bulletin* 148(1–2): 107–28.
8　Fleming, D. J., Dorsch, T. E., & Dayley, J. C. (2022). The Mediating Effect of Parental Warmth on the Association of Parent Pressure and Athlete Perfectionism in Adolescent Soccer." *International Journal of Sport and Exercise Psychology*, 1–17.
9　Curran, T., Hill, A. P., Madigan, D. J., & Stornas, A. V. (2020). "A Test of Social Learning and Parent Socialization Perspectives on the Development of Perfectionism." *Personality and Individual Differences* 160: 109925.
10　Ko, A. H. C. (2019). *Parenting, Attachment, and Perfectionism: A Test of the*

Perfectionism Social Disconnection Model in Children and Adolescents. Doctoral dissertation, University of British Columbia.

11 죽도록 일하기, 그리고 일의 기쁨과 슬픔

1. Tolentino, J. (2017). "The Gig Economy Celebrates Working Yourself to Death." *The New Yorker*. Available online: https://www.newyorker.com/culture/jia-tolentino/the-gig-economy-celebrates-working-yourself-to-death.

2. Umoh, R. (2018). "Elon Musk Pulls 80- to 90-Hour Work Weeks—ere's How That Impacts the Body and the Mind." CNBC. Available online: https://www.cnbc.com/2018/12/03/elon-musk-works-80-hour-weeks--heres-how-that-impacts--your-health.html?&qsearchterm=Elon%20musk%20pulls%2080%20to%2090%20hour%20weeks.

3. Giattino, C., Ortiz-Ospina, E., & Roser, M. (2020). "Working Hours." Our World in Data. Retrieved from: https://ourworldindata.org/working-hours.

4. McGregor, J. (2014). "The Average Work Week Is Now 47 Hours." *Washington Post*. Available online: https://www.washingtonpost.com/news/on-leadership/wp/2014/09/02/the-average-work-week-is-now-47-hours/.

5. Kopf, D. (2016). "Almost All the US Jobs Created Since 2005 Are Temporary." *Quartz*. Available online: https://qz.com/851066/almost-all-the-10-million-jobs-created-since-2005-are-temporary/.

6. Quote in: Gimein, M. (2016). "The Fallacy of Job Insecurity." *The New Yorker*. Available online: https://www.newyorker.com/business/currency/the-fallacy-of-job-insecurity.

7. Graeber, D. (2013). On the Phenomenon of Bullshit Jobs. *Strike! Magazine*. Available online: http://gesd.free.fr/graeber13.pdf.

8. Carmichael, S. G. (2016). "Millennials Are Actually Workaholics, According

to Research." *Harvard Business Review*. Available online: https://hbr.org/2016/08/millennials-are-actually-workaholics-according-to-research.

9   Ames, J. (2022). "US Law Firms Exact Pound of Flesh from Juniors with 14-Hour Days." London *Times*. Available online: https://www.thetimes.co.uk/article/us-law-firms-exact-pound-of-flesh-from-juniors-with-14-hour-days-f5tfz0s07.

10 Markovitis, D. (2019). *The Meritocracy Trap*. London: Penguin.

11 Makortoff, K. (2023). "*Fintech Firm Revo*lut Calls In Psychologists After Criticism of Its Corporate Culture." *The Guardian*. Available online: https://www.theguardian.com/business/2023/jan/16/fintech-revolut-psychologists-criticism-corporate-culture-uk-banking-licence.

12 US Bureau of Labor Statistics (2021). "Number of Jobs, Labor Market Experience, Marital Status, and Health." Available online: https://www.bls.gov/news.release/pdf/nlsoy.pdf.

13 Office for National Statistics (2022). "Average Weekly Earnings in Great Britain: March 2022." ONS Statistical Bulletin. Available online: https://www.ons.gov.uk/employmentandlabourmarket/peopleinwork/employmentandemployeetypes/bulletins/averageweeklyearningsingreatbritain/march2022/pdf.

14 Office for National Statistics (2022). "Average Weekly Earnings in Great Britain: March 2022." ONS Source Dataset: GDP First Quarterly Estimate Time Series (PN2). Available online: https://www.ons.gov.uk/economy/grossdomesticproductgdp/timeseries/cgbz/pn2.

15 Malesic, J. (2022). "Your Work Is Not Your God: Welcome to the Age of the Burnout Epidemic." *The Guardian*. Available online: https://www.theguardian.com/lifeandstyle/2022/jan/06/burnout-epidemic-work-lives-meaning.

16 GFK Custom Research North America (2011). "A Disengaged Generation: Young Workers Disengaged by Pressures of Work Worldwide." PR Newswire. Available online: https://www.prnewswire.com/news-

releases/a-disengaged-generation-young-workers-disengaged-by-pressures-of-work-worldwide-122581838.html.

17. De Neve, J-E., & Ward, G. (2017). "Does Work Make You Happy? Evidence from the World Happiness Report." *Harvard Business Review*. Available online: https://hbr.org/2017/03/does-work-make-you-happy-evidence-from-the-world-happiness-report.

18. Threlkeld, K. (2021). "Employee Burnout Report: COVID-19's Impact and 3 Strategies to Curb It." Indeed. Available online: https://www.indeed.com/leadershiphub/preventing-employee-burnout-report.

19. Abramson, A. (2022). "Burnout and Stress Are Everywhere." *Monitor on Psychology* 53: 72.

20. Brassey, J., Coe, J., Dewhurst, M., Enomoto, K., Giarola, R., Herberg, B., & Jeffery, B. (2022). "Addressing Employee Burnout." McKinsey Health Institute. Available online: https://www.mckinsey.com/mhi/our-insights/addressing-employee-burnout-are-you-solving-the-right-problem.

21. Ellis, L., & Yang, A. (2022). "If Your Co-Workers Are 'Quiet Quitting,' Here's What That Means." *Wall Street Journal*. Available online: https://www.wsj.com/articles/if-your-gen-z-co-workers-are-quiet-quitting-heres-what-that-means-11660260608.

22. DiRenzo, Z. (2022). "Even in a Hot Labor Market, Workers Are Worried about Job Security." CNBC. Available online: https://www.cnbc.com/2022/05/21/even-in-a-hot-labor-market-workers-are-worried-about-job-security.html.

23. Kaplan, J., & Kiersz, A. (2021). "2021 Was the Year of the Quit: For 7 Months, Millions of Workers Have Been Leaving." *Business Insider*. Available online: https://www.businessinsider.com/how-many-why-workers-quit-jobs-this-year-great-resignation-2021-12.

24. Pofeldt, E. (2017). "Are We Ready for a Workforce That Is 50% Freelance?" *Forbes*. Available online: https://www.forbes.com/sites/elainepofeldt/2017/10/17/are-we-ready-for-a-workforce-that-is-50-freelance/.

25. Beauregard, T. A., & Henry, L. C. (2009). "Making the Link between

Work-Life Balance Practices and Organizational Performance." *Human Resource Management Review* 19(1): 9-22.

12 자신을 받아들인다는 것은

1. Rogers, C. R. (1995). *On Becoming a Person*. Boston: Mariner Books.
2. White House. (2009). "Remarks by the President in a National Address to America's Schoolchildren." Office for the Press Secretary: Speeches and Remarks. Available online: https://obamawhitehouse.archives.gov/the-press-office/remarks-president-a-national-address-americas-school children.
3. Horney, K. (1935). "Women's Fear of Action." Talk delivered to the National Federation of Professional and Business Women's Clubs. In Paris, B. J. (1996). *Karen Horney: A Psychoanalyst's Search for Self-Understanding*. New Haven, CT: Yale University Press.
4. Horney, K. (1950). *Neurosis and Human Growth*. New York: W. W. Norton.
5. Horney, K. (1950). Ibid.
6. Horney, K. (1950). Ibid.
7. Smail, D. (2005). *Power, Interest and Psychology: Elements of a Social Materialist Understanding of Distress*. Ross-on-Wye, UK: PCCS Books.
8. Brach, T. (2000). *Radical Acceptance*. New York: Bantam.
9. Rogers, C. R. (1995). *On Becoming a Person*.
10. Horney, K. (1950). *Neurosis and Human Growth*.
11. Horney, K. (1949). "Finding the Real Self: Foreword to a Letter." *American Journal of Psychoanalysis* 9: 3-7.

13 오작동하는 사회에 부쳐

1. Baldwin, J. A. (1962). "As Much Truth as One Can Bear." *The New York*

Times. Available online: https://www.nytimes.com/1962/01/14/archives/as-much-truth-as-one-can-bear-to-speak-out-about-the-world-as-it-is.html.

2 Parsley, D. (2021). "Boris Johnson 'Privately Accepts' up to 50,000 Annual Covid Deaths as an Acceptable Level." *The Independent*. Available online: https://inews.co.uk/news/boris-johnson-privately-accepts-up-to-50000-annual-covid-deaths-as-an-acceptable-level-1170069.

3 The World Bank (2018). "Decline of Global Extreme Poverty Continues but Has Slowed: World Bank." Available online: https://www.worldbank.org/en/news/press-release/2018/09/19/decline-of-global-extreme-poverty-continues-but-has-slowed-world-bank.

4 The World Bank (2024). *Subdued Growth, Multiple Challenges*. Available online: https://thedocs.worldbank.org/en/doc/661f109500bf-58fa36a4a46eeace6786-0050012024/original/GEP-Jan-2024.pdf

5 Garrett, T. J., Grasselli, M., & Keen, S. (2020). "Past World Economic Production Constrains Current Energy Demands: Persistent Scaling with Implications for Economic Growth and Climate Change Mitigation." *PLOS One* 15(8): e0237672.

6 Paulson, S. (2022). "Economic Growth Will Continue to Provoke Climate Change." *The Economist*. Available online: https://impact.economist.com/sustainability/circular-economies/economic-growth-will-continue-to-provoke-climate-change.

7 헤링턴이 여기서 말하고자 하는 바는 우리가 '붕괴의 패턴'으로 빠지지 않고 현재 기하급수적으로 성장하는 궤적을 따라갈 수 있도록 보장해주는 '친환경' 해결책은 존재하지 않는다는 것이다. 여기에는 에너지 경제학자 팀 모건도 동의한다. 〈세계적인 가격 재조정의 역학〉(The Dynamics of Global Repricing)에서 모건은 이렇게 말했다. "석유와 천연가스, 석탄과 같은 저비용 에너지 등 산업화 시대의 주요 성장 요인이 점차 줄어들고 있다." 또 이렇게 덧붙였다. "반드시 재생에너지로 전환해야 하지만 풍력 터빈과 태양열 패널, 배터리를 기반으로 하는 경제가 오늘날 화석연료 기반의 경제만큼 커지리라는 보장은 없으며 그 가능성은 사뭇 낮을 것이다." 기술은 의심할 여지도 없이 '성장의 문제'에 대한 답이자 중요한 해결책이지만 사람들이 생각하

듯 만병통치약이 될 수는 없다. 지속 가능한 미래로 향하는 방법을 혁신하는 일과 마찬가지로, 붕괴의 패턴을 피하려면 어느 순간에는 정체 상태의 경제도 혁신해야 한다는 사실을 고려해야 한다. 이는 실존의 문제보다는 우리의 우선순위를 재검토하고 경제의 균형을 다시 맞춰볼 기회로 바라볼 수 있다.

8 Herrington, G. (2021). "Data Check on the World Model That Forecast Global Collapse." Club of Rome. Available online: https://www.clubofrome.org/blog-post/herrington-world-model/.

9 Pettifor, A. (2021). "Quantitative Easing: How the World Got Hooked on Magicked-Up Money." *Prospect*. Available online: https://www.prospectmagazine.co.uk/magazine/quantitative-easing-qe-magicked-up-money-finance-economy-central-banks.

10 Raworth, K. (2017). *Doughnut Economics: Seven Ways to Think Like a 21st Century Economist*. Chelsea, VT: Chelsea Green.

11 Layard, R. (2020). *Can We Be Happier? Evidence and Ethics*. London: Pelican.

12 Tonnessen, M. (2023). "Wasted GDP in the USA." *Humanities and Social Sciences Communications* 10, 681.

13 Keynes, J. M. (1930). "Economic Possibilities for Our Grandchildren." In *Essays in Persuasion*, 358–73. New York: W. W. Norton

14 McKinsey & Company. (2023). "The Economic Potential of Generative AI: The Next Productivity Frontier."

15 Veal, A. J. (2022). "The 4-Day Work-Week: The New Leisure Society?" *Leisure Studies* 42(2): 172–87.

16 Henley Business School (2019). *Four Better or Four Worse? A White Paper from Henley Business School*. Available online: https://assets.henley.ac.uk/v3/fileUploads/Journalists-Regatta-2019-White-Paper-FINAL.pdf.

17 Schor, J. B., Fan, W., Kelly, O., Bezdenezhnykh, T., & Bridson-Hubbard, N. (2022). "The 4 Day Week: Assessing Global Trials of Reduced Work Time with No Reduction in Pay." www.4dayweek.com.

18 Davis, W. (2022). "A Big 32-Hour Workweek Test Is Underway. Supporters Think It Could Help Productivity." NPR. Available online: https://www.npr.org/2022/06/07/1103591879/a-big-32-hour-workweek-test-

isunderway-supporters-think-it-could-help-productiv.

19 Neate, R. (2022). "Millionaires Join Davos Protests, Demanding 'Tax Us Now.'" *The Guardian*. Available online: https://www.theguardian.com/business/2022/may/22/millionaires-join-davos-protests-demanding-taxus-now-taxation-wealthy-cost-of-living-crisis.

20 Christensen, M. B., Hallum, C., Maitland, A., Parrinello, Q., & Putaturo, C. (2023). "Survival of the Richest: How We Must Tax the Super-Rich Now to Fight Inequality," Oxfam. DOI. 10.21201/2023.621477.

21 Piketty, T. (2013). *Capital in the Twenty-First Century*. Cambridge, MA: Harvard University Press.

22 Piketty, T. (2020). *Capital and Ideology*. Cambridge, MA: Harvard University Press.

23 Piketty, T. (2019). "The Illusion of Centrist Ecology." *Le Monde*. Available online: https://www.lemonde.fr/blog/piketty/2019/06/11/the-illusion-of-centrist-ecology/.

24 Hartley, T., van den Bergh, J., & Kallis, G. (2020). "Policies for Equality under Low or No Growth: A Model Inspired by Piketty." *Review of Political Economy* 32(2): 243–58.

25 Christensen, M. B., Hallum, C., Maitland, A., Parrinello, Q., & Putaturo, C. (2023). "Survival of the Richest."

26 Haarmann, C., Haarmann, D., & Nattrass, N. (2019). "The Namibian Basic Income Grant Pilot." In *The Palgrave International Handbook of Basic Income* (357–72). London: Palgrave Macmillan.

27 Simpson, W., Mason, G., & Godwin, R. (2017). "The Manitoba Basic Annual Income Experiment: Lessons Learned 40 Years Later." *Canadian Public Policy* 43(1): 85–104.

28 Machado, D., Williamson, E., Pescarini, J., Rodrigues, L., Alves, F. J., Araujo, L., & Barreto, M. L. (2021). "The Impact of a National Cash Transfer Programme on Reducing Suicide: A Study Using the 100 Million Brazilian Cohort." Available at SSRN: https://ssrn.com/abstract=3766234.

29 Haushofer, J., Mudida, R., & Shapiro, J. P. (2020). "The Comparative

Impact of Cash Transfers and a Psychotherapy Program on Psychological and Economic Well-Being" (No. w28106). National Bureau of Economic Research.

30 Simpson, J., Albani, V., Bell, Z., Bambra, C., & Brown, H. (2021). "Effects of Social Security Policy Reforms on Mental Health and Inequalities: A Systematic Review of Observational Studies in High-Income Countries." *Social Science & Medicine* 272: 113717.
31 Fromm, E. (1976). *To Have or To Be?* New York: Harper & Row.
32 Burn-Murdoch, J. (2022). "Millennials Are Shattering the Oldest Rule in Politics." *The Financial Times*. Available online: https://www.ft.com/content/c361e372-769e-45cd-a063-f5c0a7767cf4.

찾아보기

FBI 242, 243
HSBC 31
IBM 31
TED 28~30, 33, 34, 36, 138~143, 171
Z세대 238

ㄱ

〈가디언〉 30, 53
〈간단히 복잡하게〉 59
감정 67, 70, 86, 87, 92, 95, 151, 156, 171, 172, 181, 183, 201, 204, 246, 252~255, 274, 288, 297, 299, 307, 308
강박장애 42, 94
거식증 77, 78
건강한 완벽주의 98, 99, 108
걸가이딩 122
결점 19, 20, 24, 33, 37, 38, 46, 56, 58, 80, 92, 95, 96, 182, 184, 199, 286, 330
결핍 46, 51, 54, 131, 170~173, 177, 181, 190, 286, 308, 311, 327
경쟁 24, 27, 37, 53, 87, 111, 116, 120, 152, 159, 164, 174, 176, 192, 193, 208, 209, 216~219, 223~230, 233~240, 244, 258, 260, 268, 271, 301, 315, 320, 329
경제 성장 310~317, 323
계급 159, 215, 221, 223, 237, 318, 325
고드로, 패트릭 Gaudreau, Patrick 103~109
고통 9, 76~81, 85, 86, 95, 97, 103, 111, 112, 152, 195, 197, 226, 233~235, 250, 285, 294, 300, 311
공급자 중심 경제 166, 170, 179, 182, 185, 192, 198, 203, 219, 265, 271, 272, 322

공포 23, 33, 35, 82, 89~91, 120, 127, 130, 142, 151, 153, 180, 200, 215, 246, 334
과로 116, 117, 218, 263, 321
관계적인 특성 48, 131, 330
광고 8, 30, 31, 148, 167~170, 182~188, 191~193, 198~204, 209, 210, 223, 249, 252, 256, 258, 261, 264, 301
교육 171, 213~215, 220, 223, 224, 229~234, 236, 241~245, 270, 316, 324
그레이버, 데이비드 Graeber, David 268
그린스펀, 토머스 Greenspon, Thomas 98, 99
그린필드, 리베카 Greenfield, Rebecca 63~66
근본적 수용 300
글래드웰, 말콤 Gladwell, Malcolm 63, 64
〈글로벌 2022 Z세대와 밀레니얼 세대 조사〉 238
〈글로벌 붕괴를 예측하는 세계 모델에 대한 데이터 검사〉 312
글로벌 액션 플랜 201
기본소득 324~329
기준 25, 43~64, 69, 70, 78, 106~108, 114, 125, 137, 173, 193, 209, 223, 247, 250, 251, 257, 264, 270, 316

ㄴ

네프, 크리스틴 Neff, Kristin 183, 184
넷플릭스 114, 243, 255
노동 262~266, 270, 274, 287, 320
뉴욕 정신분석학 연구소 151
《뉴요커》 63, 64

능력주의 211~226, 231~244, 247
니체, 프리드리히 Nietzsche, Friedrich 80, 82, 94

ㄷ

다차원 완벽주의 척도 68~71, 76, 123, 144
대학생 123, 126~129, 146, 185, 188, 229, 230, 245, 248, 249
도넛 경제 313~315
두려움 27, 36, 47, 53, 58, 78, 94, 95, 107, 110, 114, 161, 180~182, 190, 227, 230, 245, 298~300, 326, 329
듀크 대학교 228
드 보통, 알랭 de Botton, Alain 220
〈디 오스트레일리안〉 200
딘, 제임스 Dinh, James 59

ㄹ

라이프 스타일 8, 28, 31, 32, 166, 168, 171, 179, 200, 263
러셀 그룹 36, 214, 237
레미, 개리 Ramey, Garey 246
레미, 밸러리 Ramey, Valerie 246
레볼루트 270
레이어드, 리처드 Layard, Richard 316
레이워스, 케이트 Raworth, Kate 313~315
로바토, 데미 Lovato, Demi 59, 60, 64, 66, 117
로버트 우드 존슨 재단 224
로저스, 칼 Rogers, Carl 285

루타르, 수니야Luthar, Suniya 225
리셋 오스트레일리아 201

ㅁ

마이크로소프트 31, 321
마케팅 31, 167, 261
마코비츠, 대니얼Markovits, Daniel 226
매니토바 기본 연간소득 실험 328
맥레이, 도널드McRae, Donald 53, 54
머스크, 일론Musk, Elon 263
면접 9, 23, 116
모건, 팀Morgan, Tim 178
모세리, 애덤Mosseri, Adam 187
무어, 로언Moore, Rowan 30
문화 8, 12, 23~29, 32~38, 80, 120, 146~160, 167, 170, 173, 177, 184~186, 217, 220, 226, 230, 235, 244, 246, 252~258, 269, 272, 275, 287~290, 295~297, 302, 304, 308, 326, 330~333
미국대학보건협회 229
미국심리학회 276
미드, 마거릿Mead, Margaret 137
미루기 54, 114, 115
밀러, 조지Miller, George A. 146, 148

ㅂ

바시티 블루스 스캔들 242, 243, 246
바양쿠르, 트레이시Vaillancourt, Tracey 227
〈반점〉 19, 20
번스, 데이비드Burns, David 96

번아웃 9, 106, 115, 116, 276~279, 313, 321
볼드윈, 제임스Baldwin, James 306
부모 28, 29, 144~149, 212, 214, 219, 225, 235, 241~254, 257, 267, 330
부채 177, 178, 223, 272, 313, 317
불안 21, 34, 75~79, 89, 91, 95, 104, 115, 121, 151, 168, 183, 194, 200~205, 222, 225, 228, 230, 246, 276, 281, 290, 294, 296, 298, 304, 308, 313, 323
불안감 8, 34, 58, 67, 92, 108, 152, 176, 186, 191, 192, 200, 229, 264, 266, 273~281, 288, 313
브라운, 브레네Brown, Brené 182
브랙, 타라Brach, Tara 300
브렉시트 222
블레어, 토니Blair, Tony 213
비달, 루이스Vidal, Luis 30

ㅅ

《사이언티픽 아메리칸》 155
《사이콜로지》 98
《사이콜로지스트》 79
《사이콜로지컬 리뷰》 147
《사이콜로지컬 불리틴》 137, 248
사회부과 완벽주의 51, 56, 57, 60, 65~69, 78, 79, 100, 102, 106, 112, 123~132, 144, 182, 186, 196, 197, 210, 226, 227, 248, 251, 253, 258, 287, 313

사회적 유동성 위원회 211
사회진보지수 316
샌델, 마이클 Sandel, Michael 211, 227
샌드버그, 셰릴 Sandberg, Sheryl 198~200, 202
생각 과잉 34, 54
생존자 편향 117, 118
설리번, 해리 스택 Sullivan, Harry Stack 39
성공 9, 20, 23, 34~37, 46, 55, 59, 71, 77, 97, 100, 103, 104, 107~111, 115~118, 131, 158, 165, 188, 217~220, 236, 244, 275, 286, 297, 311
성공의 역설 103, 117
세계행복보고서 316
세계행복지수 316
소비 36, 152, 164~167, 171, 178~182, 203, 287, 308, 312
소셜미디어 8, 27, 81, 92, 114, 120, 123, 187~209, 249, 252, 256, 277, 298, 301
수용 37, 170, 175, 290~304, 307
수치심 47, 48, 53~56, 69, 75, 85, 88, 91~93, 112, 116, 118, 165, 169, 181~184, 217, 221, 251, 274, 286, 304, 328
스마트폰 29, 120, 167, 197, 198, 201, 218
스메일, 데이비드 Smail, David 299
스포츠 28, 100, 112, 235, 254
슬픔 81, 85, 86, 88
시로이스, 푸샤 Sirois, Fuschia 106, 114

신용 177~179
신체 이미지 76~80, 194~197
실적 58, 199, 264
실패 34, 46, 53, 55, 79, 82, 89, 92, 110~118, 125, 158, 200, 213, 218, 220, 227, 230, 247, 250~255, 292, 293, 298, 300, 326
심리학 11, 41, 50, 137, 151, 155, 216, 336
싱어, 윌리엄 릭 Singer, William Rick 242, 243, 246, 255, 256
쌍둥이 연구 143, 148, 149

ㅇ

아도르노, 테오도어 Adorno, Theodor 161
아동 발달 146~149
아동정신치료사협회 121
《아메리칸 사이콜로지스트》 99
아이작슨, 월터 Isaacson, Walter 63~65
암스트롱, 랜스 Armstrong, Lance 25~27, 36, 37
압박 23, 41, 43, 53, 57~60, 66, 102, 108, 121, 124, 132, 138, 154, 159~161, 195, 216~219, 223~237, 243~258, 260, 264, 269, 271, 274, 287, 307, 330~333
《애틀랜틱》 25~27, 36, 37
애플 62, 197
엘리트 211, 221, 229, 239, 242, 269
연구역량평가 271
오닐, 에세나 O'Neill, Essena 205~208

오바마, 버락 Obama, Barack 63, 213, 292
오코너, 로리 O'Connor, Rory 78, 79
옥스팜 221
완벽주의의 다차원적 모델 51
완벽주의의 덫 10, 38, 75, 130, 303, 305
완벽주의자 12, 19, 21, 24, 34, 39, 42~49, 53~67, 79, 87, 93~99, 103~118, 125, 157, 158, 218, 229, 252, 278, 279, 285, 303, 308, 334
완벽함 24, 25, 29, 32, 35, 36, 54, 57, 106~109, 153, 154, 190, 208, 255, 270
왓츠앱 188
왕립정신과학회 121
우울증 49, 77, 78, 91, 130, 194~197, 218, 226
울프, 버지니아 Woolf, Virginia 75, 117
〈월스트리트 저널〉 194
위머스, 에밀리 Wiemers, Emily 214
윈프리, 오프라 Winfrey, Oprah 26, 27
유전자 36, 144~149, 158, 159, 252, 288, 332
이스털린, 리처드 Easterlin, Richard 180
이스털린의 역설 180
인간개발지수 316, 317
인간관계 46, 61, 64, 71, 77, 78, 191, 204, 308, 315
인스타그램 117, 154, 187, 188, 192~202, 205, 268
일과 행복 조사 276

ㅈ

자기 연민 55, 93, 182~184, 307
자기지향 완벽주의 51~57, 60, 65~69, 77~79, 100~103, 112, 113, 123~130, 144, 248, 253
자기 태만 112, 115
《자본과 이데올로기》 323
자살 76~78, 130, 194~197, 328
자존감 48, 64, 77~79, 87, 94, 153, 165, 183, 184, 190, 191, 208, 216, 225, 296, 319
〈작전명 바시티 블루스〉 255, 256, 257
잡스, 스티브 Jobs, Steve 62~66, 117
저커버그, 마크 Zuckerberg, Mark 188, 198, 202
전미교육협회 121
절망 77, 79, 91, 95, 118, 239, 240, 289, 300, 301
정신건강 71, 79, 80, 88, 94, 102, 104, 109, 112, 120, 131, 183, 194, 195, 201, 308, 316, 327, 328
정신건강재단 230
정신의학 42
《정신질환의 진단 및 통계 편람》 42
정체성 상실 216
좌절 87, 89, 92, 93, 118, 236, 253, 254, 281, 291, 292, 302, 307
죄책감 69, 85, 87, 93, 112, 115, 118, 155, 175, 217, 269, 274, 278
직장 61, 64, 71, 87, 96, 102, 103, 259, 263, 270~278, 281, 298, 301, 320

집착 9, 19~22, 29, 47, 48, 86, 119, 155, 170, 203, 258, 259, 287, 308, 330

ㅊ

초경쟁 53, 216, 240
취약성 79, 86, 182, 197, 314

ㅋ

카, 마이클Carr, Michael 214
칼리스, 요르고스Kallis, Giorgos 324
케인스, 존 메이너드Keynes, John Maynard 318~321
코프먼, 스콧 배리Kaufman, Scott Barry 155
쿡, 팀Cook, Tim 62
퀸스 터미널 30, 31, 33, 35
클락슨, 켈리Clarkson, Kelly 80
클린턴, 힐러리Clinton, Hillary 268

ㅌ

〈타원형 초상화〉 21
타인지향 완벽주의 51, 60~69, 77, 78, 100, 123~128, 248
탁월함 107~109, 118, 226, 232
테이트, 라이언Tate, Ryan 64
톨렌티노, 지아Tolentino, Jia 259
투르 드 프랑스 26, 110
트럼프, 도널드Trump, Donald 222
트웽이, 진Twenge, Jean 195~197
틱톡 114, 193, 197, 198, 201, 202

ㅍ

파월, 로린Powell, Laurene 63
파이퍼, 미셸Pfeiffer, Michelle 19, 117
파흐트, 애셔Pacht, Asher 25, 99
판덴베르크, 제론van den Bergh, Jeroen 324
패리스, 버나드Paris, Bernard 151
퍼펙셔니스트 카페 31~35
페어플레이 201
페이스북 188~195, 198~202
페티포, 앤Pettifor, Ann 312~314
펜들턴, 빅토리아Pendleton, Victoria 53~55, 64, 77
평가 51, 87, 130, 225, 226, 254, 270, 279, 298, 300
포, 에드거 앨런Poe, Edgar Allan 21~25
포르제, 에벌린Forget, Evelyn 328
프레이타스, 도나Freitas, Donna 195, 196
프로이트, 지크문트Freud, Sigmund 61, 80, 151
프롬, 에리히Fromm, Erich 242, 330
《프린터스 잉크》 168, 169
플렛, 고든Flett, Gordon 39~43, 49~52, 56, 60, 65~71, 75~79, 82, 96~99, 120~123, 130, 131, 144
피케티, 토마Piketty, Thomas 323, 324
피프티 센트50 Cent 268
핀란드 232
필립스, 애덤Phillips, Adam 181

ㅎ

하르만, 클라우디아Haarmann, Claudia 328

하마첵, 돈Hamachek, Don 98, 99, 107, 118
하우건, 프랜시스Haugen, Frances 194
하틀리, 캐서린Hartley, Catherine 205
하틀리, 틸먼Hartley, Tilman 324
학교 71, 80, 100~102, 120, 149, 151, 157, 164, 211~214, 224~228, 231~234, 240, 243~247, 254~258, 271, 281, 301, 328
학생 11, 52, 55, 101, 102, 121, 126, 182, 185, 187, 196, 212, 213, 217~219, 224~234, 237, 240, 245, 270
해리스, 주디스Harris, Judith 145~149, 159, 244
행복 33, 77, 171, 180, 181, 203, 224, 272, 276, 277, 309, 315~317, 325
헤링턴, 가야Herrington, Gaya 312, 314

헤이그, 몰리 매Hague, Molly-Mae 269
헬리콥터 부모 159, 244~247, 250, 281
호나이, 카렌Horney, Karen 28, 150~160, 173, 177, 208, 209, 257, 296, 297, 302~304
호손, 너새니얼Hawthorne, Nathaniel 19~25, 37
회복탄력성 94, 230
회피 117, 279
후성유전학 144
휴잇, 폴Hewitt, Paul 40~56, 60, 61, 64~71, 75~79, 82, 95~99, 120~123, 130, 131, 144, 285, 303, 336
힐, 앤디Hill, Andy 112~114, 118, 123, 137, 248